1976

从四五运动到粉碎"四人帮"

程中原 夏杏珍 刘 仓 / 著

人民出版社

1976 年 1 月 11 日，周恩来的灵车缓缓驶过北京东、西长安街。北京近百万群众伫立街旁，默哀送别。

1976 年 1 月 15 日，邓小平代表中共中央在周恩来追悼大会上致悼词

1976年清明节，北京天安门广场人民英雄纪念碑下，悼念周恩来的人群和花圈

1976年4月3日，敬献花圈的北京市民在细雨中向天安门广场行进

1976 年 4 月 4 日，北京重型电机厂工人和他们制作的钢铁花圈进入北京天安门广场

1976 年清明节，北京天安门广场人民英雄纪念碑下引人注目的悼念周恩来的小诗："欲悲闻鬼叫，我哭豺狼笑，洒泪祭雄杰，扬眉剑出鞘。"

1976年清明节，人民对周恩来的悼念，逐步发展成为对"四人帮"的抗议和反击

1976年的四五运动中，首都人民和全国人民通过缅怀周恩来，拥护邓小平为代表的党的正确领导，把斗争矛头直指"四人帮"

1976 年，毛泽东和华国锋在一起

1976 年 7 月 28 日凌晨，河北省唐山、丰南一带发生里氏 7.8 级强烈地震，拥有百万人口的唐山被夷为一片废墟

1976 年 9 月 18 日，首都百万军民在天安门广场隆重举行毛泽东主席追悼大会

　　1976 年 10 月 24 日，华国锋（中）、叶剑英（右）、李先念在北京天安门广场举行的首都百万军民庆祝粉碎"四人帮"大会上

1976 年，尽情享受十月胜利欢乐的人民群众

目　录

引　言

　　抗日战争最后胜利的前夜,毛泽东在 1945 年 4 月 23 日中国共产党第七次全国代表大会的开幕词中指出:"在中国人民面前摆着两条路,光明的路和黑暗的路。有两种中国之命运,光明的中国之命运和黑暗的中国之命运。"①历史常常有惊人的相似之处。30 年后的 1976 年,中国又一次走到了两种中国之命运决战的关头。

　　中共十大以后,在中国共产党中央政治局内,王洪文、张春桥、江青、姚文元结成"四人帮"反党集团,阴谋篡夺党和国家的最高权力。1975 年冬,他们利用年迈重病的毛泽东的错误判断,掀起"批邓、反击右倾翻案风"的恶浪;1976 年年初周恩来总理逝世后,又从压制群众的悼念活动进而诋毁、反对周恩来。批邓、反周,激起全国人民的义愤。丙辰清明节前后爆发了怀念周恩来、拥护邓小平、反对"四人帮"的群众抗议运动。以天安门事件为代表的四五运动,是人民群众与"四人帮"的一次搏斗,也是光明与黑暗的一次激战,成为两种中国之命运决战的第一战役。它表达了中国人民要求实现社会主义现代化和社会主义民主的强烈愿望,显示了中国人民在马克思列宁主义、毛泽东思想指导下,在中国共产党长期教育下,为真理而斗争的伟大力量和同"四人帮"誓不两立的坚强意志。华国锋、叶剑英、李先念等中共中央政治局多数同志,从中看到了中国的希望,坚定了解决"四人帮"的决心和信心。在天安门事件被镇压以后,"四人帮"变本加厉,加剧对人民群众的法西斯统治,加强"批邓、反击右倾翻案风"的力度。在毛泽东逝世以后,"四人帮"又加紧篡夺

---

　　① 《毛泽东选集》第 3 卷,人民出版社 1991 年版,第 1025 页。

党和国家最高领导权的步伐。两种中国之命运的决战,到了第二战役,也是决定胜败的关键时刻。在此危急关头,华国锋、叶剑英和李先念等人得到中共中央政治局多数同志的支持,代表党和人民的意志愿望,果断采取特殊手段,对"四人帮"进行隔离审查,一举粉碎了"四人帮"反革命集团,挽救了革命,挽救了党。两种中国之命运的决战,以党和人民的胜利与"四人帮"的覆灭而告终。1976 年 10 月的胜利结束了"文化大革命",翻开了历史的新篇章,开辟了中国社会主义事业光辉灿烂的前程。

从四五运动到粉碎"四人帮"的历史,是关系到人民共和国前途命运、生死存亡的重要篇章。在中国的政治舞台上,光明与黑暗、正义与邪恶两种政治势力进行了你死我活的角逐,演出了令人叹为观止的活剧。这段历史,波澜壮阔,尖锐激烈,曲折复杂,精彩纷呈,值得大书特书。其中蕴含着宝贵的经验、深刻的教训,应该认真总结、探讨。

让我们同读者一起步入 1976 年,重温这段令人震撼又发人深省的历史吧!

第 一 章
哀悼与抗议

一、沉痛悼念周恩来

（一）举国哀悼，举世颂扬

　　1976 年 1 月 8 日 9 时 57 分,周恩来在北京逝世。当天,中共中央、全国人大常委会、国务院的《讣告》即由新华社播发。《讣告》说:"中国共产党中央委员会、中华人民共和国全国人民代表大会常务委员会、国务院以极其沉痛的心情宣告:中国共产党中央委员会委员、中央政治局委员、中央政治局常务委员会委员、中央委员会副主席、中华人民共和国国务院总理、中国人民政治协商会议全国委员会主席周恩来同志,因患癌症,于 1976 年 1 月 8 日 9 时 57 分在北京逝世,终年 78 岁。"1 月 9 日凌晨 4 时 12 分,中央人民广播电台在哀乐声中,沉痛地向全国、全世界播出周恩来总理逝世的《讣告》。当天的《人民日报》第 1 版登载了《中共中央、人大常委会、国务院讣告　周恩来同志逝世》。

　　噩耗传出,山河呜咽,苍天飞雪。周恩来的逝世,引起全国巨大的震动和悲伤。真是:"天惊一声雷,地倾绝其维。顿时九州寂,无言皆泪水。相告不成声,欲言泪复垂。听时不敢信,信时心已碎!"周恩来逝世的消息公布后,街上差不多每个人的脸上都很沉重,列车中军人们捶胸痛哭,机关、公寓、学校里人们在默默地流泪,到处有人哽咽。

　　作家刘白羽回忆听到这一噩耗时的情景:"1 月 9 日黎明,我冒着凛冽的寒风,从午门向天安门走去,突然一下,天地变色,万物悲咽。我怀中的收音机,发出沉痛的哀乐声……我用整个脊背抵着狂暴的北风,尽量让声音清晰一些,但我听到了什么呀!? 我听到周总理逝世的消息……我的血完全凝结住了，我失去控制自己的能力，我的同行者从两边互相扶持，我们一齐肃立在凛冽的寒风中，听着那撕裂人心的哀乐声，天旋地转，痛哭失声。'总理呵！我们怎么能没有您!?''总理呵！没有您我们怎么办??'"①

人们之所以感到这样心痛如绞，不仅是因为国家失去了一位伟大的无产阶级革命家、杰出的马克思主义者，还因为当时毛泽东病重，"四人帮"越发趁机捣乱。当时的政治气氛，正像那残冬未尽的1月，万木萧疏，寒凝大地。人们忧心忡忡，在悲痛之中，为国家的前途、民族的命运焦虑。

活着的"四人帮"害怕死去的周恩来。他们竭力限制悼念的规模，削弱周恩来的影响。

1月8日下午3时，中共中央政治局开会。在讨论周恩来丧事的过程中，"四人帮"十分猖狂。他们极力压低周恩来的治丧规格，对治丧办公室提出的有关治丧方案和建议横加指责。治丧办公室提出请外地的李德生、许世友、韦国清和赛福鼎四位中共中央政治局组成人员来京参加周恩来遗体告别和追悼大会的建议，江青、张春桥厉声厉色地责问："你们什么意思？你们是不是还要把京外的中央委员和候补中央委员也都叫到北京来呀？"治丧办公室提出在劳动人民文化宫举行吊唁活动，时间安排5天，人数安排6万。"四人帮"极力反对，硬是把时间压缩为3天，人数压缩到4万。② 在《讣告》发出以后，紧接着就以简化治丧礼仪为名，作出种种限制：周恩来的丧事要坚持节约的原则，各地不开追悼会；不设灵堂；不提倡戴黑纱、做花圈；不邀请外国使团来京参加悼念活动。要抓革命，促生产，深入开展"反击右倾翻案风"的斗争。

1月9日，文化部部长于会泳通知各文化单位不准戴黑纱，不准设灵堂，不准送花圈，并要求文艺团体照常进行演出活动。当晚，他们以招待外宾为由，强迫中央乐团演出。外宾、观众纷纷退票，表示抗议。他们又从中央五七艺术大学音乐学院强拉师生到剧院填空，并威胁说："一定要演出，这是一个战斗，就是剩下一个观众也要演出。"演员万分悲痛，拒绝演出。气急败坏的文化部副部长刘庆棠扬言要追查。

姚文元听新华社汇报，首都各大新闻单位和许多省、自治区、直辖市的报

---

① 刘白羽：《光明与黑暗的大搏斗——〈丙辰清明纪事〉序》，人民日报出版社1980年版，第2页。

② 据周启才：《周总理的讣告和悼词起草前后》，载《世纪》杂志2003年第6期。周启才时任中共中央办公厅秘书局局长。

社提出一个共同的问题:怎样组织亿万人民悼念周恩来的报道,发表悼念诗文? 他当即指示:"悼词尚未发表,现在不组织。悼词发表后是不是组织反应,仍应再请示。"在姚文元的禁令下,从 1 月 9 日到 15 日,仅仅发表了党和国家领导人以及首都各界群众代表向周恩来遗体告别和举行吊唁的两条消息。全国各地悼念周恩来情况的报道根本没有。被"四人帮"控制的《红旗》杂志,竟连《讣告》、悼词都不刊登。

然而,冷酷的禁令禁不住人民群众的热泪,遏止不住人民群众热爱周恩来的感情。从首都到边疆,人们设灵堂,戴黑纱,写挽词,献花圈,寄托对周恩来的哀思,表示对"四人帮"的抗议。

周恩来卓越的历史贡献和伟大人格,不仅在全党和全国人民心中享有崇高的威望,在国际上也享有崇高的声誉。他逝世的消息传出后,世界各国人士沉痛悼念,倾心颂扬。

1 月 9 日,联合国下半旗志哀。联合国秘书长瓦尔德海姆给中国政府发来唁电。唁电说:"他是一位十分卓越和深受尊敬的领导人,几十年来他以极大的忠诚服务于自己的国家和人民。他对促进各国间了解和世界和平的献身精神受到了举世公认。在当前危急的时期,世界不再能得益于他的智慧和政治家才干,这是一大损失……"①

各国政府、党派、友好团体、各界友好人士和海外侨胞通过唁电、唁函等各种方式沉痛吊唁周恩来。各国政要发表悼念和赞扬周恩来的声明或谈话。有不少国家的领导人准备动身前来参加周恩来的葬礼,包括阿尔巴尼亚劳动党中央书记谢胡、日本首相三木武夫、斯里兰卡总理班达拉奈克夫人等,最后因规定一律不请外宾参加而未成行。

1 月 9 日,日本首相三木武夫发表谈话说:"周恩来不仅是中国的伟大的领导人,而且是世界的有代表性的政治家之一,失去这样一位人物,不仅是中国而且也是世界的巨大损失。"②

日本前首相田中角荣当天也发表讲话:"周总理是和本世纪的中国历史同时走过来的人……是世界性的政治家。我认为,周总理不仅在中国,在全世界也将被长期传颂。"

---

①　据《参考消息》1976 年 1 月 10 日、1 月 12 日。
②　此处引三木武夫谈话及以下引用各国政要谈话或声明,均据《参考消息》1976 年 1 月 10 日。

当日，美国总统福特发表声明："周恩来总理将作为一位杰出领导人长久铭记在人们的心中，他不仅在现代中国历史上而且在世界舞台上都留下了他的印记。"

美国国务卿基辛格发表声明说："我获悉周恩来总理去世的消息深感若有所失。中华人民共和国失去了她的伟大领导人之一，世界失去了当代杰出的政治家之一。"

美国前总统尼克松对新闻界表示："20 世纪只有少数人比得上周总理对世界历史的影响。在过去 25 年里，我有幸会见过的一百多位政府首脑中，没有一个人在敏锐的才智、哲理的通达和阅历带来的智慧方面超过他，这些使他成为一位伟大的领导人。"

法新社一天中播发了 60 条有关周恩来逝世的消息。有一则消息报道了法国前总理孟戴斯·弗朗斯的反应。他说："这个人的品格非常高尚。他的态度和谈吐与众不同，有时连讥笑的态度也是具有魅力的，他对他的国家和使命无比忠诚。所有这一切都使人不能不尊重和敬佩他。这就是为什么他占有突出的地位和对中国以及全世界有幸接近和评论他的人都有影响的原因，即使是来自不同意识形态的世界的人。"

海外华侨和港澳同胞对周恩来的逝世也深感悲痛。纽约的侨胞纷纷打电话到《华侨日报》询问、证实，并表达他们的悲痛之情，大家认为这是中国的巨大损失。

一位台湾青年在电话中说："在追怀周总理伟大的革命典范，同时学习他为人民埋头苦干精神时，我希望海峡两岸，海内海外的同胞，共同努力，使台湾早日与大陆统一。"①

1 月 10 日至 11 日，党和国家领导人及各界代表 1 万余人，到北京医院向周恩来的遗体告别。电视屏幕上出现了江青不脱帽这个镜头。江青因而遭到举国上下的唾骂。

1 月 12 日至 14 日，首都群众 4 万人、在北京的外国朋友 2000 人，以及各国驻华使节和外交官员，参加了在劳动人民文化宫举行的吊唁仪式。40 多个国家、政党送了花圈，130 多个国家、政党发来了唁电或唁函。

---

① 转引自夏潮、杨凤城主编：《龙年之变——中国 1976 年纪实》，河北人民出版社 1996 年版，第 65—67 页。

（二）十里长街的送别

1 月 11 日下午,天色阴沉,朔风凛冽。周恩来的遗体要从北京医院送八宝山火化。人们从四面八方汇聚到十里长安街的两旁,肃穆伫立,等候了一个小时又一个小时,要为人民的好总理送行。暮色中,悲怆的哀乐送来了周恩来的灵车。人们抑制不住悲痛,在寒风中哭泣。周恩来的灵车在泪雨纷纷的行列中缓缓行驶。夜深了,风紧了,灵车已经过去了几个小时,但伫立在大街两旁的人群,依然在默默地等待着灵车的归来,迎候着周恩来的英灵。这是人民共和国历史上所没有过的送葬场面。中国人民把"文化大革命"以来积聚在心头的对中国共产党的期待、希冀和热爱,都倾注在她的杰出代表周恩来的身上了。

一首《挽歌》描述了这天十里长街百万人送别周恩来的情景:

广阔的长安街

雄伟的广场,

无边无际人的海洋,

一直延伸到几十里外的路旁。

今天,

壮丽的首都蒙上了薄薄的灰雾,

肃穆的人群笼罩着一片哀伤。

俭朴的白色灵车,

慢慢地开过来了,

一瞬间,

喧哗的首都静绝了一切声响。

奔忙的街道停止了一切车辆,

只有人群中传来低低的啜泣,

只有灵车的车轮辗路沙沙响。

车队啊,

你慢些走!

时间啊,

你停一停!

我们的总理最后一次来到人民中,

我们的总理最后一次穿过天安门广场,

车队慢慢地开过来了，

这可是人民在为总理举行国葬？

不！！！

这分明是人们最后一次送别总理，

胜利地飞向遥远的地方。

……

车队啊，你慢些走，

时间啊，你停一停，

让我们再看一眼总理，

让总理在人民心中再待上最后几分钟。

……

可是，"四人帮"控制着舆论工具。他们将记者报道百万群众哭送灵车的文字统统砍掉，照片也不准刊登。新华社 1 月 11 日所发的首都人民向周恩来遗体告别的报道，原稿上记述了百万人民扶老携幼，泪洒十里长街的情景：

下午，周总理的遗体要送往八宝山火化了。灰暗的天空压着沉沉的云层，整个北京城是那样肃穆宁静。从北京医院到八宝山，人们伫立在几十里大街的两旁，冒着严寒等待一个小时又一个小时……悲壮的哀乐送来了总理的灵车。人们抑制不住悲痛，在寒风中哭泣着，从心底里呼喊着："周总理呵，我们离不开您呵！"总理的灵车在泪雨纷纷的行列中缓缓行驶。灵车呵，你停一停，让我们再看一眼周总理亲切慈祥的面容！司机呵，你刹住车，让我们再向总理诉一诉衷肠！夜深了，风紧了，总理的灵车已经过去了几个小时，但伫立在数十里长街两旁的人群，依然在默默地等待着，等待归来的灵车。但是，只见灵车回，不见总理归。止不住的滚滚热泪再一次洒满几十里长街……这是古今中外从没见到过的送灵场景呵！

姚文元阅后，把记者们含着泪水写出来的这段报道通通砍掉。

文字可以砍掉，但民心能砍得掉吗？

诗人李瑛听到周恩来逝世的消息，心撕胆裂般悲痛，决心用诗歌编织一只花圈，祭奠周恩来。他创作了长篇政治抒情诗《一月的哀思——献给敬爱的周总理》①,以深沉的感情记录下 1 月 11 日下午,首都万人空巷,百万人伫立长安街头,向周恩来最后告别的历史的一页,抒发了对周恩来无比热爱、崇敬的感情。诗人写道:

> 敬爱的周总理,
> 我无法到医院去瞻仰你,
> 只好攥一张冰冷的报纸,
> 静静地
> 伫立在长安街的暮色里。
> 任一月的风,
> 撩起我的头发;
> 任昏黄的路灯,
> 照着冰冷的泪滴。
> 等待着,等待着,
> 载着你的遗体的灵车,
> 辗过我们的心;
> 等待着,等待着,
> 把一个前线战士的崇敬,
> 献给你。
>
> 呵,汽车,扎起白花。
> 人们,黑纱缠臂。
> 广场——如此肃穆,
> 长街——如此沉寂。
> 残阳如血呵,
> 映着天安门前——
> 低垂的冬云,
> 半落的红旗……

---

① 作者李瑛附记:"1976 年 1 月 15 日成前四节,时不得发表,只好藏诸箧底,以寄哀思;10 月,党中央率领全国人民粉碎了"四人帮",欣喜之情,实难言喻;12 月 6 日又增写第 5 节。"

车队像一条河，

缓缓地流在深冬的风里……

为什么有人，

不许我们缅怀你伟大的一生？

为什么有人，

不许我们赞颂你不朽的业绩？

但此刻，

长街静穆，万民伫立，

一颗心——一片翻腾的大海，

一双眼——一道冲决的大堤。

多少人喊着你，

扑向灵车；

多少人跑向你，

献上花束和敬礼；

多少人想牵动你的衣襟，

把你唤醒；

多少人想和你攀谈

知心的话题……

诗人又从周恩来不留骨灰，联系到当时"四人帮"可卑可笑的表演，反衬出周恩来的高尚伟岸：

骄傲吧——

黄河飞涛，长城漠野，

江南水国，中原大地……

山山，因你而脉搏欢跳，

水水，因你而洪波涌起。

敬爱的周总理，

你的生命就是这样

和我们，

和我们的祖国、我们的阶级，

和我们大地的一草一木，一山一石，

紧紧地，紧紧地，
紧紧地连在一起⋯⋯

但是，怎能设想，
竟有人妄图将你的名字，
从我们心中抹去，
从我们历史的心中抹去；
从我们的生命中抹去，
从我们阶级的生命中抹去。
哈！这是何等可卑可笑！
何等的不自量力！
何等的枉费尽心机！
我要说：
真理呵——永生！
人民呵——无敌！
革命的步伐，怎会停驻！
战斗的生命，怎会止息！
我敢说：即使在将来，
在无穷世纪以后的
随便哪一个世纪，
不管谁来考证我们的今天，
都会毫不迟疑地说：
二十世纪——中国，
站在最前面的，
是毛主席，
是你——
敬爱的周总理！
是的，周总理！
你永远在我们
向一九八〇年进军的行列里！
你永远在我们

向二〇〇〇年进军的行列里！

你永远在我们

向共产主义进军的行列里！

郭沫若，这位从大革命时期就同周恩来并肩战斗、在“文化大革命”中又得到周恩来保护的老人，写下七律《怀念周总理》赞颂和缅怀：

革命前驱辅弼才，

巨星隐翳五洲哀。

奔腾泪浪滔滔涌，

吊唁人涛滚滚来。

盛德在民长不没，

丰功垂世久弥恢。

忠诚与日同辉耀，

天不能死地难埋。

1月11日至14日，群众的悼念活动达到高潮。吊唁仪式虽然移到劳动人民文化宫，但还是无法满足许多人与周恩来的英灵作最后告别的心愿。在1月14日傍晚正式的吊唁仪式结束后，成千上万人涌向天安门广场。人们川流不息地来到人民英雄纪念碑前，脱帽默哀，敬献花圈，表达对周恩来不尽的哀思。从首都到全国的每一个城市、乡村、工厂、机关、学校和每一个院落、人家，在人民共和国的每一个角落，人们都在沉痛哀悼。

（三）邓小平致悼词

1976年1月15日，是举行周恩来追悼大会的日子。上午9时57分，即7天前周恩来心脏停止跳动的时刻，上海黄浦江上许多船舶自发地拉响了汽笛，向周恩来致哀。汽笛声前后持续了37分钟之久。外滩街道的路口，全部亮出红灯，车辆停驶，警察和行人肃立致哀。中午1时左右，又一批船只在黄浦江上拉响汽笛。下午3时整，是北京人民大会堂举行周恩来追悼大会开始之时，黄浦江上停泊的和正在行驶的船只汽笛齐鸣，几乎所有的外轮也同时鸣笛致哀。这是上海人民对周恩来总理的深切悼念，也是上海人民对“四人帮”的强烈抗议。

1976年1月15日下午3时，周恩来追悼大会在人民大会堂隆重举行。邓小平代表中共中央致悼词。悼词赞颂周恩来为共产主义事业光辉战斗的一生,指出他建立的不朽功绩、作出的不可磨灭的贡献,得到全党、全军、全国各族人民的衷心爱戴和尊敬;他在处理国际事务中作出的不可磨灭的卓越贡献,赢得了世界人民的尊敬。悼词号召全党、全军、全国各族人民以周恩来为榜样,化悲痛为力量,为把我国建设成为社会主义现代化强国而奋斗。邓小平致悼词时表情凝重,声音低沉悲痛。当读到"全党、全军、全国人民都为失掉了我们的总理而感到深切的悲痛"这句时,他声音颤抖,眼含泪水,稍事停顿,极力抑制着自己的巨大悲伤。这时,会场上一片哭泣呜咽。参加追悼大会的一位干部回忆说:"这样悲戚的场面,在此前党和国家领导人丧事历史上是空前的。时至今日,那撕心裂肺、悲痛欲绝的场面仍不时闪现在我的眼前。"①

在这里,我们要回叙一下 1 月 12 日中共中央政治局开会讨论悼词和谁致悼词的问题上的一场斗争。这次政治局会议由邓小平主持,当时邓小平已处于再次挨批的逆境中。为安排好周恩来的丧事,他同"四人帮"进行了尖锐的斗争。政治局会议开始,邓小平先发制人,说:"总理悼词文稿,会前已经发给大家,为节省时间会上就不读了,请大家发表意见。"紧接着,他说:"这篇悼词我仔细看过多遍,我认为写得是不错的。对总理一生的评价,对总理的革命简历,对以总理为榜样,号召全党、全军、全国人民向总理学习的几段话,都符合总理的实际。我同意这篇悼词,认为可以用。大家有什么修改、补充意见,请讲。"短短数语,对悼词稿给予充分肯定,等于给多数政治局成员交了底。接着,叶剑英、李先念、汪东兴、纪登奎、吴德、陈锡联等人相继发言,表示同意悼词稿。江青在会上以所谓"路线问题"对周恩来进行攻击和诬蔑,妄图贬低周恩来的伟大形象和丰功伟绩,但她只是放空炮,除王洪文、姚文元跟着帮腔外,其他与会人员对她的发言不予理睬。张春桥对悼词中向周恩来学习的几段话特别重视,他心怀恐惧,想从悼词中抹掉它们、淡化它们,但他深知,如果在政治局会议上公开提出必将遭到痛斥,因而采取了一个下劣的办法。他在散会后,特意追赶上周启才和李鑫两位悼词起草者(他们列席了这个会),对他们说:"悼词号召向总理学习的那部分,不必那样展开写,不必写得那样实,你们改一改,压缩一下,笼统地写几句虚的话就行了。"周启才、李鑫两人听了十分恼怒,但又不能表现出来,只好不软不硬地说:"我们是做具体工作的,悼词政治局已经讨论通过,我们无权做任何改动。您的意见也没在政治局会上提出,

---

① 据周启才:《周总理的讣告和悼词起草前后》,载《世纪》2003 年第 6 期。

现在要我们做这样重大的改动，我们不能够做。如果您认为必要的话，可以将您的意见向政治局提出，政治局如果同意，我们就按政治局的意见改。"张春桥无言以对，怒气冲冲地走了。①

在这次政治局会议上讨论的第二个重要问题是：由谁来给周恩来致悼词。江青采取主动，抢先提出由王洪文致悼词。王洪文认为自己不行。张春桥也感到王洪文不够格，提出由叶剑英致悼词。叶剑英带着怒气说："给总理致悼词，应该是小平同志！他是党中央副主席、中央军委副主席、国务院第一副总理，主持中央日常工作，无论从规格上还是资历上，小平同志给总理致悼词是最合适的。我提议由小平同志来给总理致悼词！那个提议我给总理致悼词的意见，我认为不合适。"叶剑英这一席话，观点鲜明，理由充分，态度坚决，针锋相对地批驳了"四人帮"。参加会议的政治局其他成员都表示同意叶剑英的意见，赞成由邓小平给周恩来致悼词。"四人帮"最后也没有再提出反对。②

粉碎"四人帮"后，在中共十一届一中全会后召开的一次中共中央政治局会议上，谈到给周恩来致悼词这件事时，邓小平说："四人帮"开始反对我给总理致悼词，他们是有阴谋的。他们见反对不成，又同意我给总理致悼词，也是有罪恶目的的。当时他们看我在政治上快不行了，要下台了，我一下台，通过我给总理致悼词的声音也就再出不来了。他们是反对总理，害怕宣传总理，当然也反对我。③

1976年1月12日的中共中央政治局会议，在邓小平主持下，对周恩来丧事的两大重要问题——悼词和由谁致悼词，经过斗争，均以"四人帮"的失败而告终。

邓小平致悼词一举，使得全国人民的心中油然产生了某种希望。但他们很快就认识到，这只不过是一种善良的愿望而已。

二、"四人帮"的压制、破坏

"四人帮"置党心、军心、民心于不顾，想方设法，压制、破坏人民悼念周恩来的活动。

---

① 据周启才：《周总理的讣告和悼词起草前后》，载《世纪》2003年第6期。
② 据周启才：《周总理的讣告和悼词起草前后》，载《世纪》2003年第6期。
③ 据周启才：《周总理的讣告和悼词起草前后》，载《世纪》2003年第6期。

（一）追悼会前

在 1976 年 1 月 13 日一天中，姚文元三次向新华社下达指示。指示之一是："不要因为刊登悼念总理的活动把日常抓革命促生产的报道挤掉了"。指示之二是："这几天报纸登（外国的）唁电数量多，太集中，并且刊登在第一版上。"他命令各报，把"唁电版面往后放，从三版四版开始"，而且不准用大字号标题。与此同时，姚文元还强令新华社削减报道世界各国吊唁活动的消息，把原来每个国家发一条吊唁消息的计划压缩成把一个洲的许多国家的吊唁活动综合发一条消息。至于各国人民的吊唁活动，各国报刊、电台发表的赞颂周恩来的文章，更是一个字也不许发表。指示之三是："采写吊唁消息时，要有工农兵学商几方面化悲痛为力量的内容，如学生化悲痛为力量反击右倾翻案风，在消息中要反映出来。"

1 月 14 日，即为周恩来举行追悼大会的前一天，根据"四人帮"的旨意，《人民日报》头版头条位置发表《大辩论带来大变化》一文。该文第一句说："近来，全国人民都在关心着清华大学关于教育革命的大辩论"；结尾又说："连日来，大批热情洋溢的信件纷纷寄来。广大工农兵表示，要以实际行动支持清华的革命斗争。"这种违背事实、强奸民意的报道，引起了广大群众的极大愤慨。有些读者气得把这张报纸撕得粉碎。许多人围在人民日报社门前，又砸大门，又烧报纸，还把《人民日报》的大牌子涂改成"造谣日报"。读者纷纷打电话质问：当前全国人民注视的、关心的大事是周总理逝世，是悼念周总理，怎能说都在"关心着"清华大学的大辩论呢？为什么不宣传悼念周总理的活动？为什么不宣传周总理的丰功伟绩？登这篇文章究竟安的什么心？你们对总理是什么感情？全党 3000 万党员要审判你们！有人写信给"四人帮"在《人民日报》的爪牙鲁瑛，信封上就写"人民日报戈培尔①收"，"人民日报'谣文源'收"；还有的人在大牛皮纸信封里塞着《人民日报》，头版头条的通栏大标题《大辩论带来大变化》上用红笔重重打了两个叉。

鲁瑛向姚文元报告这些情况，建议考虑近期内先不发"反击右倾翻案风"的文章。姚文元不同意，说："越是在这个时候越是要敢于针锋相对。"鲁瑛贯彻姚文元的旨意，布置记下批评《人民日报》的人的姓名和单位，并立即整理一份《一些人对十四日〈人民日报〉报道版面的意见和攻击》的材料，编发成

---

① 戈培尔，纳粹德国法西斯党的宣传部部长，鼓吹谎言重复多次就成为真理。

《情况汇编》(特刊)，上报姚文元。姚文元在清样上把标题改为《一种值得注意的动向》印发。江青对《人民日报》1月14日发表的《大辩论带来大变化》这篇文章很满意。第二天，她赞扬鲁瑛：你这个总编当得不错，昨天那篇文章发得真好！真及时！你立了大功！她还说：这是一颗重型炮弹，现在打出去正是时候。

（二）追悼会后

1月15日，周恩来的追悼大会开过以后，姚文元即刻下令："治丧报道要立即结束！"新华社原定1月16日要发布的全国人民沉痛悼念周恩来的综合报道，被姚文元一刀砍掉。他指示鲁瑛：1月17日，头版头条发表清华大学党委召开现场会的报道《开门办学好，教育质量高》，要用大号字通栏标题；1月18日，头版头条发表上海机床厂"七二一"工人大学坚持教育革命的文章《扬眉吐气的七年》，也要用大号字通栏标题；1月19日，头版头条发表介绍上海老、中、青三结合领导班子的消息《朝气蓬勃，团结战斗》；1月20日，头版头条发表反映天津陕西路中学开展"反击右倾翻案风"的文章《教育革命新花朵》；1月21日，头版头条发表上海师范大学的重要文章《风雷滚滚旌旗奋——喜看上海师范大学在教育革命大辩论中胜利前进》；1月22日，头版头条发表南开大学广大革命师生用大量事实回击"翻案风"的文章《新大学路线正，育新人受欢迎》；1月23日，头版头条通栏标题发表北京大学的文章《教育质量究竟是今不如昔，还是今胜昔？北大理科学员毕业实践作出雄辩回答！》；等等。1月26日，人民日报社新闻研究所编了一期悼念周恩来的《报纸动态》专刊，这期专刊讲了周恩来的丰功伟绩。专刊清样被送给姚文元。1月29日，姚文元给人民日报社打电话，气势汹汹地责问："你们是翻案吗？要反革命吗？"并布置鲁瑛进行追查。① 姚文元的指示显然不是他的个人意见。实际上是"四人帮"一伙仇恨人民群众对周恩来的爱戴，惧怕大量的报道冲击他们"反击右倾翻案风"。

1980年7月24日，在审讯姚文元时，他承认：登载这些文章的指导思想"就是不要在总理逝世期间，反击右倾翻案风的文章一篇都没有了……本来群众、干部有抵制，反击右倾翻案风就搞不下去，如果再拖一段时间，反击右倾

---

① 据1979年8月，人民日报社党组揭发鲁瑛的材料。

翻案风就更没有了,不想冲淡、中断了反击右倾翻案风的报道"。这份供词,道出了"四人帮"心里恨的、眼睛盯的、手中打的是"死不改悔"的邓小平,担心的是悼念活动冲淡了"批邓、反击右倾翻案风"运动。

(三)刁难和扼杀悼念周恩来的纪录影片

周恩来逝世后,中央新闻纪录电影制片厂各个部门迅速做好了拍摄纪录影片《敬爱的周恩来同志永垂不朽》的准备。摄制组的同志怀着一颗火热的心,不顾朔风凛冽,刺人肌骨,投入了紧张的拍摄工作。有的人日夜兼程,赶赴各地;有的竟夜在周恩来的遗体旁值班;还有的人奔走在首都的街头,拍摄人民沉痛哀悼的镜头。他们跑完一个工厂,又跑到一个村庄,走出一个学校,又走进一个营房,心中只有一个念头:多拍,快拍,拍好,记录下这个沉痛的时刻,载入庄严的史册。他们深切感到全党、全军、全国人民都在期待着他们,都渴望早日在银幕上瞻仰周恩来的遗容,寄托自己的哀思。然而,"四人帮"及其爪牙却百般刁难。姚文元发话:"总理的影片不要急嘛,慢慢搞。"当摄制组在天安门下、纪念碑前拍摄成千上万工农兵群众的悼念活动时,"四人帮"大为不满,叫他们的亲信传下话来,说什么"天安门前不能拍电影,那儿人越来越多,都是你们招来的,再拍出了事,你们得负责"!摄制组的同志没有理睬这种威吓。他们的拍摄工作得到各地领导和群众极大的支持。有人来电话责问他们:"谁让你们拍的?"他们响亮地回答:"人民!是人民让我们拍的!"

经过 20 个白昼和黑夜,在新影厂全厂同志的共同努力下,影片《敬爱的周恩来同志永垂不朽》摄制完成。

1976 年 1 月 28 日,治丧委员会审查这部影片。许多负责同志还没有发言,"四人帮"安插在文化部的一个亲信便迫不及待地跳出来。他拿出一张纸条,抛出了早已准备好的所谓"四条意见":

1.影片编用周总理一段生平,这样好不好?编这么十来分钟,不能包括总理的一生,片子反被拉长了,还是不要用好。

2.天安门广场的群众悼念活动是自发的,用了好不好?中央没有规定这项活动,上了电影不就成了正式的了吗?

3.长安街上群众送灵车的镜头太多了,要剪。

4.哭得厉害的镜头用多了好不好?最好用不哭的。

这"四条意见",就是"四把剪子",其用心是要把这部片子剪坏。

那个"四人帮"的亲信还说，按姚文元审片的意见，花圈中有党旗的不能用。

最后，他无情地说出内心的企图："整个影片太长了，要剪短。"

会上，许多负责同志都不同意他的意见。有的负责同志说："在报纸的报道里，也讲到了从西藏高原到东海之滨，从广大农村到边防哨所，人们用各种形式悼念周总理，以寄托自己的哀思。"这位负责同志表示："影片只要作一些小的修改，马上可送中央审查。"那个"四人帮"的亲信坚持要把他们的意见附上去。

几天后，"四人帮"控制的文化部的负责人表示：文化部不插手这部影片，找治丧委员会去！其实，这个人就是治丧委员会宣传组专管电影的负责人。就这样，他们扣压着拍好的影片，不报中央审查，用这种卑劣的手段，扼杀了这部光辉的影片。①

"四人帮"一伙可以扼杀悼念周恩来的影片于一时，但压抑不了中国人民对周恩来的崇敬之心。正如影片《敬爱的周恩来同志永垂不朽》的解说词中所说："从首都到边疆，从北国到南方，从工厂、矿山到农村、营房，人民的眼泪流成河。敬爱的总理啊，八亿人民都在您身旁。""一滴滴热泪洒在天安门广场上，一朵朵白花系在天安门前苍松翠柏上，这就是人民的悼念啊，人民已经把总理的丰碑建造在自己的心上。"

江青一伙在周恩来治丧期间及其后的丑恶表现，激起广大人民群众的强烈愤慨。江青一伙坐在了火山口上。亿万人民郁积心中的怒火，总有一天要爆发。试想，那将释放出多么巨大的能量啊！

三、"反击右倾翻案风"升级

周恩来的治丧活动刚结束，1 月 20 日，中共中央政治局的"帮邓会"继续召开。

会上，有人责问邓小平：你为什么要见毛主席？邓小平平静地回答：想当面向毛主席讲自己错误的严重，特别想当面听取主席的批评和指示，我还想当面提出自己的工作问题。我觉得这种要求是正常的，我仍然抱有这样的希望。

---

① 据《摄制悼念周总理影片的一场斗争》，《人民日报》1977 年 1 月 6 日。

散会后,邓小平连夜给毛泽东写信。信中说:"我两次要求见主席,除了讲自己错误和面聆主席教导外,确实想谈谈我的工作问题。还在批判我的错误的时候,提出我的工作问题是否妥当,我自己确很踌躇。提,怕觉得我受不得批评;不提,也有什么恋栈之嫌。再三考虑,还是想当主席面谈这个问题为好。""现在,已过去两个多月,批判还将继续下去,再不提出会妨碍中央的工作,增加自己的过失。因此,我首先向主席提出:解除我担负的主持中央日常工作的责任,恳请予以批准。"并说:"我自己再不提出,实在于心有愧。""至于我自己,一切听从主席和中央的决定。"

1 月 21 日上午,毛远新向毛泽东汇报了 1 月 20 日会上邓小平作检讨发言的情况。毛泽东这时已看到了邓小平给他的信,肯定了邓小平的检讨,并对邓小平的工作作出安排。毛泽东听取毛远新汇报时表示:邓小平还是人民内部矛盾问题,引导得好,可以不走到对抗方面去。毛泽东又说:"小平工作问题以后再议。我意可以减少工作,但不脱离工作,即不应一棍子打死。"毛泽东还说:"小平专管外事。"①

在这种情况下,迫切需要确定一位国务院主要负责人。毛远新问,主席对总理的人选有什么考虑? 毛泽东考虑了一下,说:"要告诉王洪文,张春桥让一下。"毛泽东扳着手指,数中共中央政治局同志的名字,最后说:"还是华国锋比较好些。"毛远新点头说是。就这样,毛泽东提议华国锋任国务院代总理,主持中共中央政治局工作。② 毛泽东还说:"就请华国锋带个头,他自认为是政治水平不高的人"。③

这时,王洪文自以为自己要上台主持中央日常工作了,私下准备了以中央日常工作主持人身份在打招呼会上的讲话稿。④ 江青、张春桥、姚文远、王洪

---

① 毛泽东同毛远新的谈话记录(毛远新笔记),1976 年 1 月 21 日;转引自《毛泽东传(1949—1976)》(下),中央文献出版社 2003 年版,第 1766 页。

② 张玉凤:《回忆毛主席去世前的一些情况》;转引自《毛泽东传(1949—1976)》(下),中央文献出版社 2003 年版,第 1766 页。

③ 毛泽东听取毛远新关于中共中央政治局会议情况汇报时的谈话(毛远新笔记),1976 年 1 月 21 日;转引自《毛泽东传(1949—1976)》(下),中央文献出版社 2003 年版,第 1766—1767 页。

④ 据《毛泽东传(1949—1976)》(下),中央文献出版社 2003 年版,第 1768 页。

文以为周死邓倒,总理一职非张春桥莫属。① 上海的党羽已经在大树所谓"张春桥思想",说张春桥的"全面专政"论,"超过"了列宁主义,"发展"了毛泽东思想,是"第四个里程碑"。上海、北京、天津、辽宁三市一省带头打报告,要求张春桥当总理。②

1月28日,毛泽东正式提议华国锋任国务院代总理和主持中央工作。③毛远新向张春桥、王洪文二人谈明毛泽东的意图,张春桥为之语咽。而上海的党羽不知底里,还在街头贴出"坚决要求张春桥当总理"的大标语。

1月31日,毛远新在给毛泽东的请示报告中说:我已和王洪文、张春桥谈过,传达了主席对华国锋、陈锡联工作安排的指示。他们表示完全拥护,保证支持。此事可由中共中央政治局指定专人分别向中央党、政、军部门进行传达。毛泽东阅后批示:"同意。还应同小平同志谈一下。"④

2月2日,中共中央发出通知:一、经毛主席提议,中央政治局一致通过,由华国锋任国务院代总理;二、经毛主席提议,中央政治局一致通过,在叶剑英生病期间,由陈锡联负责主持中央军委的工作。⑤

对于毛泽东的决定,江青等人口头上表示"完全拥护",实际上心中极为不满。张春桥写下《一九七六年二月三日有感》,宣泄怨愤。"奇文共欣赏",现抄录如下:

> 又是一个一号文件。
>
> 去年发了一个一号文件。
>
> 真是得志更猖狂。
>
> 来得快,来得凶,垮得也快。
>
> 错误路线总是行不通的。可以得意于一时,似乎天下就是他的了,要开始一个什么新"时代"了。他们总是过高地估计自己的力量。

---

① 在审讯张春桥时,张春桥说过,弄倒邓小平后,"他们让我当(总理)"(审讯人汪文风提供)。

② 1976年2月8日,江青等人在清华、北京大学师生座谈会上的讲话(纪要稿)。

③ 据《毛泽东传(1949—1976)》(下),中央文献出版社2003年版,第1767页。

④ 毛泽东对毛远新请示报告的批语,手稿,1976年1月31日;转引自《毛泽东传(1949—1976)》(下),中央文献出版社2003年版,第1768页。

⑤ 中共中央关于华国锋、陈锡联任职的通知,1976年2月2日;转引自《毛泽东传(1949—1976)》(下),中央文献出版社2003年版,第1768页。

人民是决定性的因素。

代表人民的利益,为大多数人谋利益,在任何情况下,都站在人民群众一边,站在先进分子一边,就是胜利。反之,必然失败。正是:

爆竹声中一岁除,东风送暖入屠苏。

千门万户瞳瞳日,总把新桃换旧符。①

张春桥在这篇日记中除了自我标榜、吹嘘,美化自己,就是用"得志更猖狂"、"来得快,来得凶,垮得也快"等语言诅咒已不再主持中央日常工作的邓小平,同时也发泄对华国锋的不满,显露了他图谋篡权、要把"新桃换旧符"的心机。

华国锋就任国务院代总理、主持中央工作以后,首先着手抓的工作,是按照毛泽东的意图,继续发动"反击右倾翻案风"的斗争。1976 年 2 月 5 日,中共中央通知,将 1975 年 11 月 26 日发出的《打招呼的讲话要点》扩大传达到党内外群众。同一天,华国锋向毛泽东请示,计划分批召开各省、自治区、直辖市和各大军区负责同志会议,"继续打招呼",促使他们"早转弯"、"转好弯"。

2 月 6 日,中共中央发出 1976 年第 3 号文件,批转中央军委关于停止学习和贯彻执行 1975 年 7 月邓小平、叶剑英在中央军委扩大会议上的讲话和报告的决定。第一批参加打招呼会的浙江、福建、江西、云南、四川 5 个所谓"问题多一些的省"的负责同志共 29 人,应召来京。1976 年 2 月 9 日下午,"五省来京同志座谈会"开始。接着,2 月中旬,打招呼会又扩大到第二批 12 个省、自治区、直辖市和一些大军区的负责人:北京、上海、天津、河北、山西、内蒙古、辽宁、吉林、黑龙江、江苏、山东、安徽,南京、沈阳、北京、福州、成都、昆明、济南等大军区。会议的主要文件是《毛主席重要指示》。这是毛远新根据毛泽东由 1975 年 10 月至 1976 年 1 月的多次谈话整理而成,并经毛泽东审阅批准的。《毛主席重要指示》共 13 大段,按照内容分 4 个部分编排。②

一是重申"阶级斗争为纲",肯定"无产阶级专政下继续革命"的理论,指

① 张春桥:《一九七六年二月三日有感》,转引自《毛泽东传(1949—1976)》(下),中央文献出版社 2003 年版,第 1768 页。张春桥引的诗为北宋王安石的《元日》。

② 一般著作均按毛远新 1975 年 12 月 18 日给毛泽东的信中所说的 3 个方面来讲,没有注意到《毛主席重要指示》最后整理稿对 1975 年 12 月 21 日整顿稿作了补充和调整。1976 年 2 月 2 日,毛远新在给毛泽东的信中说:"最后一段(13)把对邓小平同志的批评和政策界限集中在一起"。

出"走资派"还在走。

关于社会主义时期的阶级斗争。毛泽东说："社会主义社会有没有阶级斗争？什么'三项指示为纲'，安定团结不是不要阶级斗争，阶级斗争是纲，其余都是目。""1949年提出国内主要矛盾是无产阶级对资产阶级之间的矛盾。13年后重提阶级斗争问题，还有形势开始好转。文化大革命是干什么的？是阶级斗争嘛。""旧的资产阶级不是还存在吗？大量的小资产阶级不是大家都看见了吗？大量未改造好的知识分子不是都在吗？小生产的影响，贪污腐化、投机倒把不是到处都有吗？刘（少奇）、林（彪）等反党集团不是令人惊心动魄吗？"

关于为什么有些人对社会主义社会中的矛盾问题看不清楚了。毛泽东认为："问题是自己是属于小资产阶级，思想容易右。自己代表资产阶级，却说阶级矛盾看不清楚了。""一些同志，主要是老同志思想还停止在资产阶级民主革命阶段，对社会主义革命不理解、有抵触，甚至反对。""民主革命后，工人、贫下中农没有停止，他们要革命。而一部分党员却不想前进了，有些人后退了，反对革命了。为什么呢？作了大官了，要保护大官们的利益。他们有了好房子，有汽车，薪水高，还有服务员，比资本家还厉害。社会主义革命革到自己头上了，合作化时党内就有人反对，批资产阶级法权他们有反感。搞社会主义革命，不知道资产阶级在哪里，就在共产党内，党内走资本主义道路的当权派。走资派还在走。""一百年后还要不要革命？一千年后要不要革命？总还是要革命的。总是一部分人觉得受压，小官、学生、工、农、兵，不喜欢大人物压他们，所以他们要革命呢。"

二是肯定"文化大革命"，要求作出评价并正确对待。

关于"文化大革命"的评价，毛泽东认为："对文化大革命，总的看法：基本正确，有所不足。现在要研究的是在有所不足方面。三七开，七分成绩，三分错误，看法不见得一致。文化大革命犯了两个错误：一、打倒一切；二、全面内战。打倒一切其中一部分打对了，如刘、林集团。一部分打错了，如许多老同志，这些人也有错误，批一下也可以。""全面内战，抢了枪，大多数是发的，打一下也是个锻炼。但是把人往死里打，不救护伤员，这不好。""有的人受了点冲击，心里不高兴，有气，在情理之中，可以谅解。但不能把气发到大多数人身上，发到群众身上，站在对立面去指责。"

关于对待老同志和造反派，毛泽东说："不要轻视老同志，我是最老的，老同志还有点用处。对造反派要高抬贵手，不要动不动就'滚'。有时他们犯错误，我们老同志就不犯错误？照样犯。要注意老中青三结合。"

三是关于当时运动的方针政策问题。毛泽东提出："当前大辩论主要限于学校及部分机关，不要搞战斗队，主要是党的领导。不要冲击工业、农业、商业、军队。但是，也会波及"，"对一些老同志要打招呼，要帮助"，强调"不是搞无政府，打倒一切，全面内战"。这说明毛泽东在运动的规模、方法上吸取了教训，有所控制，不想"天下大乱"了。

四是对邓小平的批评与政策界限。毛泽东严厉批评邓小平不抓阶级斗争，"历来不提这个纲"，还是"白猫、黑猫"，"代表资产阶级"；但又明确指出："他还是人民内部矛盾问题"，"要帮助他，批他的错误就是帮助，顺着不好。批是要批的，但不应一棍子打死。对犯有缺点和错误的人，我们党历来有政策，就是惩前毖后，治病救人。要互相帮助，改正错误，搞好团结，搞好工作"。①

《毛主席重要指示》成为"反击右倾翻案风"这场运动最主要的指导性文件。

出席第一、二批打招呼会的领导干部，学习文件，联系实际，被要求揭发批判邓小平的所谓"修正主义路线错误"，检讨自己的问题，在揭发批判的过程中转好弯子。第一、二批打招呼会开到 1976 年 2 月 25 日结束。华国锋发表经中共中央政治局讨论、毛泽东审阅同意的讲话，明确提出"反击右倾翻案风"的斗争大方向是"批邓"。他说：要把学习《毛主席重要指示》和中央文件"摆在首位"，在此基础上，"深入揭发批判邓小平同志的修正主义路线错误"；"要牢牢掌握斗争大方向"，"通过反击右倾翻案风的斗争，进一步促进安定团结，发展巩固文化大革命和批林批孔运动的伟大成果"。他规定对邓小平的问题，内部"可以点名批判"。华国锋在讲话中也谈到了不要揪住不放，不要一棍子打死，不搞串联、不搞战斗队等政策，还特别提出要防止"层层揪"，关照"注意不要层层揪邓小平在各地的代理人"。

紧接着，召集了第三批 12 个省、自治区的打招呼会议。出席第三批打招呼会议的 12 个省、自治区是：湖南、湖北、河南、广东、广西、贵州、西藏、新疆、

---

① 中共中央印发的《毛主席重要指示》（经毛泽东审阅），1975 年 10 月至 1976 年 1 月；转引自《毛泽东传（1949—1976）》（下），中央文献出版社 2003 年版，第 1769—1771 页。

甘肃、宁夏、陕西、青海，此外还有广州、武汉、兰州、新疆四个大军区。3月3日，会议结束时，即将《毛主席重要指示》和华国锋在2月25日的讲话分别以中央文件形式发到县、团级。这样，一场"批邓、反击右倾翻案风"的斗争就在全国范围内全面展开。

"四人帮"全然不顾毛泽东多次申述的邓小平的问题还是人民内部矛盾、要团结、让邓小平专管外事等指示，利用各种机会，另讲一套，丧心病狂地攻击邓小平和周恩来。

2月1日出版的《红旗》杂志第2期，登载了《回击科技界的右倾翻案风》一文。用"四人帮"一伙的话说，这是继1月14日发表的《大辩论带来大变化》后，北京大学、清华大学大批判组为"反击右倾翻案风"打出的第二发"重型炮弹"。同时，"四人帮"一伙还用批判"折中主义"来为"反击右倾翻案风"增添"理论"色彩，并继续攻击周恩来。

2月6日，内部刊物《参考资料》发表了一篇文章，利用1932年2月上海报纸刊登的国民党特务机关伪造的所谓《伍豪脱离共产党启事》，无中生有地诬陷周恩来。2月13日，《光明日报》头版刊登高路的文章《孔丘之忧》，大批"忧"字，把周恩来比作孔丘，把悼念周恩来的人民群众污蔑为"哭丧妇"。文章恶毒地写道："让旧制度的'哭丧妇'抱着孔丘的骷髅去忧心如焚，呼天号地吧。"

在打招呼会议期间，张春桥多次诬蔑邓小平通过中共中央、毛泽东作出的出口石油、进口成套设备和船舶的决定是"垄断资产阶级"、"买办资产阶级"，"比蒋介石还厉害"。2月15日、16日，江青在五省来京同志座谈会上诬陷邓小平"上欺主席，下压政治局"，"搞复辟倒退"，"为叛徒翻案"。3月2日，江青又擅自召集参加第三批打招呼会议的12个省、自治区的同志开会，诬陷、攻击邓小平是"谣言店的总经理"、"国际资本家的代理人"、"大汉奸"、"法西斯"、"反革命两面派"、"大阴谋家"，叫嚷要"共同对敌，对着邓小平"！① 江青还露骨地表现出，她想当武则天、吕后那样的女人。她说：有人写信给林彪说我是武则天，有人又说是吕后，我也不胜荣幸之至。吕后是没有戴帽子的皇帝，实际上，政权掌握在她手里。武则天，一个女的，在封建社会当皇帝啊，同志们，不简单啊！ 江青又说：诽谤吕后，诽谤武则天，诽谤我，就是诽谤主席。

---

① 《历史的审判》，群众出版社2000年版，第77页。

她的这篇讲话从 1974 年"风庆轮"问题讲起,要求将"风庆轮"问题的材料(有江青本人批注)印发各省、自治区、直辖市和各大军区负责人"参阅"。江青还在给华国锋的信中写道:"这是对邓小平同志的一份揭发,是我们和他的一次较大的斗争,应让同志们知道。"①张春桥也在这次会上诽谤邓小平"对内搞修正主义,对外搞投降主义"。

3 月 10 日,毛泽东得知江青 3 月 2 日的讲话后批示:"江青干涉太多了。单独召集十二省讲话。"他还要人转告华国锋:江青这个讲话是不对的。对江青要求印发"风庆轮"问题的材料一事,毛泽东批示:"不应该印发。此事是不妥的。"②

3 月 26 日,"四人帮"利用中共中央政治局听取清华大学运动情况汇报之机,围攻邓小平。张春桥等人诽谤邓小平"是党内外一切新老资产阶级和一切牛鬼蛇神的总代表"。4 月 26 日,江青又在一封信中诬蔑邓小平"像林彪一样搞大、小舰队","小舰队有过之而无不及"。③ 在"打招呼"会议期间和会议前后,他们指使《人民日报》总编辑鲁瑛派出记者和通讯员到一些地方、军队、部门以调查研究为名,搜集情报,整邓小平、叶剑英、李先念、华国锋等一大批中央和地方负责人的"黑材料"。他们还竭力鼓吹"老干部是'民主派','民主派'就是'走资派'"的反动理论,煽动"层层揪""走资派",企图整垮中央、地方和军队的领导干部。

在"四人帮"看来,第一批来开会的 5 个省的省委第一书记"都难以转弯子",1975 年参加讨论《工业二十条》的 12 省的省委第一书记,也都是合邓小平胃口的人,自然都成了批和揪的重点对象。对积极支持邓小平进行整顿的胡乔木(国务院政研室)、胡耀邦(中国科学院)、周荣鑫(教育部)、万里(铁道部)、张爱萍(国防科委)等负责人,在 1976 年 2 月至 3 月形成了第一个揭发、批判的高潮。身患重病的教育部部长周荣鑫被迫出院,自 1 月以来,接受追查、批判 50 多次,于 4 月 12 日上午在追查会上当场晕厥,不幸于 4 月 13 日凌晨去世。刘冰等人短短几个月被批斗 220 多次,打成"正在走的走资派",送

①　江青给华国锋的信,1976 年 3 月;转引自《毛泽东传(1949—1976)》(下),中央文献出版社 2003 年版,第 1773 页。

②　毛泽东对华国锋关于是否印发江青讲话的请示报告的批语,1976 年 3 月 10 日;转引自《毛泽东传(1949—1976)》(下),中央文献出版社 2003 年版,第 1773 页。

③　《历史的审判》,群众出版社 2000 年版,第 73、25 页。

到农场等地监督劳动。① "四人帮"控制的舆论工具全部开动起来。从1976年1月开始，报刊上充斥着"反击右倾翻案风"的文章，其气势不亚于"文化大革命"初期"横扫一切牛鬼蛇神"的时候。从《不许为修正主义教育路线翻案》，扩展到《回击科技界的右倾翻案风》《坚持文艺革命，反击右倾翻案风》以至《反击卫生战线的右倾翻案风》②；从《评"三项指示为纲"》③，到剖析《论全党全国各项工作的总纲》，批判中国科学院《工作汇报提纲》和加快工业发展的《"工业二十条"》④；从《孔丘之忧》《再论孔丘其人》的影射攻击，到《从资产阶级民主派到走资派》等的论证"规律"。⑤ 所有这些文章都颠倒黑白，把邓小平主持的各条战线的整顿诬蔑为"右倾翻案风"，把邓小平主持制定的文件、条例诬蔑为"复辟纲领"，还从"批邓"概括出所谓"从民主派到走资派"的公式，为"层层揪""走资派"、从上到下打倒老干部制造理论根据。而"至今不肯改悔的最大的走资派"，公开地成了邓小平的代名词。

为配合"反击右倾翻案风"的需要，"四人帮"有意将彩色故事片《决裂》安排在1976年元旦公映，用他们的话说："它的公映，对当前正在各级党委领导下进行的教育革命大辩论会有一个大的推动。"影片的主题就是批判新中国成立后17年的"修正主义教育路线"。把大学的入学条件降格到"会写'毛主席万岁'和手上有硬茧"这个标准上，恶意中伤1975年整顿科技工作中的一些做法。1976年2月初，江青、张春桥布置文艺作品要写"与走资派斗争"的主题，要拍20部这类电影；又专门找他们在文化部的亲信于会泳、浩亮、刘庆棠开会，要于会泳等人"赶快布置给几个京剧团，把电影《春苗》《第二个春天》《战船台》改编为京剧"，因为"这些都是写与走资派斗争的戏，能和当前的斗争紧密配合"，并且要求尽快上演，"最迟不能过国庆节"。他们还积极组织人员筹拍《反击》《盛大的节日》《欢腾的小凉河》等影片，以期通过"揪走资派"、层层"揪代理人"的银幕形象，煽动群众，增强他们斗争的勇气。于是，

---

① 据《刘冰等给毛主席写信符合党章，内容属实，清华大学党委公开纠正这一错案》，《人民日报》1978年11月23日。

② 以上各篇分别载《红旗》杂志1976年第2、3、4期。

③ 载《人民日报》1976年2月29日。

④ 分别载《红旗》杂志1976年第4期、《学习与批判》1976年第4期、《人民日报》1976年5月31日。

⑤ 分别载《光明日报》1976年2月13日、《人民日报》1976年2月24日、《红旗》杂志1976年第3期。

"阴谋文艺"的代表作被不断炮制出来。

四、抗议"四人帮"的浪潮在全国掀起

不论上面怎样一再"打招呼",不论"四人帮"怎样拼命鼓噪,除了帮派势力、"反潮流战士"之外,应者寥寥。相反,人民的不满和愤怒,通过传单、小字报、大字报等各种方式宣泄出来,一场群众自发形成的强大抗议浪潮在全国迅速掀起。

2月初,山城重庆的解放碑贴出一张大字报《请注意当前斗争新动向》,尖锐地提出"批右倾翻案风的矛头到底对着谁"的问题,提醒人们警惕一伙野心家篡夺党和国家的领导权。

2月上旬,中国轻工业品进出口总公司黑龙江省分公司中山路仓库汽车司机柯庆华,从哈尔滨发出《致北大、清华大批判组的一封公开信》,指斥他们"打着红旗反红旗","名义上搞大辩论,实质上是大镇压,谁要有半点不同意见就被打成反革命",并指出:你们"遭到了全国人民的唾弃"。

2月中旬,北京天安门、王府井、西单等地贴出传单:"起来! 起来! 战斗! 战斗! 全国人民紧急行动起来,以实际行动向叛徒、野心家、阴谋家张春桥、江青、姚文元之流进行坚决斗争!""张、江、姚是林彪式的小舰队,陈伯达式的政治骗子,他们欲把大批老同志置于死地而篡党夺权,决不能让他们的阴谋得逞!"

2月23日,福建省的刘宗利在福州市贴出大字报《"阿斗"的呼声》,历数"四人帮"的罪状,震动了福州。许多工人、学生和战士纷纷在大字报上留言,表示支持。

3月2日,武汉市街头出现了"继承总理志,实现四个现代化"(署名"寒城牛")等标语。

3月9日,贵阳制药厂的李洪刚等7名工人在贵阳市贴出了长达3万字的大字报《对目前形势和新的历史任务的几点看法》,系统地从理论上宣传了实现四个现代化的宏伟目标,预言:"更加光辉灿烂的新时期不可避免地必然到来!"还印成传单,自费前往郑州、武汉、长沙等地散发。

3月11日,福建省三明市农机公司的赵大中在三明市贴出题为《论扩大共产主义思想宣传——批判党内走资本主义道路的当权派张春桥》的大字

报,并表示:"为了把他揭露出来,我杀头也甘愿!"数日后,又贴出了续篇。

3月20日,广东省顺德县大良轧钢厂工人杨振汉写信给毛泽东,批判张春桥的谬论。3月26日,他又发出一封信。

3月25日,武汉市出现了题为《绝不对资产阶级野心家卑躬屈膝》(署名"寒城牛")的油印传单。

3月26日,武汉锅炉厂200余人集会,指名批判江青、张春桥。

3月,一份《总理遗言》在全国各地广为流传。据公安部门统计,仅在安徽一省就查缴了6935份各种版本的《总理遗言》。《总理遗言》以周恩来的口吻说:

> 我自第二次手术以来,病情曾有短期稳定。从下半年开始,癌症已广泛扩散,虽然自觉尚好,但去见马克思的日子确实不太远了。我想,有必要向主席、中央汇报一下近年来的一些想法。

> 患病期间,主席对我亲切关怀使我十分激动。主席年龄大了,要注意身体。有主席为我们党和国家掌舵,是全国人民莫大的幸福,也是我莫大的欣慰。这些日子,主席在遵义会议时和我谈话的情景总是历历在目,百感交集。不能为主席分担一些工作,我十分难过。为了我们祖国和人民的前途,主席一定要保重……

> 朱德同志和剑英同志年事已高,要多锻炼身体,当好主席的参谋,具体分工是可以摆脱的。但是,你们的地位是举足轻重的。我们是一辈人,跟主席这么多年了,更要以高昂的战斗精神,保持晚节。

> 小平同志一年来几方面工作都很好,特别是关于贯彻主席的三项指示,抓得比较坚决,这充分证明了主席判断的正确。要保持那么一股劲,更多请示主席,多关心同志,多承担责任。今后小平同志压力更大,但只要路线正确,什么困难都会克服的……

对王洪文、张春桥、江青、姚文元等人则一一有所揭露和批评。《总理遗言》最后注明的日期是:1975年12月29日。

1975年12月下旬,周恩来已基本上处于弥留状态了,根本不可能立下这样长、这样完整的遗嘱。这份《总理遗言》是杭州汽轮机厂的青年工人李君旭假托编写的,表达了人们对周恩来的怀念、对邓小平的信赖、对"四人帮"的憎恶。

从1976年2月上旬到3月初,在福州、杭州、武汉、贵阳、郑州、长沙、厦门、哈尔滨、徐州、顺德、三明、重庆、太原、西安等地,都出现大标语、大字报、传单,指责、批判"四人帮";有些县、市还出现公开揭露"四人帮"罪行的街头演说。

人们意识到,中华民族又到了最危险的时候! 人民共和国的主人要用自己的力量来保卫人民共和国,阻挡阴谋家、野心家篡夺党和国家的最高权力!

第 二 章
南 京 怒 火

一、《文汇报》点燃导火线

从"文化大革命"一开始,上海《文汇报》就被林彪、"四人帮"一伙所控制,成为帮派体系的喉舌。"批邓、反击右倾翻案风"中,《文汇报》卖力地煽动批判邓小平,反对周恩来,并妄图整垮一大批忠于社会主义事业的老干部。在全国人民沉痛悼念周恩来的日子里,"四人帮"及其同伙给他们在《文汇报》的亲信下达指示:宣传周恩来只能低,不能高。记者采写的上海人民悼念周恩来的稿件,《文汇报》一律扣发不得见报。稿件中歌颂周恩来、记述革命群众悲痛怀念的许多内容被删除。"四人帮"在上海的帮派骨干还炮制和散发了500多万份材料,指名道姓地攻击和诬蔑邓小平及其他中央领导干部。

进入1976年3月,《文汇报》连续发生了"三·五"删稿和"三·二五"报道两起严重的反周恩来事件,不是偶然的,而是"文化大革命"以来,特别是"批邓、反击右倾翻案风"运动以来,贯彻上述"四人帮"及其同伙一贯方针和指示的产物。这两起事件,点燃了1976年清明节前后全国人民抗议运动——四五运动的导火线。

(一)《文汇报》的两起"反周"事件

1976年3月5日,是毛泽东发表"向雷锋同志学习"题词13周年的纪念日。这天凌晨,新华社播发了沈阳部队指战员学习雷锋的报道,原电稿中有周恩来为雷锋同志题词的全文:"向雷锋同志学习:憎爱分明的阶级立场,言行一致的革命精神,公而忘私的共产主义风格,奋不顾身的无产阶级斗志。"这是对雷锋精神的精辟概括。"四人帮"的那个亲信下令:《文汇报》第一版刊登"四人帮"写作班子"初澜"的文章,而把学雷锋的报道塞到第四版。在这个版面上,还硬要刊登由"四人帮"在上海的党羽交给他们的、吹捧"四人帮"在辽宁死党的两则电影广告,并规定:向雷锋同志学习的报道"放不下就删"。这样,《文汇报》登出的这篇报道里把周恩来的题词删掉了。

3月14日,上海的《学习与批判》又发表张春桥授意写的"批邓"、"反周"文章:《由赵七爷的辫子想到阿Q小D的小辫子,兼论党内不肯改悔的走资派的大辫子》(署名:吴耕畔)。①"四人帮"为了篡党夺权,不仅要打倒邓小平,而且要打倒周恩来,已是"司马昭之心,路人皆知"。

卖身投靠"四人帮"的中共上海市委书记马天水,这时忙不迭地出谋划策。他指示《文汇报》,宣传区、县、局干部"站在斗争前列"的模范事例要不遗余力,要向读者报道"从民主派到走资派的过程"。在这样的政治背景下,《文汇报》于3月25日又在第一版登出一篇新闻稿:《走资派还在走,我们就要同他斗》。其中有这样一段话:

> 孔老二要"兴灭国,继绝世,举逸民",党内那个走资派要把被打倒的至今不肯改悔的走资派扶上台……

当时,经姚文元修改的3月3日《人民日报》署名文章《批判党内那个不肯改悔的走资派》,已经用"被打倒的至今不肯改悔的走资派"特指邓小平;而"孔老二"则是"评法批儒"以来"四人帮"影射攻击周恩来的代名词。读者联系当时实际,一眼看出,这段话中,"被打倒的至今不肯改悔的走资派"指的是邓小平,要把邓小平扶上台的"孔老二"、"党内那个走资派",显然是指周恩来。

《文汇报》的这篇报道一发表,人们立刻同3月5日《文汇报》删掉周恩来关于学习雷锋的题词联系起来,警觉地意识到,这是一个严重的信号:"四人帮"图谋从政治上否定、打倒周恩来。

(二)"反周"事件激起举国义愤

《文汇报》"三·五"、"三·二五"接连两起"反周"事件,激起举国义愤,遭到万众讨伐。在报亭前、马路边,在机关、学校、车间、营房,人们愤怒地议论

---

① 　赵七爷是鲁迅小说《风波》中的人物。他留着辫子,反对共和,拥护张勋复辟。

着,咒骂着。抗议、质问的电话、电报、信件,像连珠炮弹一般射向《文汇报》——

《文汇报》胆敢炮打周总理,我们决不答应!

反周总理的人不得人心! 反周总理的人是孤立的! 反周总理的人,在政治上必然是短命的!

《文汇报》成了谁家的报纸?

到底是谁指使你们这样干的?! 奉劝你们不要跟着张××的指挥棒瞎跑!

你们的后台是谁? 请站出来! 人民是不会宽容的!! 你们是为人民说话,还是为敌人说话?

我只要敬告你们一声,你们高超的理论,将不受中国大众欢迎,你们的所为有悖于中国人现在为人的道德。

……

短短数日,发往《文汇报》的抗议信件、电报达 420 多件,抗议电话有 1000 多次,严正要求《文汇报》向全国人民交代事件的真相! 可是,张春桥等人却公开对《文汇报》表示慰问,给予表扬。

在中央的一次会议上,张春桥竟然质问:为什么唯独查《文汇报》? 王洪文说:删掉总理题词算个屁事! 姚文元诡辩:编辑不删稿子,那就不要办报了。马天水等人心领神会,立即召开区、县、局负责干部会议,传达张春桥、王洪文、姚文元的"指示",为《文汇报》打气叫好,"深表"慰问,夸奖他们"经受了斗争风浪的考验"。马天水下令调集群众的抗议函电,制成复印件,当作"罪证";还把许多共产党员和革命群众投入监狱,残酷迫害。这种倒行逆施,激起广大群众更强烈的反抗。

"四人帮"支持下的《文汇报》两起"反周"事件,激怒了全国人民,成为爆发四五运动的导火线。

二、南京大学师生带头抗议

南京是江苏省的省会,是周恩来曾经出生入死战斗过的地方。1946 年 5 月,国民党政府"还都"南京。为继续同国民党进行和谈,周恩来率领中共代表团于 5 月 3 日也由重庆迁到南京。周恩来和邓颖超就住在梅园新村 30 号。

在中共代表团驻地周围 100 米的范围内,国民党特务设置了 10 多个据点,门对门、窗对窗地对中共代表团进行严密监视。环境异常险恶。正如郭沫若所描述的,仿佛空气里四处都闪着狼犬的眼睛。就是在这样险恶的环境中,以周恩来为首的中共代表团毫无畏惧,和国民党反动派展开了英勇机智的斗争,作出了卓越贡献。梅园新村已成为江苏人民引以自豪的纪念圣地。江苏淮安是周恩来的故乡,他在这里度过了 12 个春秋。江苏人民对周恩来有着特别深厚的感情。从周恩来逝世到追悼会召开的 7 天里,南京共有 2500 多个单位的 32 万多群众前往梅园新村凭吊。此后,梅园新村纪念馆接到闭馆通知,被迫停止开放。许多群众公开责问:为什么不让我们悼念总理?

《文汇报》事件点燃的这根导火线,立即引爆了郁积在南京人民心头的怒火,形成了势不可挡的冲击波。起带头作用的是南京大学的革命师生。

1976 年 3 月 5 日,《文汇报》砍掉周恩来对雷锋的题词的事件在南京传开后,广大群众无比愤慨。南京大学青年学生最早带头奋起战斗。该校政治系、中文系、历史系工农兵学员联合写信给《文汇报》领导小组,怒斥“四人帮”利用报纸反对周恩来的罪行。“誓死保卫周总理”和揭发《文汇报》罪行的大标语、大字报陆续出现在南京街头。

3 月 24 日,南京江苏新医学院中医系 200 多名工农兵学员和部分教职员工,踏着沉重的步伐,抬着亲手制作的、献给周恩来的花圈,从校址汉中门经新街口游行十几公里到雨花台,在革命烈士纪念碑前举行了庄严的悼念仪式。第二天,江苏新医学院的数百名教职工冲破重重束缚,又在南京的闹市区新街口贴出“誓死捍卫敬爱的周总理”等大标语。他们的行动受到了南京人民群众的赞许和支持。

3 月 25 日《文汇报》影射攻击周恩来和邓小平的新闻报道,犹如火上浇油,在南京点燃了抗议运动的熊熊烈火。南京人民发出了惊天动地的怒吼。

南京大学 800 多名工农兵学员,自动组织起来,在闹市街头进行演讲,在大街、车站和公共汽车上刷大标语。当晚 7 时许,南京大学数学系计算机专业一年级的工农兵学员来到南京火车站,在开往成都的 82 次列车、开往上海的 405 次列车上,刷上《文汇报》把矛头指向周总理罪该万死!”“警惕赫鲁晓夫式的人物篡夺党和国家的领导权!”火车上的旅客们纷纷探身窗外观看,为学生的正义行动拍手叫好。

南京最热闹的新街口和鼓楼广场,贴满了“谁反对周总理就打倒谁!”“揪出《文汇报》的黑后台！""警惕赫鲁晓夫式的人物上台！"等标语、口号。工人、学生、机关干部、军人，纷纷走上街头，抒发对周恩来的爱和对"四人帮"的恨。学生们开始把标语、口号刷在火车上，刷在长途汽车上，动员人民起来和"四人帮"展开斗争。

恰在此时，"四人帮"在江苏的代理人刚刚作出的今后不准去梅园新村、不准去雨花台举行悼念活动的禁令泄露出来。南京大学数学系青年教师、系团总支书记李西宁立即召开团总支紧急会议，决定抢在禁令传达之前组织学生前往梅园新村。他们连夜贴出海报，号召全校学生参加这一行动。

3月28日是星期天，上午8时，南京大学数学系400多名师生上街游行，到梅园新村周恩来旧居庄严宣誓。队伍出发前，李西宁刚毅地说："我们今天怀着庄严肃穆的心情，前去悼念周总理。我们要造成强大的声势，让那些反对周总理的人看看，人民群众是不好惹的！"人们看到队伍前头，周恩来的大幅遗像高高扬起，慈笑依旧，音容宛在！遗像后面是由玉兰花组成的花圈，"光辉永照后来人"的横幅悬挂其间。整个队伍肃穆、沉稳，绕道经过闹市区新街口、大行宫，向梅园新村进发。一路上，交通警察为他们开绿灯，车辆为他们让行，无数群众肃立街旁。沿途还有许多工人、学生、干部自动加入到队伍里去，汇成了巨大的示威洪流。队伍抵达梅园新村后，李西宁又率全体师生面对周恩来遗像宣誓："向总理学习！一定要用生命和热血保卫我们的革命事业，为实现四个现代化而奋斗！"

南京大学师生在广大革命人民反对"四人帮"的斗争中，确实起了先锋模范作用。李西宁等人带头行动，也不是一时的冲动。

3月初，李西宁参加"赴清华大学学习团"到北京。临行前，他和战友们一道拟订了10多个题目，如"1975年是'复辟年'，还是'前进年'？""干扰破坏中国四个现代化的人是革命派，还是复辟派？"准备向"四人帮"在清华大学的心腹迟群发出责问。清华大学并不欢迎这个代表团。迟群也没有露面。李西宁自己跑到学生宿舍，听到的是同报刊上的报道完全相反的声音。清华大学同学向他介绍了北京人民悼念周恩来的情景，流露出对"四人帮"一伙的憎恶。

从北京回来，李西宁的心情很不平静。他想到在周恩来逝世后的那段日子，南京几十万人民臂戴黑纱，在滴水成冰、朔风凛冽的严寒中，排着几里路的长队到梅园新村悼念周恩来。长江路上，悲痛的人潮，连绵不绝。突然，一道道"禁令"压下来,让人们愤恨、困惑。李西宁再也憋不住了,他对系团总支一个委员说:"不在沉默中爆发,就在沉默中灭亡。我们不能再沉默下去了!"在此期间,李西宁写的三首词:《望江南——周总理逝世后有感》,真切地表述了他的心态:

　　　　巨星落,山河皆悴焦。亿点泪珠抛天洒,哀雷动地雨萧萧。悲声万里遥。

　　　　灰曾洒,转瞬絮花飘。君体未安"书生"乱,恶风朔雪窒新苗。愁坐闷吹箫。

　　　　灰掺泪,中原沃劲草。千年野火烧不尽,人民自古是英豪。拭目看今朝。

3月29日,南京大学师生再擂战鼓。上午,数学系学生把3月25日的《文汇报》贴在校园里,用墨笔把"党内那个走资派要把被打倒的至今不肯改悔的走资派扶上台"这句话勾了出来,在上面写着"看一看,想一想"6个大字。李西宁看了无比愤怒,回到宿舍,写了两条大标语,贴在南京大学南园宣传栏下面和对面。其一是:"警惕赫鲁晓夫式的个人野心家、阴谋家篡夺党和国家的最高领导权!"其二是:"无数革命先烈和革命老前辈用鲜血打下的红色江山,我们也要用鲜血来保卫!"这时,政治系在《是粗枝大叶,还是别有用心》的标题下,公布了《文汇报》就3月5日删稿事件搪塞他们的复信。南京大学里遍布燃烧着的激情。一个解放军学员看了标语,紧紧抱住李西宁说:"你们干得好,我们全校都要起来干!"另一个学员对李西宁说:"我们要发扬五四精神,把这场斗争进行到底!"这种激情从校园扩散到了社会。南大校园内挤满各界群众,传抄标语和大字报。校园门口一下子停放了数千辆自行车。

下午,南京大学11个系的三四百名学生,组成20多个小组,在南京的大街小巷,在开往苏北、安徽、浙江等地的长途汽车上,刷上了"文汇报的反党文章是篡党夺权的信号弹""谁反对周总理就打倒谁!""文汇报'3·25'文章胆敢反对周总理罪该万死!""不揪出文汇报的黑后台誓不罢休!"等大标语。当天晚上,数学系一年级学生找到李西宁,说要到火车站去刷标语,把革命火种撒到全国去。李西宁立即答应说:"行,这个主意想得好!"一年级的同学们在系党支部书记秦峰等人带领下,连夜来到火车站,将一张张战斗檄文贴在一列列即将开出的列车上。

三、南京军民怒吼了

南京大学师生的革命行动鼓舞了南京市军民。南京人民悼念周恩来，抗议"四人帮"的革命活动很快掀起了新的高潮。工厂、学校，大街、小巷，到处是"走资派还在走，野心家在伸手！""《文汇报》的文章是反党夺权的信号弹，打倒《文汇报》的黑后台！""不揪出《文汇报》的黑后台誓不罢休！""全国人民行动起来，抵制封锁《文汇报》！""全国人民行动起来，警惕野心家阴谋家篡党、篡军、篡政！"等大标语。这些标语、口号像号角一样鼓动人们拥向街头。新街口、鼓楼广场、山西路等处，空中不时飞撒痛击"四人帮"的传单，人丛中不断听到慷慨激昂的演讲，口号声此起彼伏。有人说："人们就像凭借《国际歌》找到革命战友一样，凭着对总理的共同感情，到处可以找到革命的同志。"

（一）南京军民用各种形式发出心中的吼声

3月30日，在南京闹市区多处出现一张解放军南京警备区某营青年战士徐同新写的小字报：《谁反对周总理就不得人心》。徐国新写道：

> 最近，一股反革命的妖风十分嚣张，居然胆敢把矛头指向我们敬爱的周总理和老一辈无产阶级革命家。尤其甚者，是上海几张报纸的丑恶表演，使全国人民义愤填膺地对这种反革命行径进行痛斥。南京齿轮厂的工人同志说得好："谁反对周总理就不得人心，我们就要和他拼到底！"

徐国新怀着无比崇敬的感情赞扬周恩来一生的伟大贡献和高尚品质，表示：

> 总理的深厚恩情我们永远说不完，他的革命精神和高尚品质我们世世代代学不完。他把全部的精力和心血献给了党，献给了革命和人民；逝世后他的骨灰撒遍祖国的江河，生死和人民在一起；不仅受到中国人民的爱戴，而且受到世界人民的敬佩。

这张小字报以赫鲁晓夫对待斯大林的教训告诫人们：

> 今天，苏联的历史教训我们记忆犹新，斯大林事件的悲剧也决不容许在中国重演。一切革命干部、共产党员、共青团员和其他一切不愿中国变修的革命同志们：我们要警惕赫鲁晓夫式的人物，不要被那

种反革命舆论所迷惑。我们要响应伟大领袖毛主席的号召,加强现代化的建设。工业、农业生产要大上,要把国民经济搞上去,为实现总理在人大会议提出的宏伟规划而奋斗……

小字报最后高呼:

> 敬爱的周总理永远活在我们心中!
> 我们怀念杨开慧烈士!
> 把赫鲁晓夫式的野心家、阴谋家、两面派张春桥揪出来示众!
> 把《文汇报》的黑后台张春桥挖出来示众吧!

3月29日夜至3月30日,南京大学、南京邮电学院、南京化工学院、南京汽轮电机厂"七二一"工人大学等16个单位都派人到火车站,准备共同战斗。他们听说,火车一出南京,用墨水刷在车厢上的大标语就被冲洗掉了,都十分气愤。

青年学生与工人群众相结合,是五四运动的光荣传统。南大等校的师生,同南京火车站的工人师傅商量对策。他们很快就想出了办法。工人师傅给他们找来了水氯松、油漆、柏油。师生们用这些短时间难以冲洗掉的材料,把"警惕赫鲁晓夫式的野心家、阴谋家篡党夺权""谁反对周总理全党共诛之!"等大标语刷在南来北往的列车车厢上。从半夜到早晨,他们一气干了10多个小时,在经停南京站的火车车厢上先后刷了198条大标语。奔驰的列车就是当时传递最快、传播最广的信息网络。它们把战斗的号召,带到北京,带到上海,带到广州,带到西安,带到全国各地。

3月30日晚上,许多学校和工厂也派人在新街口、鼓楼广场、山西路散发传单,发表讲演。一首《满江红——悼念周恩来总理》(作者孙元亮),被许多人噙着泪水吟咏:

> 星殒东方,
> 天地咽,
> 山河减色。
> 君为民,
> 赴汤蹈火,
> 心血沥绝。
> 开天辟地奠国基,
> 踪迹环球创伟业。

问六十春秋昼与夜，

可曾歇？

瞻遗容，

泪不绝；

哭总理，

肝肠裂。

化举国之哀，

坚持马列。

岂忍江山付东流，

那堪神州再溶血。

将遗愿早日化宏图，

此心切。①

3 月 31 日下午 1 点多钟，一个直径 2 米的大花圈，陡然呈现在鼓楼食品商店大楼的阳台上。阳光照射下，一副挽联夺人心魄。只见两幅黑绸上面，写了 32 个白色大字：

心血操尽革命伟业如巍巍泰山立环宇

骨灰撒遍祖国山河似点点春雨润人间

下午 2 点半，在新街口东侧最醒目的地方，只见一幅巨型标语从一幢 6 层楼的顶端直泻下来："打倒大野心家、大阴谋家——张春桥！"这是南京汽车厂制泵分厂职工制作的。

南京铁路中学教师厉传彬，刷写了"打倒张春桥，消除隐患，挖出定时炸弹，把无产阶级文化大革命进行到底""张春桥从党中央滚出去"等 5 条大标语。

这些标语，直接点明斗争目标。围观的群众拍手称快。南京的群众运动达到了一个新的高潮。

在 1976 年 3 月末的几天里，南京人民游行、集会、刷大标语，反抗之火越燃越烈。反对"四人帮"的口号在全城回荡。到梅园新村、雨花台去悼念周恩来的人流似滚滚长江，奔流不息。每天到雨花台悼念的人数多达 5 万左右，道

---

① 《新华日报》1978 年 11 月 19 日，第 4 版。

路被挤得水泄不通。为了挤进悼念的人流中去,许多人伫立街头等候。军工厂职工的游行队伍,特别引人注目。他们抬着花圈去雨花台,其中最大的一个高达 5 米。

(二)"四人帮"的压制激起更强烈的反抗

"四人帮"对南京的群众运动恐惧万分。他们肆意攻击,下令追查。

3 月 30 日,王洪文给人民日报社打电话,要他们在南京的记者注意反映情况,并说:"南京事件是因为省委有走资派。""南京事件的性质是对着中央的,是转移批邓大方向,他们借着《文汇报》删稿大做文章。"还说:"那些贴大字报的,是为反革命复辟制造舆论"。姚文元说是"反革命逆流","是没落垂死势力的挣扎和疯狂反扑的一种表现"。他们下令,群众的大字报、游行等等,一律取缔。

4 月 1 日晚,中共中央政治局开会讨论局势,认为:南京有人借故闹事,干扰破坏当前"反击右倾翻案风"的斗争大方向。当前全国各地流传的所谓"总理遗言"、"总理给主席的诗词",欺骗了一些不明真相的人。现在还要利用清明节(4 月 4 日)搞扫墓活动,并要以纪念杨开慧烈士名义送花圈。北京等地也有类似情况。这个动向值得注意。

会后,立即以中共中央名义向全国发出关于南京大字报问题的电话通知。通知说:

一、据了解,最近几天,南京出现了矛头指向中央领导同志的大字报、大标语。这是分裂以毛主席为首的党中央,转移批邓大方向的政治事件。你们必须立即采取有效措施,全部覆盖这类大字报、大标语。对有关群众做好思想工作。要警惕别有用心的人借机扩大事态,进行捣乱、破坏。

二、对这次政治事件的幕后策划人,要彻底追查。

三、所谓总理遗言,完全是反革命谣言,必须辟谣,并追查谣言制造者。

四、任何人不准冲击铁路。①

---

① 转引自中国人民解放军国防大学党史党建政工教研室编印:《"文化大革命"研究资料》(下),1988 年 10 月,第 417 页。

在电话通知中，还特别指责江苏省委"态度不够明朗"，对政治谣言"没有认真追查"。

4月2日下午，江苏省委将"四·一通知"传达到南京市和江苏省。有关部门立即出动大批人马，冲刷南京市面上的大字报、大标语。有人贴出大字报，诬蔑群众的行动是"为反革命复辟、政变制造舆论"，威胁支持群众的省、市委中的领导干部要承担后果。

可是，群众发自内心的反抗之火是"追查"所扑不灭的。4月2日，南京街头依然出现了"捣毁《文汇报》的土围子！"这样的大标语。南京大学一个教室的课桌上，出现了一首署名"万万千作词，千千万抄写"的《捉妖战歌》：

> 妖风起处，定有妖精，
> 妖为鬼蜮，必显灾情。
> 乱党乱军，祸国殃民，
> 尾巴高翘，始露原形。
> 原名狸精，化名蒋亲，
> 年方六十，实在年轻。
> 奇装异服，迎接外宾，
> 妖态百出，不得人心。
> 攻击总理，手段卑鄙，
> 蒋帮敌特，配合密切。
> 欺骗主席，罪大恶极，
> 狐假虎威，借助钟馗。
> 鬼喊打鬼，贼喊捉贼，
> 当年武斗，它是罪魁。
> 有个同伙，妖法更多，
> 名叫蠢翘，最会奸笑。
> 两妖合作，收集喽啰，
> 篡权计划，有纲有目。
> 先夺舆论，伪装老左，
> 谈古论今，蛊惑人心。
> 侈谈什么，儒法斗争，
> 儒家法家，根本一家。

代表利益，剥削阶级，

事过千年，远离现实。

为其翻案，是何用意？

无非想当，封建皇帝。

自己复辟，不须放屁，

打击正直，排除异己。

滥用法权，施出诡计，

既想遮天，又想盖地。

激怒群众，四方奋起，

千军万马，口诛笔伐。

妖怪惊慌，却能变色，

七变八变，本质不变。

觉悟群众，岂能愚弄？

抓住尾巴，决不放松。

众志成城，妖有何能？

即取其道，还治其身。

学习总理，革命到底！

奋不顾身，捍卫总理。

总理遗志，定能实现，

人心所向，共产主义。

这首《捉妖战歌》，是一篇声讨"四人帮"的檄文。它反映了"万万千""千千万"群众正义的呼声，像一面照妖镜，使"四人帮"立即显出原形。

4月2日，混进南京大学党委常委的那个帮派骨干，背着校党委，通过他的同伙，将《捉妖战歌》电告"四人帮"，企图以革命者的鲜血，作为他们效忠"四人帮"的见面礼。"四人帮"接到密告后，恼羞成怒，立命将《捉妖战歌》列为"特大的反革命案件"，当作侦破所谓"南京反革命事件"的突破口，动用专政工具，大搞白色恐怖。但是，他们心虚理亏，色厉内荏，始终不敢把《捉妖战歌》的真实内容公之于众。①

——————————

①　粉碎"四人帮"后，《捉妖战歌》全文公开发表于《新华日报》1978 年 11 月 17 日第 5 版。本书引用此诗即据《新华日报》。

4月3日，南京工学院2000多名师生仍然举行示威游行，沿鼓楼广场、新街口、中山东路到梅园新村转了一大圈。南京邮电学院等单位的群众，不顾安危，又在南京街头刷出15条大标语，内容有："中央4月1日电话通知精神坚决执行《文汇报》资产阶级方向，必须坚决批判""我们坚决和打着白旗反总理的野心家血战到底！""反周总理的一系列反革命事件要彻底追查！""要发扬'五不怕'的精神，坚持斗到底！""没有什么救世主，也不靠神仙和皇帝！"。南京部队宣传站，虹桥、兰桥等处，也相继出现了"向张春桥的修正主义文化部、宣传部开炮"的传单、标语。4月3日这天，到雨花台的人数超过14万，比前两天多了一倍。

4月4日，清明节，虽然是星期天，但南京市各工厂、机关破例不放假，意欲将人们圈在单位里。然而，这天到雨花台悼念的人数达七八万之多。

人们用行动回答"四人帮"的压制和威吓。从3月底到4月初，短短四五天，南京市有1600多个单位、66.7万余人次到雨花台悼念周恩来，敬献花圈6000多个。

四、周恩来故乡和江苏各地的悼念与斗争

南京人民的革命行动和斗争精神，向四面八方扩散着、传播着。周恩来故乡淮安与江苏各地的群众也都采取各种方式，对周恩来表示诚挚的悼念，与"四人帮"进行针锋相对的斗争。

（一）周恩来故乡人民的悼念与斗争

先看看周恩来的故乡江苏淮安吧。

散文家袁鹰是淮安城里人，在《故乡夜话》①中，对淮安人民的悼念和斗争作了具体、动情的描述：

> 总理去世的消息一传到淮安，全城的人都哭了，哭声震天。
>
> 一位白发的老同志说着说着眼眶就红了："你是知道家乡的风俗的，老人不在了，子女要披麻戴孝，那两天，不少人穿白袍子到（周

---

① 《故乡夜话》是1976年6月袁鹰回故乡淮安后写的一篇见闻录，收入《丙辰清明纪事》，人民日报出版社1980年版，第457—460页。

恩来）故居去。穿白鞋、佩白花、扎白头绳的更是不计其数，真可说是全城缟素。"一位县委宣传部的同志说："……县委正准备组织悼念，北京、南京就接二连三来了一堆禁令，不许这样，不许那样。你想，淮安是总理的家乡，说不许悼念，群众哪接受得了！"

万民垂泪的哀思，到3月中旬，逐渐变成愤怒的火焰。下旬起，群众自发的悼念活动，冲破了层层禁令。镇淮楼上，高高悬挂起总理遗像。遗像上边有一幅大横标："敬爱的周总理，故乡人民怀念您！"两旁竖幅是："继承周总理遗志，将革命进行到底。"这镇淮楼地处淮安城中心，距总理故居不远，是总理幼年时代常常登临的地方，这时就自然地成了故乡人民表达沉痛心情的灵堂。人群从淮安城的大街小巷，从运河两岸的村镇，陆陆续续地，络绎不绝地，流向故居。故居门前，悬挂着一幅白绸挽联：鞠躬尽瘁为人民，赤胆红心忠于党。对面墙上，有人用大字抄录了周总理在四届（全国）人大会议所做的（政府工作）报告中关于四个现代化的一段话，提醒人们永远记住总理的遗愿。花篮、花圈、挽联、悼诗不断地送来，把故居几间空屋和里外院子都摆满了，有些就放在门口，排列在巷子里。敬爱的总理，您生前从不允许人们访问您的出生地，更不许对外宣传您的旧居，要来访的人到韶山去。今天，故乡的人民含着泪违背您的意愿了。

3月底，从南京开出的长途汽车，贴着责问《文汇报》、声讨张春桥的标语，驶向大江南北，也来到淮安。人们知道南京的工人、学生和机关干部，已经公开向那帮祸国殃民的阴谋家、野心家发出檄文，于是悼念转为战斗了。贴在镇淮楼四周的标语，呼唤着家乡人民的心声："我们坚决用鲜血和生命捍卫周总理！""谁反对周总理，就砸烂谁的狗头！""我们怀念杨开慧烈士！"……

到了4月初……群众悼念活动就更加有组织地进行了。

县委宣传部那位同志兴奋地追忆着，说得有声有色："像游行一样，一队接着一队，到故居去。上边三番五次地下令，又是'紧急通知'，又是'4号文件'，又是'南京事件'，反正不许到故居去，可是群众不听那一套，照样去！进不了门，就在门口站一站。有些单位专门组织演讲团，在街头巷尾向群众演讲，宣传总理的功绩、崇高品德，揭露有人攻击总理，不许群众悼念，也介绍南京群众的斗争。"

　　淮阴县王营中学的 4 位同学，自己编印了《烽火》小报，在淮阴县和清江市（淮阴地区专员公署所在地）张贴，为了扩大影响，还寄往全国各地。小报上发表的《告战友书》写道：

　　　　在 3 月 5 日、13 日的《文汇报》上，他们采用颠倒黑白、混淆是非的手法，转弯抹角、含糊不清的语言，含沙射影地把矛头指向我们敬爱的伟大领袖毛主席和敬爱的周总理，妄图分裂中央，转移斗争大方向，搅乱革命阵营。并且在 3 月 25 日的《文汇报》中，更加露骨地叫嚣什么"党内那个走资派要把被打倒的至今不肯改悔的走资派扶上台"，明目张胆地把矛头直接指向毛主席和周总理，反革命气焰甚是嚣张……

　　　　《文汇报》公开跳出来反党，就是他们复辟资本主义的信号，它预示着一场短兵相接的决战就要到来！一切敢于主持正义、坚持原则、敢于战斗的革命战友们，你们面对着这一严峻的阶级斗争现实是怎样想的呢？！亲爱的战友们，我们决不能听而不闻，视而不见。在这关系党和国家命运的紧要关头，我们要高举被先烈染红的战旗，踏着先辈的足迹，前赴后继，紧跟毛主席，怀念周总理，向反动势力发起空前的反击！

　　　　战友们，无数历史事实告诉我们：一切反动派总是过高地估计自己的力量，过低地估计人民的力量，急不可待地走向捣乱、失败直至灭亡的终点。他们是纸老虎，然而纸老虎也是能够伤人的，所以我们要百倍警惕，为捍卫毛主席的革命路线，"舍得一身剐，敢把皇帝拉下马"……砍头不要紧，只要主义真。

　　稚嫩的文字中，透露出这些娃娃对周恩来的热爱、对"四人帮"的仇视和坚决与他们斗争到底的决心。

　　盐城地区响水县文工团一位青年去周恩来故居悼念，写下一首诗：《淮乡的风》，抒发了人民悼念恩来、声讨"四人帮"的情感。诗中写道：

　　　　淮乡的风，

　　　　运河的水，

　　　　清明时节想亲人。

　　　　人民怀念周恩来，

　　　　泪痕犹在妖风起，

有人反对周总理，

千刀当剐黑后台，

管他职位高与低！①

淮安人民的斗争同样遭到"四人帮"一伙的压制。袁鹰在离开淮安时，发出了这样的感慨："第二天我上路的时候，雨是停了，但天色更加阴沉，气候也更加郁闷。汽车驶上大堤，我望着翻滚不已的运河水，心上像堵了一块冰凉的石头，又像蕴藏了一颗待燃的火种。"

（二）江苏各地的连锁反应

南京的抗议运动在江苏各地引起了连锁反应。

1976 年 3 月底，一列带着南京人民奋起反对"四人帮"的标语的列车从南京开往上海。地处沪宁铁路中段的铁道部戚墅堰机车车辆厂职工的心被标语深深地触动。这个厂的老一辈工友曾在周恩来等同志的领导下，参加过上海工人三次武装起义。今天，当一小撮野心家阴谋反对周恩来、诬陷邓小平时，人们悲愤交加，怒不可遏。他们接过父兄的战旗，高擎起周恩来的遗像，抬着花圈，勇敢地投入了反对"四人帮"的战斗行列。4 月 1 日早晨，运输维修班的工人在厂门口广场献上第一个花圈。像无声的命令，全厂每个车间、科室都行动起来了。人们把强烈的爱憎，倾注在花圈上。花圈上的挽联、挽诗，像匕首，像投枪，直指"四人帮"。各车间的工人排着长队，将本单位的花圈送到厂门口广场上。许多车间的领导，在这里宣读邓小平代表中共中央所致的悼词。工厂大门两旁的柱子上，贴着一副 4 米长的挽联：

恩来同志献身革命鞠躬尽瘁日月同辉

开慧烈士血洒中华泪飞化雨山河痛悼

厂门对面工房墙上的一条大标语表达了人们的心声："好坏群众分得清，爱憎哪能靠命令！"

东去的列车带着南京人民的战斗誓言奔赴上海，而从上海回来的车子上，有些标语却往往遭到涂抹洗刷。这一情况激起工人们极大的愤恨。戚机厂有一段围墙紧靠沪宁线，工人们便想：列车是活动的标语牌，可以把战斗信息带到全国。我们也可以把这段围墙当作宣传牌，让过往的旅客把戚机厂工人与

———————————

① 《新华日报》1978 年 11 月 19 日，第 4 版。

"四人帮"斗争的信息带到各地。从 4 月 1 日起，该厂同志即在沿铁路的围墙上刷上了大标语："周总理永远活在我们心中！""揪出《文汇报》的黑后台""谁反对周总理就打倒谁！"。一个青年工人，爬上梯子，在车间办公楼面朝沪宁线的墙上，写了每个字 1 米多见方的巨幅标语："悼念周总理，怀念杨开慧，打倒中国赫鲁晓夫！"过往列车上的好多旅客，都从窗口伸出大拇指叫好！

常州市出现倾城争看"五个心"的动人场面：清明节后的第一天，一条非同寻常的大幅标语，耸立在常州市市中心向阳饭店的屋顶上。上面写着斗大的字："主席健在我们放心，总理逝世我们痛心，小平同志没有野心，对赫鲁晓夫篡权应存戒心，祖国河山我们担心！"这条大标语庄严宣告：清明节虽然过去了，但空前规模的悼念周恩来的群众运动并没有结束，同"四人帮"的斗争将进一步继续下去！这条大标语怒斥"四人帮"诬陷邓小平完全违背党心民心，说出了广大人民群众的心里话，立即在常州全市引起轰动。人们奔走相告：快去看"五个心"！全市通往向阳饭店的大街小巷人流如潮。滚滚人流在向阳饭店门前宽阔的大马路上汇成了海洋。人们久久地抬头凝望着"五个心"，多年来压抑在内心深处的怒火和怨气，一下子迸发出来："写得好！""好极了！"

无锡市东方红广场，周围的大楼上、广告墙上，也挂满了标语："悼念周恩来！中国的赫鲁晓夫休想上台！""大势所趋，人心所向，中国的赫鲁晓夫要上台痴心妄想！""谁反对周总理就坚决打倒谁！"

江苏各地人民用各种方式，痛击"四人帮"的倒行逆施。

轰动全国的"南京事件"，引起了一系列连锁反应。如果说，《文汇报》事件是四五运动的导火线，那么，南京事件就是四五运动的前奏。正当"四人帮"费尽心机要把它压制下去的时候，它所点燃的烈火，已经在北京天安门广场上冲天而起了。

第 三 章
天安门事件

天安门是我们国家的象征。矗立在天安门广场南端的人民英雄纪念碑,是记录中国人民自 1840 年以来为民族独立和人民自由幸福而不屈斗争的丰碑。1919 年,这里爆发了震惊中外的反帝反封建的五四运动;1935 年,壮怀激烈的"一二·九"爱国救亡运动就在这里发生;1949 年,毛泽东在天安门城楼上宣布中华人民共和国成立,这里升起了第一面五星红旗。1976 年,在这里,人民要为悼念自己敬爱的周恩来而与人民的敌人"四人帮"抗争。随着清明节的来临,两种对立的政治势力的交锋越来越尖锐激烈。正如有人所概括的那样:1 月,人民在悲痛;2 月,人民已睁开了哭肿的双眼;3 月,人民已经怒吼;4 月,人民要起来开展一场决死的战斗! 这是一场以花圈和诗歌为武器,向"四人帮"展开的特殊的战斗。

一、天安门广场最初的悼念活动

(一)第一个花圈,第一篇悼词

1976 年 3 月 19 日,北京市朝阳区牛坊小学的师生,向天安门广场人民英雄纪念碑敬献了第一个花圈。这个普普通通的花圈,凝结着人们对周恩来纯朴无华的深情厚意。它引起人们强烈的共鸣,触发了人们心中正在燃烧着的烈火;这朵小小的报春花,预示着具有强大生命力的春潮将要来临! 接着,第二个、第三个……无数花圈、挽联不断出现在人民英雄纪念碑周围。

3 月 25 日,在纪念碑上,挂出一幅大标语:"敬爱的周总理,我们日夜思念您",十分醒目,映入每一个经过天安门广场的人的眼帘。有心的人在纪念碑前献上一盆土、一盆水。他们说，这是"祖国的水、祖国的土"，象征着人民时刻想念骨灰撒在祖国山山水水的周恩来。有人在周恩来遗像前插上几支梅花，象征周恩来一生傲霜斗雪的革命精神；有人摆上一盆万年青，象征周恩来一生奋斗的革命事业青春常驻。人们还把自己胸前的白花取下来，系在纪念碑周围的柏树篱墙上，用小纸条、小布条写上心里话："敬爱的周总理，您回来吧，我们日夜想念您！""四个现代化刚刚着手，您怎么能离开人间？回来吧！回来吧！回来还去国务院。在那里把好人扶起，把坏人撤换。"

3月30日凌晨，第二炮兵后勤部24人，冲破重重阻挠，怀着"宁愿把头掉在天安门前"的决心，向人民英雄纪念碑敬献了来自人民解放军的第一个花圈。花圈上的8朵大红花鲜艳夺目，洁白的挽带上写着："周总理永垂不朽！"

3月30日，北京市总工会工人理论组副组长、北京市机械配件公司干部曹志杰等29人，在人民英雄纪念碑南侧贴出悼念周恩来、声讨"四人帮"的悼词。这是丙辰清明的第一声呐喊。这篇悼词，像磁石一般，吸引着人们，一群群人围拢过来，百人，千人……开始，人们只是默默地抄录。后来，抄录的人越来越多。站在悼词旁边的一位男青年，便自告奋勇地高声朗读起来："敬爱的周总理，您那和蔼慈祥的面容，您那光辉高大的身影，永远铭刻在我们心中，是无法磨灭的……我们决心化悲痛为力量，向伟大领袖毛主席、向您庄严宣誓：誓与党内外的资产阶级血战到底！"大家心里明白，这里的资产阶级是指资产阶级野心家、阴谋家江青、张春桥之流。这第一声呐喊，表达了人民群众共同的心愿。夜幕降临了，纪念碑前还是围满了人。天越来越暗，朗读悼词的人实在看不见了，立即有人传来火柴、打火机。一位从外地来的同志在人群中大声喊道："俺有手电！""好，用手电！"群众发出一片欢呼声，并自动为这位送手电的同志让开一条道。

人们胸前佩戴着白花，臂上缠着黑纱，默默地抬着花圈，川流不息地来到人民英雄纪念碑前。人民呼喊着周总理，心如刀绞，泪如雨下。

花圈在增多，花圈在增大。挽联上写着感人至深的语句：

　　一生奋斗，为中华新颜

　　灰撒江河，换大地常春

　　九州埋忠骨，大地生辉，总理精神永驻

　　八亿仰英灵，民心承露，斯人浩气长存

纪念碑东边,出现了一条紫地黄字的巨型横幅,上面写着:"敬爱的周总理,我们日夜思念您。"

(二)暗中的较量

3月26日,"四人帮"在北京市公安局的那个干将——北京市公安局局长刘传新,指令要"把送花圈的单位、人数、送了多少花圈等汇总上报"。3月27日,北京市民兵指挥部奉命派出30多名民兵,到天安门广场"观察动向"。

于是,出现了前一天送的花圈,过一夜就不见了;前一天贴上的诗词和悼文,第二天便不翼而飞了。人们把干这种无耻勾当的便衣警察叫作"偷花鬼",有一首词这样骂他们:"清明来捣乱,有我便衣孙。明取暗撤夜里毁,我是偷花鬼。"有些青年自告奋勇在夜里看守花圈,人们称他们为"护花神"。尽管花圈不断被"偷"走,但第二天,更多的新的花圈又出现了。到3月30日,花圈已经摆满了纪念碑底座周围,铁栏杆以里已无空闲之地。为了和那些"偷花鬼"做斗争,有一个长方形的花圈竟有10米长,用铁丝紧紧地扎在纪念碑的汉白玉栏杆上。

作家刘白羽曾作过这样的评述:"在总理逝世后的日日夜夜里,人们悲痛欲绝,擦不干的眼泪,咽不住的悲声,人们以最大忍耐力在注视着一切,一切在人们心中点起怒火。这火,从一个人到一万个人,从一万个人到亿万个人。正如鲁迅所说:'地火在地下运行,奔突;熔岩一旦喷出,将烧尽一切野草,以及乔木,于是并且无可朽腐。'是的,就是这样的火,从这个人胸中蔓延到那个人胸中在熠熠发光。这不是泪发的光,这是血发的光,如果泪光可以吹干,血光却无法熄灭,这就是1976年从1月到3月的景况。"[①]

二、悼念活动趋向高潮

(一)"扬眉剑出鞘"

人民对周恩来的悼念,是同"四人帮"进行的一场英勇的斗争。悼念,就是对"四人帮"的抗议和反击。这一政治内容,实际上已酝酿了几个月,当它

---

① 刘白羽:《光明与黑暗的大搏斗——〈丙辰清明纪事〉序》,《丙辰清明纪事》,人民日报出版社1980年版,第2页。

一经公开点破，便像巨浪滔天，不可遏止！正如天安门广场上有两首诗所写的——

昔日悼总理，悲痛若断肠。

今朝想总理，浑身是力量。

豺狼何所惧，虎豹咱敢降。

识破假马列，怒斥妖婆娘。

昨日来此闻泪声，

今朝人海更共鸣。

急令山河报总理，

神州正演捉鳖兵。

人民群众的斗争目标明确，他们发出响亮的誓言："热血汇成连天浪，红心再造我中华！"

4月1日，北京市崇文区化纤厂的青年党员贺延光，率领该厂的共青团员，在天安门广场南端的人民英雄纪念碑前，举行宣誓仪式。贺延光站在纪念碑前的台阶上，手捧悼词，深情朗读："敬爱的周总理，我们日夜想念您……"刚读到这里，他就哽咽了，人群中也一片哭泣。他停了停，又大声地读下去："国内那些被打倒的阶级敌人和党内的野心家、阴谋家，企图篡夺党和国家的领导权，妄想改变国家的颜色……对于这种危险，我们必须密切地注视它，决不能松懈革命的警惕性……披着马克思主义外衣（实际上是资产阶级的奇装异服）的党内资产阶级代表人物，在经过无产阶级文化大革命锻炼的革命人民面前，必定原形毕露，自取灭亡。"接着，他举起拳头，带领大家庄严宣誓："我们要发扬敢于斗争的大无畏精神，同赫鲁晓夫、林彪式的人物血战到底！"宣誓完毕，贺延光和战友们将誓词牢牢地贴在他们敬献的花圈上。可是当天晚上，这份悼词就被"四人帮"的爪牙撕掉了。贺延光十分气愤，第二天上午，又把悼词抄成大字报，和战友们一起用纱布裱糊起来，再用透明塑料布罩上，挂在人民英雄纪念碑前的汉白玉栏杆上。许多群众驻足诵读，不少人还一字一句抄录。

悼词撕不尽，反而越贴越多。在众多的悼词中，有一篇署名"革命继承人"的悼词，被人们反复朗诵、辗转传抄。为了让更多的人抄录，一位青年以记录速度念给大家听写："我们革命人民一定会撕下那些野心家、阴谋家的假面具,把他们丑恶的卑鄙的伪善的嘴脸暴露在人民面前……我们坚信,前进的征途是不可能平坦的,但是,我们身在战场上,就不怕死在战火中。当鲜血洒在战场上,才看出我们的忠诚;只有当炮火炸开我们的胸膛,才看出我们的心像火一样红。如果只有用我们的生命才能换来革命的胜利,那就让我们在硝烟弥漫的战场上,为祖国、为人民、为马列主义的彻底胜利、为共产主义的实现,而血战到底!"朗诵声不断被掌声和叫好声打断。听众中有人插上一句:"管它黑猫白猫,能把这几只耗子吃掉就是好猫。"人群中发出笑声、掌声和叫好声,故意让那些"耗子"们的耳目生气、害怕。

一夜过后,无数花圈把人民英雄纪念碑四周放满。数不清的悼词、诗歌、小字报,出现在纪念碑上、花圈丛中。成千上万的群众、许多单位的干部,自发地到天安门广场举行悼念仪式。4月1日,天安门广场到处是悼念周恩来的人群,花圈、诗词增加了许多。真是"天安门前花似雪,纪念碑下泪如雨"。广场成了悼念周恩来的灵堂、斥责"四人帮"的法庭。在花山诗海中,纪念碑前的一首小诗特别引人注目:

　　　　欲悲闻鬼叫,

　　　　我哭豺狼笑,

　　　　洒泪祭雄杰,

　　　　扬眉剑出鞘。①

这首小诗,气势豪放,雄健有力,表达了人民群众继承周恩来遗志、誓与"四人帮"反革命集团血战到底的决心。

(二)第一支游行队伍,第一个钢铁花圈

4月2日清晨,北京出现第一支游行队伍——中国科学院109厂职工的游行队伍。人们抬着4个大花圈和4块木制大诗牌,由4辆卡车开道,从工厂所在地德胜门外祁家豁子出发,来到王府井,走过这条繁华街道,在北京饭店门前停留了5分钟,让人们观看、照相。走进天安门广场后,他们把诗牌放在纪念碑碑座的最高处,白漆木牌上用黑漆写的诗句十分醒目——

　　　　红心已结胜利果,

------

① 铁道部三局机电队的共青团员王立山在天安门广场贴出了两首诗,这是其中一首的前四句,当时被列为"001号反革命案件"重点追查。

碧血再开革命花。

倘若魔怪喷毒火，

自有擒妖打鬼人。

4块诗牌像4根擎天巨柱，支撑着天安门广场上空的浩瀚天宇。它们的出现极大地鼓舞了人民的斗志。火热的诗句不胫而走，传遍北京的大街小巷。

早在1月底，109厂的职工就酝酿在清明节送花圈，厂领导很支持。2月，买纸做准备；3月中旬，制定了花圈图案。他们做了4个大花圈，两个献给周恩来，一个献给陈毅副总理，另一个献给杨开慧烈士。同时，决定做诗牌。大家认为，诗牌做得"越大、越醒目，越好"。有的同志在制作花圈时就说："准备被抓起来坐牢。"3月31日，他们专门研究了游行路线。

几乎同一时间，北京重型电机厂的工人把他们制作的第一个钢铁花圈送到了天安门广场。钢铁花圈的出现，是对压制悼念者的强烈抗议。这个高大的钢铁花圈在曙光照耀下，通身闪耀着独特、奇异的光芒。花圈的正中，一个用钢板敲制成的大五角星的颜色是那样鲜红。8朵用黄色和紫色铜铂做成的大花均匀地排布四周，象征着8亿颗赤诚的心紧紧地守卫在周恩来身旁。其他的小花朵都是用马口铁和白铁皮制成的。它们和那1尺宽、5米长、用金属做成的巨幅挽联一起，银光闪闪，十分夺目。花圈的下部，一块刷着银粉、3米长、1米宽的铁板上，写着一首词：《卜算子·忆周总理》

总理爱人民，

人民想总理。

春夏秋冬四季时，

天地长相忆。

四个现代化，

"两步"走到底。

遗愿化为宏图日，

国祭告总理。

一首题为《广场——纪念碑》的诗，把人民英雄纪念碑比做先烈、比作周恩来，把天安门广场比作人民。诗的开头写道：

宽阔的天安门广场！

庄严的人民英雄纪念碑！

纪念碑坚定地矗立在广场的中央，

广场永远怀抱着自己的纪念碑！

广场象征着伟大的人民，

纪念碑就是为革命牺牲的英烈，

就是我们永生怀念的周总理。

我们站在纪念碑前面，

就是站在为革命抛头颅、洒热血的英烈们前面，

就是站在我们敬爱的周总理前面。

……

诗中写道，天安门广场发生过多次革命运动，"在需要的时候，历史一定会赋予它新的伟大使命"！诗中把"四人帮"比作"几只苍蝇蚊子""几只公鸡母鸡"，它们"错误地估计了形势"，"被利欲熏昏了头脑"，"用反复辟的口号搞复辟，用反倒退的名义搞倒退"。对于这些害人虫，"广场"要"愤然而起，挥臂猛击"！历史的进程已经表明，天安门广场的确又重新肩负起她"新的伟大的使命"。这首诗表达了一位平凡作者的历史预见！

第二炮兵司令部的同志，继第二炮兵后勤部在 3 月 30 日送了第一个花圈之后，又连续送了 6 个花圈。

4 月 2 日早上 7 时，二炮的二十几位同志冲破道道禁令和重重阻力，把一个高大的花圈送往天安门广场。当时正是上班时间，长安街上人流如潮，但看到子弟兵送花圈，都主动让道，以敬佩和支持的目光注视着他们。

这个花圈上签名的人数和第一个花圈上签名的人数一样，都是 24 个。其中一个同志因故未赶上和其他同志一起送花圈，后来他赶到天安门广场，站在花圈前，向周恩来默哀。在这之前，有两个解放军战士自动站在这个花圈前守护。他俩见这个军人站在那里，以为是来记"黑名单"的，便上前把他扭住，群众也立即围了上来。这位迟到的军人急忙作了解释，大家才知道闹了个误会。这场误会形成子弟兵自动守护花圈的动人故事，迅速传开。

一位在天安门广场目睹这里发生的动人情景的有心人，写下如下一段感言："纪念碑下的花圈密密层层，不计其数，犹如一座壮观无比的花山。看着那耸立在花山之巅的纪念碑，看着那络绎不绝的人流，听着人们高声朗诵的深情的诗句，仰望着慈祥的总理遗容，我的鼻子阵阵发酸，眼泪不禁夺眶而出。再想到近来《文汇报》上出现的恶毒攻击总理的言论，又不觉怒火满腔。"他坐

在纪念碑下,写了《清明前夕所见有感》一诗言其心志:

> 清明伟碑耸花丛,千枝万朵诉哀情,
>
> 秽蝇休沾英雄面,忠魂永存亿众心。
>
> 丘恨泰山何足轻,蒿咒青柏自凋零,
>
> 古来月神无人扮,阴晴圆缺孰不明?!

写完后,他摘下胸前的小白花,用缠花的铁丝牵住这张带诗的稿纸,登上纪念碑南台阶,悄悄地把它挂在一个靠汉白玉栏杆、面冲广场的花圈上。

（三）来自四面八方的悼念

来到天安门广场的,不光是首都各界群众,还有全国各地的人们。大家素不相识,心却息息相通。一首《献给总理的歌》写道:

> 涉过水几道,
>
> 翻过山几重,
>
> 中华好儿女,
>
> 清明时节聚北京。
>
> 采来鲜花束束,
>
> 摘取松柏青青,
>
> 带来四面八方的悼念,
>
> 捎来天南海北的心声。

3月23日下午,来自安徽省濉溪县的张学林,坐了一天多火车,赶到北京。他是专程来给周恩来敬献花圈的。一出火车站,他顾不得休息,就赶到北京绢花厂,花10元钱买了一个花圈,又请人在挽带上写上"敬献给敬爱的周总理",落款处是他的名字。然后,张学林拿着花圈向天安门广场走去。半道上,一辆小轿车突然停在他身旁,一位不相识的老干部把他请上了车,一直送到了纪念碑下。这是广场上第一位个人送的花圈,而且是外地群众。

在天安门广场那花的山、花的海里,有一只小巧精美的花圈。它是那么小,比不过大花圈上的一朵白花;它是那么轻,抵不上钢花圈上的一片铁叶。可是,它却那么引人注目,因为那素绢的挽带上,端正地签着中国科技大学黄婉治、余明昆等20多位同志的名字——这是一个来自千里之外安徽省合肥市南郊中国科技大学的花圈。

3月中旬,该校二系生物物理专业的七八个女同学,聚在一间实验室里,为悼念周恩来做花圈。她们要制作最美好的花圈来表达自己的深情：敬爱的周总理，我们再也见不到您了。我们只能扎一只花圈，向天空、向大地祭奠您的英灵。流不尽的泪水，一次又一次润湿了手上的彩纸；抑制不住的哀思，几乎碾碎了她们一颗颗痛苦的心。此后，又有许多同学参加进来。谁知，有人向上面汇报了她们的情况。上面派人下来查问："做花圈是谁的主意？""大家的心。""谁买的纸？""大家买的。""花圈藏在哪里？"大家回答："不知道！"花圈做好以后，她们巧妙地把花圈带到北京摆放到了天安门广场。①

3月30日，江苏省公安厅上访人员在纪念碑上献上了一个花圈。

3月底4月初，在北京、在天安门广场，勇敢的人民用花圈、悼词、诗歌、讲演……用当时可以利用的一切形式表达自己对周恩来的哀思，表达自己的爱憎，表现了中国人民的聪明机智和斗争艺术。

来自外国的友人也参加了悼念周恩来、反对"四人帮"的活动。1976年初春的"批邓、反击右倾翻案风"运动，引起刚从德意志民主共和国来我国外文出版社工作的蒂尔·布尔克哈特和弗洛里安·茅斯巴赫夫妇的关注。蒂尔对批邓一直想不通。他直言不讳地对中国同志讲："邓小平同志没有什么错误，他主持工作对中国人民有好处。中国党内的极左分子，妄图复辟资本主义，颠覆无产阶级专政。我担心中国会变颜色。"他还说："我认为批邓不仅是要批邓小平同志，他们还把矛头针对周总理，是不得人心的。"他画了一幅漫画《老鼠出洞》。画面上的13只老鼠，得意忘形，横行无忌。他还用德文写上毛泽东"三要三不要"的语录。

蒂尔把他的这幅漫画，贴在外文出版社墙报大批判栏最醒目的地方。不少人驻足观看。有的人诙谐地说："因为猫挨批了，老鼠就横行无忌出洞了。"蒂尔生怕别人看不懂漫画的意思，热情地在旁边解说："老鼠是善于施展阴谋的。"

清明节将到，蒂尔夫妇每天都到天安门广场去。中国人民深切悼念周恩来的激动人心的场面，感染了这两位国际友人。他们不顾春寒料峭、细雨霏霏，每去一次都拍摄了不少照片。蒂尔对一位中国同志说："真了不起！这完全是中国人民自发的行动。不过，你们要小心！我不怕，无非是把我们赶走而已。我是同中国人民站在一边的。"

---

① 秦雨：《千里送花圈》，《丙辰清明纪事》，人民日报出版社1980年版，第506—508页。

三、"四人帮"的压制和人民的反抗

（一）"四人帮"密谋镇压

正当人民群众悼念周恩来的活动进入高潮时，"四人帮"一伙也在密谋策划。他们要把天安门广场燃起的革命火焰扑灭。姚文元对鲁瑛说："现在，天安门前纪念碑送花圈悼念周总理，和当前批邓精神不相适应，是针对中央的，是破坏批邓的。""清明节是旧习惯，这样的行动是违反中央大方向的。""这股反革命逆流这样猖狂，看来有个司令部。"他交代鲁瑛，派记者去广场，看广场上到底是些什么人、都在干什么，然后在仅供中共中央政治局委员参阅的《情况汇编》上反映出来。实际上，鲁瑛早已向广场派出了记者。

从4月1日到6日，"四人帮"及其在《人民日报》的心腹，指挥记者突击采写和编发关于天安门广场活动的《情况汇编》。《情况汇编》的内容，主要是根据事前规定的框框，到天安门广场抄写群众悼念周恩来、声讨"四人帮"的诗词和祭文等。为了掩盖天安门事件的真相，首先经过整理，然后报到姚文元那里，由他进行断章取义、混淆是非的拼凑和改写，有的加上莫须有的罪名，发排付印。

4月3日，姚文元审定的一期《情况汇编》，提到一篇署名"青年工人丁亮"的《倡议书》。《倡议书》揭露说："四人帮"是"从内部分裂党，分裂革命队伍"的"野心家、阴谋家"；指出："说共产主义空话是不能满足人民希望的"，"他们最终也要穿着这种镶满空话的美丽外衣，连同他们肮脏的肉体，一起被人民扫入历史的垃圾堆"。姚文元将引录的《倡议书》原文全部删去，改成作者"公然提出'反对共产主义空话'的反革命口号"。这么一改，作者就成了反对共产主义的反革命。

张春桥提出要派便衣，他说："便衣很起作用，只有便衣才能到群众中去了解情况。"北京市公安局局长刘传新立即照办。3月31日，他就派出大批便衣，要他们"以群众的面目出现，观察情况，注意动态，把念的小字报、贴的诗词都记录下来，全部报告"。4月2日，刘传新连续召开3次紧急会议，部署"还要准备3000人"，作为"随时出动的机动力量"。他要这些便衣们"监视跟踪，查明下落"，"当场扭获"；"不便扭获的，就跟出广场扭获"。

这就说明，把天安门事件诬指为"反革命事件"，是"四人帮"早有预谋，早已定了性的,并不是什么因为 4 月 5 日发生的烧、打。天安门广场发生的烧、打,不过是他们抓的把柄而已。其实,罪名早已定下,罗网早已张开。

4 月 2 日,由北京市公安局、首都民兵、北京卫戍部队三个方面成立了一个"联合指挥部"。这个指挥部设在天安门广场东南角的三层小灰楼内。指挥部决定抽调民兵、公安干警 3000 人和部分卫戍部队战士组成机动力量,随时准备出动镇压群众。他们把广场按地段划分,分片包干,严密控制。大批便衣、"记者"混入人群,进行隐蔽的监视和跟踪,对所谓"散布政治谣言,散布反革命标语、传单的"重点对象的一言一行,都记录下来,为日后抓获归案、进行镇压做准备。北京市公安局向下传达了 8 条抓人的规定。4 月 2 日下午,北京市公安局局长刘传新召开市公安局党委常委会,拟定了《对天安门广场出现各种问题的处理办法》,提出了具体措施,决定加派警力、增加便衣。他在布置任务的会上说:"对事态发展要有足够估计,恐怕有点全国性的,是修正主义向无产阶级反扑的一种症候","要有应付各种情况的力量准备","不能让反革命活动公开存在","重点放在天安门前"。

(二)抽刀断水水更流

4 月 2 日这天,北京各单位普遍传达中央关于南京事件的电话通知,要求大家不要去天安门广场,不要送花圈;说什么"清明节是鬼节","送花圈是四旧";恫吓人们"天安门有反革命分子捣乱","南京事件是反革命事件"。"四人帮"利用行政压力,层层下达禁令。但是,人民早已看穿了这些家伙的蛇蝎心肠,蔑视这些警告和阻挠,继续涌向天安门广场。

"抽刀断水水更流"!电话通知的压制更加激起群众的愤怒,反而成了召唤群众的"动员令"。人们发出"民心不可侮,党心不可欺""反周民必反,批邓民不依"的呐喊。诗牌、挽联、传单的数量猛增,揭露、嘲笑、咒骂"四人帮"的诗词越来越多。"妖魔""鬼蜮""豺狼"和"野心家""阴谋家"成了"四人帮"的代名词,"白骨精"就是江青的专用语。"我们怀念杨开慧"这句标语,表达了人们对江青的憎厌,也蕴含着对毛泽东的讽谏。

4 月 2 日清晨,天安门广场人民英雄纪念碑下贴出一首诗:

> 人民的总理人民爱,
> 人民的总理爱人民。
> 总理和人民同甘苦,

人民和总理心连心。

真是"一行诗句千行泪，一语道破万人心"。这首抒发了全国人民共同心声的小诗，贴出不多久，就有人谱上曲，在广场上教唱。①

崇文区化纤厂孙正一写的一首诗，也道出了当时的人心：

> 谁说清明是"四旧"，
> 谁说清明习惯臭？
> 年年祭奠我先烈，
> 今发禁令何理由？！
> 莫道《文汇》鬼火亮，
> 自有人民写春秋。
> 寄言魑魅慢猖狂，
> 勿学林贼把命休！
> 素纸黑纱含恸剪，
> 苍松翠柏和泪扎。
> 谁言献花是旧俗，
> 明朝死时定无花。

这首诗贴出不久即被刷洗。孙正一更为气愤，又写了一首更辛辣的诗贴在人民英雄纪念碑的汉白玉栏杆上：

> 翻案图穷匕首见，
> 攻击总理罪滔天。
> 浦江摇桥闪鬼影，
> 反罢河妖红霞现。

这首诗用谐音点了江青、张春桥、姚文元的名，不少人在传单上批道："好！""妙极！"

中国历史博物馆的铁震奎用楷、隶、行、篆四种字体，把他写的《悲歌悼总理》一诗抄写在一块匾上，情真意切：

> 大鹏瞑慧目，
> 悲歌恸九重。

———————

① 据吴念鲁：《一首诗的故事》，《丙辰清明纪事》，人民日报出版社 1980 年版，第106—109页。这首诗的作者是老干部熊向晖的女儿熊蕾。这四句是从她的一首长诗中摘出的。

> 　　五洲峰峦暗，
>
> 　　八亿泪眼红。
>
> 　　丹心酬马列，
>
> 　　功过任评说。
>
> 　　灰撒江河里，
>
> 　　碑树人心中。

　　北京市公安局局长刘传新后来把此诗中的一句和另一首诗中的一句，拼凑成"反革命罪证"，列为重点"反动诗词"进行追查。铁震奎被迫害致死。

　　4月2日这天，天安门广场人群如潮。直到深夜，人们仍不肯离去。大家打着手电，点着蜡烛，抄写诗词、悼文。有几千人彻夜不眠，护卫着花圈、挽联。

（三）4月3日的花海诗潮

　　4月3日凌晨4点40分，王洪文到天安门广场，打着手电筒看了纪念碑周围的部分花圈和悼词。回去后，他打电话给他在公安部的党羽说："你还在睡觉啊，我刚到天安门去看了一下。那些反动诗词，你们拍下来没有？不拍下来怎么行呢？将来都是要破案的呀。否则，到哪里去找这些人呢？你们应该组织人去把它们拍下来，要考虑将来破案。"

　　这是清明节的前一日，天色阴沉，细雨蒙蒙。一大早，无数支送花圈的人流从四面八方涌进天安门广场。纪念碑的基座被花圈堆满了，便向周围的广场扩展。真是：

> 　　清明时节雨蒙蒙，
>
> 　　八亿人民泪洒成。
>
> 　　纪念碑前悼总理，
>
> 　　怀念之情与日增。
>
> 　　清明时节雨纷纷，
>
> 　　满腔哀思满腔愤。
>
> 　　重重禁令下与谁，
>
> 　　人海花海广无垠。

　　纪念碑东侧贴出一篇署名"北京工人"的《怀念周总理》的悼词。一个青年工人拿着半导体喇叭，反复朗读这篇悼词："……人民在想，在哭，在喊着您，更重要的是，人民已经挺身捍卫您了，不，是捍卫人民自己的利益，您和人民本身就是一体。"这篇短文是如此的感人肺腑，朗读的青年人的声音呜咽了，听众中的许多人在哭泣。青年人继续读道："敬爱的周总理，虽然我们知道道路的艰难、曲折、漫长，但今天，在纪念碑前，是您的精神火花使我们看到了中华民族的希望和光明……亿万人民冲破重重阻力，为您举行了中国历史上全民族的葬礼。"这时，人群中有人号啕大哭起来。人们向传来哭声的地方看去，见是一位人民警察。

天安门前，纪念碑下，花山诗海。一首首诗篇、一副副挽联，是一片片心意、一把把匕首。"总理回眸应笑慰，斩妖自有后来人。""一朵白花一颗心，八亿人民八亿碑。"这些诗句道出了当时的氛围。

这天早上，在无数悼念队伍中，北京广播器材厂的队伍格外引人注目。在这支上千人的队伍里，有血气方刚的青年，有两鬓斑白的老工人；有干部、技术员，有工人；还有许多儿童，他们大的八九岁，小的三四岁。他们听说爸爸、妈妈要去天安门广场给周爷爷送花圈，就哭闹着要同行。这些孩子的胸前也戴着白花，臂上也戴着黑纱，头发、衣服被雨水打湿了，神情与大人一样庄严。行人们纷纷走上前去，向他们表示敬意。

为了这天的活动，该厂职工冒了很大的风险，做了充分准备。从3月底开始，工人们就利用业余时间精心制作用红花镶成的红旗和花圈、花匾。制作这些花圈、红旗、花匾的纸、笔、墨、绸料，都是工人、干部们自己掏钱买的。

正在他们积极筹备的时候，上级下达了禁止到天安门广场去的电话通知。4月2日晚上，接到告密后，北京市公安局、北京市仪表局派人进厂。来人又是量花圈，又是记挽联，并下令："不能送花圈！"但工厂领导和工人们根本不理这一套。第二天早晨7点，工人们在厂门口集合，抬着花匾、花圈，冒雨上路了。

到纪念碑前，队伍停下来，大家向周恩来画像默哀致敬，举手宣誓。随后，他们把高6米、长8米、用纸花扎成的大红旗摆在广场中央。一辆电信局的升降车开过来，帮助他们很快把13块花匾捆在了纪念碑前横贯广场的13根旗杆上。每块花匾高2.3米、宽1.2米。13块花匾共用了4000多朵纸花，代表了全厂4000多名职工的心。每块花匾上写一个大字，13块花匾连成一句话："敬爱的周总理我们永远怀念您"，道出了亿万人民的心声。这13个大字在广场上排开,整个天安门广场显得更加壮观。①

几乎与此同时,878 厂 1000 多人组成的队伍浩浩荡荡地来到了广场。他们以周恩来的绣像为先导,抬着 18 个用塑料布蒙好的花圈和用金字写成的"敬爱的周总理,我们永远怀念您"的大匾,黑纱扎成的一朵大黑花悬挂在大匾中央。往后是各个车间的方队,每个方队都有自己的花圈,从东单送进了天安门广场。

中国科学院半导体研究所近千名知识分子组成的悼念队伍,抬着 12 个大花圈也来到天安门广场纪念碑下。他们敬献了花圈,举行了庄严的悼念仪式。他们将其中的一个花圈,悬挂在天安门广场东北角华表的灯柱上。花圈两边的挽联是:

> 巨星陨落神州内外赞光明正大痛悼英烈
> 挥泪操戈举国上下恨阴谋诡计怒斥妖魔

这是悬挂在华表灯柱上的第一个花圈。

北京西郊烟灰制品厂的 20 余名职工,还将"誓死继承总理志,深学马列识方向;若有妖魔兴风浪,人民奋起灭豺狼!"这 28 个字组成的、长几十米的横幅悬挂在纪念碑北侧旗杆上,横贯广场,表明了天安门广场上人民悼念和抗议活动的主题。

有人写诗愤然问苍天:

> 君不见花山诗海哀思沉,
> 为何顿作雨淋淋?
> 君不见湿柴烈火也焚尽,
> 抽刀断水枉费心。
> 问君此举何所意?
> 是哀是怒泾渭分。
> 君若同我心一样,
> 清明过后雨倾盆。

清华大学、北京大学和革命京剧样板团是"四人帮"及其爪牙控制得最严密的单位,不仅不让送花圈,也不准去天安门广场。然而,天安门广场照样出

---

① 参见夏潮、杨凤城主编:《龙年之变——中国 1976 年纪实》,河北人民出版社 1996 年版,第 122—123 页。

现了他们的足迹,照样摆放着他们敬献的花圈。4 月 3 日下午,北京京剧团送来了花圈。文化部的黑干将连夜追查,在电话中气急败坏地叫道:"样板团是江青同志培养多年的,你们送花圈对江青同志是什么感情?"

纪念碑第二层台阶的西北侧贴出了一张题为《关于建立周总理纪念馆的建议》的大字报,许多群众当即表示支持并主动捐款。124 中学的学生还提出要求参加建馆义务劳动。

4 月 3 日下午 3 时,在蒙蒙细雨中,一个身穿中式服装的中年人手拿半导体喇叭,站在纪念碑西侧的台阶上,满怀激情地教唱他自己谱写的歌曲。

他先把词和谱分别以记录速度念了几遍。学唱的群众,估计至少有 1 万人,都认真地记录着。他们大多以前面人的背为垫板,而自己的背则又成了后面人的垫板。

教唱者逐句逐句地教了几遍以后,就指挥大家完整地唱起来:

> 当我走到天安门广场,
> 伫立在巍峨的纪念碑旁,
> 奔腾的思绪使我在回忆的长河里荡漾。
> 啊——敬爱的周总理啊,
> 您的一生怎能不令人怀念向往,
> 仰望着您的亲笔题词,
> 怎能不热泪盈眶……

当上万人唱着"啊——"的时候,深沉、悲壮的声音在广场上空回旋、激荡。这是发自人们内心深处的声音,它震撼了广场,撕碎了人们的心……待唱到"仰望着您的亲笔题词,怎能不热泪盈眶"时,人们仰望周恩来亲手抄录的人民英雄纪念碑碑文,触景生情,泣不成声。

此时此际,天空中飘着霏霏细雨,广场上洒着滴滴热泪,真是天人共悲。这就是广为称道的天安门广场"万人大合唱"。①

4 月 3 日晚上 9 时许,清华大学学生周为民等 12 位同学,向天安门广场送去一朵直径两尺的大白花,下系挽联一副:

> 天堂笑看千万后来人
> 鬼狱哭煞几支烛正昏

---

① 参见童怀周编:《丙辰清明见闻录》,工人出版社 1979 年版,第 44—45 页。

同时,他们写了一篇献词《献上一朵素洁的白花》:

> 敬爱的周总理:我们向您献上这朵表达心意的白花。这是我们对您的热爱、怀念和情意。在这表达千百万人民心意的花圈的海洋中,我们这一朵白花显得很拙劣。但是就是这样一朵白花,他们也不让扎啊!!! 我们只能跑到校外扎出这朵平常、普通的白花,把我们全部的爱,全部的恨,全部的怀念之情,全部的愤怒之心,全部扎入这朵大白花中! 敬爱的周总理,您是能理解我们的啊!!!①

周为民等同学把白花安放在纪念碑东北侧的松墙下,然后排队登上纪念碑南面的台阶,朗诵了誓词。

他们的行动,激起了广场群众对直接控制清华大学的迟群和谢静宜的控诉与愤恨。有人喊出了"打倒迟群、谢静宜"的口号。还有人写了一首赞颂周恩来,而每行第一个字连起来痛骂迟群的藏头诗:

> 迟睡早起为人民,
> 群众爱您您爱民。
> 早期立下雄心志,
> 晚年仍为革命奔。
> 得享今天亿人敬,
> 完全彻底誉忠魂。

消息很快传回到清华大学,迟群大怒。半夜 12 点,他把全校党支部书记以上的干部从被窝里叫起来开会。在会上,他造谣说:有人冒充清华大学工农兵学员往天安门广场送白花,有几万名暴徒要来血洗清华。他恶狠狠地宣布,这朵白花是"几天来天安门广场发生的重大的反革命事件之一","一定要追查破获"。会后,他对周为民等学生恐吓说:"你们干的事,罪行严重,把你们抓到体育馆开万人大会批斗也不过分!" 当夜,迟群在校内布置了 250 名民兵四处巡逻,并派人到天安门广场去搜寻清华大学的学生。

在纪念碑东侧的栏杆下,数百人在听一个青年人高声朗读一首题为《质问〈文汇报〉》的诗:

> 三·二五《文汇报》,怒问走何道?!
> 代表何许人? 为谁唱反调?

---

① 周为民等:《白花》,《丙辰清明纪事》,人民日报出版社 1980 年版,第 67—71 页。

警告《文汇报》，莫要为狼大喊叫。

中国人民觉悟高，不走苏修道。

谁若反对周总理，终将被打倒！

这首诗的作者，叫史黎青。他们一家，包括在军队工作的史黎青的父亲、在机关工作的史黎青的母亲，先后在广场上贴了 16 首诗。史黎青的另一首诗写道：

主席诗词人人有，

我失骄杨君失柳。

忠贞报国洒热血，

革命先烈永不朽。

我们怀念杨开慧，

革命品质多可贵。

学习英雄有何罪？

坐牢杀头大无畏。

一个小伙子站到果皮箱上，高声念着一首题为《读三月二十五日〈文汇报〉有感》的诗：

三·二五，妖氛起黄浦，

《文汇》充当马前卒，

攻击总理真露骨，

当用开水煮！

“不，当用油炸！”听众中有人喊道。小伙子更高声地读最后一段：

好儿女，揩干泪，

总理灵前列成队。

驱妖邪，莫慈悲，

要以刀枪对！

群众的情绪更激动了，都大声喊道：“带劲！带劲！”小伙子跳下果皮箱，将这首诗放回原处。这时，挤进一个人想把它取走。人群中爆发出一阵怒吼声：“不准拿走！”“谁拿走，就打死谁！”那人只得走开了。

到了 4 月 3 日晚上，广场上的花圈又比白天增加几倍。数不清的诗词、挽联、悼文及传单遍布广场。人们大声朗诵，俯首抄写。贴在纪念碑东侧、署名“北京工人”的一篇悼念短文，被诵读了几十遍、几百遍。这是一篇题为《悲情悼总理，怒吼斩妖魔》的散文诗①：

历史，在太空逝去，也在太空永存。历史有纪念碑，历史有斩妖台，历史是裁判员。

谁是历史的主人？我们——无产阶级劳动人民。

历史将把人民的忠臣，敬在纪念碑上——永远怀念。

历史也将把人民的奸臣，押上斩妖台——怒斩！

在历史上，在今天，曾有那么几只乌鸦，扑打着黑色的翅膀，恶丧地叫着。在纪念碑下，当人们悲痛悼念忠臣的时候，这几只公乌鸦、母乌鸦却幸灾乐祸，欣喜发狂！

细看这几只乌鸦，大概有三只，后头还跟着一团苍蝇，形成一大团黑色的妖雾……这几只乌鸦为了各自的私欲，争夺着，把孔雀漂亮的羽毛插在自己身上。为首的插得最多，头上、身上、尾巴上有条理地插满了，满口漂亮的马列主义，好似理论家，实为阴谋家。这个乌鸦的后头，紧跟着一只母乌鸦，她倒显得大方，不要漂亮的孔雀羽毛，她要连衣裙、小西服，手腕挂个小白皮包，妖里妖气，实为魔怪。跟她并排的还有一个，让私欲熏着鼻腔，在《文汇报》上策划阴谋，喂得渐胖。后头还跟随裹着香粉的苍蝇，在清华盘旋，在那里下蛆生虫。

……

历史永垂的纪念碑，在地球上向着太空，发出了雄壮浑厚的声音：

"倘若魔怪喷毒火，自有擒妖打鬼人。"

那一小撮妖魔，那几只乌鸦、苍蝇听到没有？还不快下台滚蛋！

……

这篇散文诗的作者是北京市房修二公司的推土机司机韩志雄。他离开广场，从列宁像下刚推着自行车要走，几个便衣大叫着"抓住这个偷车的"，就扑了上去，不由分说，把他塞进准备好的抓人的吉普车里。韩志雄并不是这一天被捕的唯一一位，当天因参加悼念活动而被捕的共有6人。

"历史将把人民的忠臣，敬在纪念碑上——永远怀念。历史也将把人民的奸臣，押上斩妖台——怒斩！"4月3日深夜在广场上朗读的这些诗词，道出了千古不朽的真理。这时，在天安门广场、在中华大地，人们心目中，周恩来和

---

① 《天安门诗抄》，人民文学出版社 1978 年版，第 354 页。

"四人帮"已经成了两个象征：一个是忠臣，代表光明，代表民主、科学和社会主义；另一个是奸臣，代表黑暗，代表专制、愚昧和封建主义。

这一天，广场上的花圈达到了几千个。送花圈的有中共中央机关、国务院各部委、政协机关；中国科学院各单位、工厂、新闻出版单位、大专院校、中小学校、文艺团体、人民公社、商店、医院；解放军各总部、各军兵种；有集体的，有家庭的，也有个人的。此外，天津、湖北、安徽、沈阳、哈尔滨等地来京人员，也向纪念碑敬献了花圈。

这一天，在王洪文的指令下，公安部门出动便衣，拍照、跟踪、绑架……

四、清明节的呐喊

（一）在呐喊中前进

通常，清明节都在阳历4月5日。丙辰年特殊，4月4日就是清明节。这天恰逢星期日。天安门广场的群众运动达到高潮。虽然"四人帮"下了不许悼念的禁令，但人民群众无所畏惧，还是争先恐后涌向天安门广场。这天，来到广场的群众达百万人。整个广场淹没在人潮花海之中。各式各样精致的花圈，从天安门城楼前面一直排到人民英雄纪念碑的南端。纪念碑四周的青松树林、翠柏篱墙，系满了朵朵小白花，宛如覆盖着一层白雪。纪念碑上，周恩来的巨幅画像，安放在"人民英雄永垂不朽"这行耀眼的大字之下。画像下面，用大朵白花镶边的黑布上，横排4个大字："民族英魂"。再下面是一条黑底白字的巨大横幅："我们日日夜夜想念敬爱的周总理！"13块方框大匾悬挂在纪念碑前的13根旗杆上，"敬爱的周总理我们永远怀念您"13个大字横贯天安门广场。第一根旗杆上还挂着一面用红花织成的旗帜。

旗杆的基石上，摆着北京大学一位教师①敬献的，用水仙、马蹄莲、石竹等鲜花做成的花篮。人们都争相过来观看。不久，广场上出现一首词：

人人挥泪，
痛向碑前洒。
看广场内外，
扶老携幼，

---

① 据说，献花和作诗的是北京大学教师、著名物理学家丁肇中的堂妹丁始琪。

皆献素洁花。

"花圈海洋汇万处，

何不见清华、北大？"

回首望，

旗杆下，

一篮鲜花。

北大、清华学生的心灵是和全国人民相通的。广场上出现的一首《工农兵学员的话》道出了他们的心声：

北大清华园，

小人大坏蛋，

妄想要变天。

首都人民悼总理，

它们要阻拦。

不许做花圈，

不许做挽联，

禁止学生到广场，

实在太野蛮。

工农兵大学生，

都是钢铁汉，

偷做洁白花一朵，

送到丰碑前。

我们大学生，

呼吁工农兵，

一同揪出反对总理的狗豺狼，

杀死祭英灵！

一个盛着巨大的万年青的花篮被放在广场中央。距它不远处有一个用石纹纸做成的墓碑，上面工整地抄录了邓小平代表中共中央在周恩来追悼大会上致的悼词。

广场的每一根华表灯柱上，都挂满了花圈和花篮。其中，东西两端的灯柱上各拴着一束气球，气球悬在半空。气球下带白色缎带，一边写着"怀念总理"，另一边写着"革命到底"，在广场上空迎风飘扬。

　　在正阳门和纪念碑附近的松林里，挂起了一长排用大字报那样大小的纸书写的诗文。纪念碑和天安门之间的人海中，则是几道用花圈搭成的彩门，彩门上面都有巨大的横幅。当中有一条用20米布料制作的横幅，上面写着已为人们所熟知的诗句："若有妖魔兴风浪，人民奋起灭豺狼。"

　　在阴沉的天色下，天安门广场显得格外肃穆、格外悲壮。

　　"四人帮"一伙压制人民悼念周恩来，人民用愤怒的吼声作出响亮的回答。一首诗说：

　　　　八亿天兵冲霄汉，

　　　　红心化剑捣鬼穴。

　　　　神州清明大反击，

　　　　纪念碑前热血洒。

　　又一首诗说：

　　　　他爱人民民爱他，

　　　　纪念碑前见真假。

　　　　八亿红心悼总理，

　　　　忠魂在天热泪洒。

　　一首七言诗赞颂周恩来的丰功伟绩：

　　　　揭竿淞沪震亚东，

　　　　八一南昌军旗红。

　　　　万里长征献赤胆，

　　　　弹雨枪林一心忠。

　　　　滚滚延河育劲草，

　　　　巍巍宝塔育青松。

　　　　龙潭虎穴斗山城，

　　　　舌剑唇枪战顽凶。

　　　　艰苦卓绝三山移，

　　　　碧血凝染五星红。

　　　　反帝反修创伟业，

　　　　为国为民立奇功。

　　　　人生自古谁无死，

　　　　独留丹心化大公。

一篇散文诗,抒发了人民群众对周恩来高尚精神境界无限崇敬、爱戴的感情——

> 他没有遗产,他没有嗣息,他没有坟墓,他也没有骨灰。他似乎什么也没有给我们留下,但是他永远活在我们的心里。他富有全国,他儿孙好几亿。遍地黄土都是坟,他把什么都留给了我们,他也永远活在我们心里。他是谁? 他是谁? 他是总理……

一首诗对群众的悼念和抗议运动作了概括——

> 清明的花圈如皎月,嫦娥感慨同悲切。
>
> 清明的挽联像尖刀,忠魂挥舞断贼腰。
>
> 清明的檄文放光彩,进击大旗长空摆。
>
> 清明的诗歌披彩霞,革命事业露新芽。
>
> 清明的歌声连广宇,国际战歌不断曲。
>
> 清明的口号震乾坤,人民永将正义伸。

北京师范大学政教系学生邓永思的一首四言诗《清明节呐喊》,更痛快淋漓地直接揭穿"四人帮"的罪恶行径——

> 前番悼念,又哄又压。
>
> 九十余日,百人遭抓。
>
> 文汇参考,舞爪张牙。
>
> 今朝扫墓,变本厉加。
>
> 言称"破旧",用心毒辣。
>
> 群众愤怒,后台出马。
>
> 电话通知,诬人造假。
>
> 遥瞧无罪,总理有瑕?
>
> 桩桩件件,有目共察。
>
> 追根寻源,海辽两家。
>
> 名利熏心,欲立自家。
>
> ……(失抄),以令万家。
>
> 宁"左"勿右,一如林家。
>
> 若其得逞,必拥苏家。
>
> 尔辈休狂,人民眼亮。
>
> 民不畏死,何以惧怕。

犹谢去者，唤起民心。

革命新史，由此填发。

呐喊呐喊，喊哪喊哪，

浩荡洪流，冲毁厮家。

纪念碑东侧，有一首诗署名"心明眼亮细读诗，真名实姓一工人"，引人注目。这首诗写道：

三人只是一小撮，

八亿人民才成众。

赫秃清江掀逆浪，

敢反潮流碎资梦。

当念到"三人只是一小撮"时，群众自问："是谁？"又自答："不问自明！"朗读者解释："撮字，就是提手旁加个最坏的最字。"人们正是从这反问、解释中，表达了对"四人帮"的嘲弄和蔑视。

对"梁效"（北京大学、清华大学两校的谐音）的文章，民众早已反感、厌恶。广场上也出现了辛辣讽刺江青等人控制的清华、北大的诗歌：

北大不大中华大，

清华不清八亿清。

斩尽妖魔祭英灵，

自有革命后来人。

1976 年 4 月 4 日这一天到广场的人数达 200 万人次，且秩序井然。

早晨 8 点左右，国营曙光电机厂的 3000 多名职工，一清早就汇集在东长安街上，组成 8 路纵队，抬着周恩来巨幅画像和"深切悼念敬爱的周总理"等巨大横标游行。在长长的队伍前面，有人手捧着半导体电唱机，从那里播放出令人心碎的哀乐。紧接着是一个大花圈，后面是按该厂各车间顺序排列的纵队。每个车间的队伍前面，又都抬着一个花圈，共 34 个花圈。

一路上，交通民警为他们开放绿灯。长安街上来往的车辆都自动地停下来，为这支庄严肃穆的队伍让道；两旁的行人也都停住脚步，向队伍投以钦佩的目光。有的行人自动地合着哀乐的节拍，低着头，迈着沉重的步伐，尾随队伍缓缓行进。队伍到达天安门后，绕广场一周，最后在纪念碑前排成整齐的方阵，举行隆重的悼念仪式。广场上数十万群众掌声雷动，欢呼："工人阶级真伟大！"

上午 10 时左右,旗杆附近,忽然爆发出掌声、口号声。只见北京铁路分局的青年工人王海力,在几个人抬举下,双手展示着一幅白绸底的血书:

敬爱的周总理!

我们用鲜血和生命

誓死捍卫您!!!

中国无产阶级的红后代

血书像火红的战旗,在天安门广场昭示着、鼓舞着人们,更勇敢地投入保卫周恩来、声讨"四人帮"的战斗。

此时此刻、此情此景之下,诗词成了群众表达与交流内心情感、意志和愿望的最好手段,是人民群众主要的战斗武器,是血泪交织的"爱的丰碑""憎的大纛",真实地倾诉了人民怀念、哀悼、颂扬、捍卫周恩来的心声,也是刺向"四人帮"的投枪和匕首。人们一读到这些诗,就像火似地感到发烫,又像电似地感到全身震动。向来有诗国之称的中国,有史以来从未有过这样动人心魄、这样气壮山河的伟大的诗歌运动。

人们写诗填词,朗诵传抄,倾泻缅怀周恩来、痛斥"四人帮"的感情,抒发对社会主义民主的追求和实现四个现代化的渴望。

一首诗写道:

中国已经不是过去的中国,

人民也不是愚不可及,

秦皇的封建社会一去不返了!

我们信仰马列主义,

让那些阉割马列主义的秀才们见鬼去吧!

我们要的是真正的马列主义。

为了真正的马列主义,

我们不怕抛头洒血,

四个现代化实现日,

我们一定设酒重祭。①

还有一首题为《要和不要》的小诗,率直地吼出了人们的心声:

---

① "四人帮"在镇压天安门事件时,把"欲悲闻鬼叫,我哭豺狼笑,洒泪祭雄杰,扬眉剑出鞘"加在这首诗前面,作为一首诗进行批判。《天安门诗抄》,人民文学出版社 1978 年版,第 282 页。

> 我们要民主，
>
> 不要法西斯；
>
> 我们要繁荣富强，
>
> 不要吹牛；
>
> 我们要实事求是，
>
> 不要野心家；
>
> 我们要周总理，
>
> 不要佛朗哥，
>
> 更不要那拉氏。①

有首儿歌写得俏皮活泼：

> 蚍蜉撼大树，
>
> 边摇边狂叫：
>
> "我的力量大，
>
> 知道不知道？"
>
> 大树说：
>
> "我知道，
>
> 一张报，两个校，
>
> 几个小丑嗷嗷叫。"

类似这种嬉笑怒骂、机智讽刺的诗文随处可见。有一首题为《向总理请示》的诗：

> 黄浦江上有座桥，
>
> 江桥腐朽已动摇，
>
> 江桥摇，
>
> 眼看要垮掉，
>
> 请指示：是拆还是烧？

看似请示，实已给出了答案，尖锐幽默，爱憎分明。当有人朗诵到最后一句时，人们哄笑着呼喊："拆掉！烧光！"这首诗很快在北京流传得妇孺皆知。

不少诗表现出乐观的英雄气概：

> 抹去吧，

----

① 《天安门诗抄》，人民文学出版社 1978 年版，第 114 页。

眼角的泪！

鞠上最后一躬，

再把战刀多磨几回。

死，是永远的丰碑。

抹去吧，

眼角的泪！

同志们，

再把战刀多磨几回。

"四人帮"篡党夺权首先从文艺战线开刀，人民则用文艺的铁锤敲响了他们的丧钟。天安门广场上的群众诗歌运动，真正发挥了团结人民、打击敌人的作用。

这时，首都钢铁公司一个名叫李铁华的中年工人，站到照相用的台子上，先向人民英雄纪念碑深深鞠了一躬，再昂起头来，向四周扫视一眼，激动地开始讲演："我是一个普通的工人。今天，我再也忍不住了，我要讲几句话……阳春三月的连绵雨水，那是我们8亿人民流不干的眼泪。清明时节的纷纷雪花，——那是因为普天同哀！敬爱的周总理，我们慈祥的父亲！"说到这里，他声音哽咽，泪水夺眶而出。他用手背拭去面颊上的眼泪，继续说道："敬爱的周总理，我们慈祥的父亲！您忠诚的儿女看望您老人家来了。我们都是来自工矿、来自农村、来自学校、来自部队！"在热情赞颂了周恩来的丰功伟绩和崇高品德以后，李铁华忍不住哭喊道："您老人家是活活累死的呀！总理——"他泪流满面，再也说不下去了。听众中，有人失声痛哭。有人含泪高呼："周总理永垂不朽！谁反对周总理就打倒谁！用生命捍卫周总理！"

李铁华镇定了一下情绪，接着说：

同志们，我们发现有那么一小撮人，把矛头对准周总理，这是我们绝不允许的！同志们，我是个工人。我们这里还有许多来自农村的，刚才有来自大兴县的农民，也有来自部队的同志……咱们爱总理的心情都是一样的。今天，成千上万的工农兵群众涌向天安门，这就是人心所向！

总理得人心，人民热爱总理，这就是历史最好的见证！同志们、解放军同志们、工人同志们、农民同志们，斗争是尖锐复杂的。但是，我们要坚定信心，把那些野心家、阴谋家彻底打垮！

这时，群情激愤，高呼口号。

李铁华发表演说不久，北京市外贸局的保卫干事、22岁的李舟生站到纪念碑前，举着半导体喇叭，高声朗诵他的长诗《今日在何方》：

请你们不要问我，

今日在何方，

难道你们能不来到天安门广场？

请你们不要再费心

到这儿来找我，

这里早已是

人民的海洋！

像四海的惊涛，

像五洲的风云，

齐飞向总理身旁！

像无数白帆，

满载着圣洁的感情；

我也扬帆催发啊，

航行在这无边的海洋……

谁敢反对我们的总理，

我们就将用毛泽东思想的利剑，

剜出它的黑心，

扒开它的胸膛，

砍下它的狗头祭英魂啊！

剁碎它的狗肉让大家尝一尝！

啊！人民的海洋，

诗歌的巨浪，

打得那乌贼灵魂出窍啊，

吓得那海妖四处躲藏。

看它们往哪儿躲？

看它们往哪儿藏？

人民的意志已化作这四海惊涛，

历史的潮流啊

世界上究竟谁能阻挡?!

今日在何方?

今日在何方?

亿万人民全都在

我们敬爱的总理身旁……

在群众一次又一次热烈的掌声中,他念了一遍又一遍,尽管嗓子哑了,斗志却更加昂扬。

(二)悼念掀起高潮,压制步步升级

广场上展示的血书、即席发表的演说、简捷犀利的传单,都具有极大的鼓动性和穿透力。广场上的悼念活动不断掀起高潮。

4月4日下午4时许,北京重型电机厂的职工,冲破重重阻力,将一个铁花圈送进了天安门广场。这是天安门广场上出现的第二个钢铁花圈。这个花圈高7.5米,重1吨,是工人们为了反抗"四人帮"一伙偷、烧花圈而连夜制作的。当它被安放在广场中央,高高耸立在花山诗海之中时,广场上的人们对终将战胜"四人帮"的信心大增!

晚上9点,纪念碑西南角贴出一份名为《第十一次路线斗争》的传单,这篇大事记直接点名揭发批判江青。几千人围着听一名女战士朗诵。传单说:

一、1974年1月,江青扭转批林批孔的大方向,企图把斗争矛头对准我们敬爱的周总理。

二、1974年12月,江青背着中央接见外国传记记者,诬蔑中央领导同志,诬蔑文化大革命,并企图在四届(全国)人大上争当总理。

三、1975年1月,毛主席识破了江青的野心,按周总理的意图,召开了四届人大,邓小平同志重新回到了中央工作,取得了斗争的初步胜利,全国人民欢欣鼓舞。

四、1975年7月,毛主席严厉地批评了江青,停止其在中央的工作。在周总理养病期间,中央的工作由邓小平同志主持,斗争取得了决定性胜利,全国人民大快人心。

五、最近的所谓反右倾斗争,是一小撮野心家的垂死的翻案活

动。毛主席说："翻案不得人心"。他们已经成了不得中国大多数人心的过街老鼠。①

这份传单，虽然史实不很准确，第十一次路线斗争的提法也不妥当，却表达了人民对这段历史的评价，反映了人民对江青一伙野心家的憎恶。人们听了一遍还嫌不过瘾，要求再念一遍。许多人打亮手电照明，连续读了五遍才歇。"四人帮"在《人民日报》的心腹，立即用电话将传单内容逐条报告给姚文元；同时，让人把传单以《一个极为重要的情况》为题抄写一份送给姚文元。江青从姚文元那儿得知大事记的内容，顿时气急败坏，点着中共北京市委、北京军区负责人的名字说："中央的安全还有没有保障？为什么攻击中央的人不抓？抓不着要拿你们是问！"

北京市公安局的干将进行紧急部署，要求做到"车辆准备好，拘留所、收容所做好准备"。

姚文元为了寻找镇压人民群众的依据，竟拿蒋介石的死日（按：蒋介石于1975年4月5日去世）做借口。他说："（送花圈）这个行动不是不理解了，国民党和我们捣乱。有些群众要求延长到（4月）六号，六号是国民党的日子，要坚决制止。"

北京市公安局局长刘传新也叫嚷："移走花圈，不给阶级敌人继续活动的场所。"

在"四人帮"的嘴里，人民群众向自己的总理献花圈，竟成了配合国民党的活动，成了不可饶恕的罪行！

4月4日的《情况汇编》上刊登了一阕《满江红·敬周试作》：

千古华土，脱蛹几只苍蝇，嗡嗡叫。得宝成精，自鸣得意。伟人光辉形象在，岂容小虫来下蛆。激起我满腔怒火烧，拍案起。志同者，团结紧，捍卫咱，周总理。拿起火与铁，准备决战。任凭熊罴掀恶浪，摆开架势对着干，揪出藏尾巴的恶狼，斗到底！

这首词表现了广大人民群众保卫周恩来的决心，以及与"四人帮"斗争到底的豪情壮志。姚文元将这首词的大部分砍去，只留下末尾几句："拿起火与铁，准备决战。任凭熊罴掀恶浪，摆开架势对着干，揪出藏尾巴的恶狼，斗到

---

① 七机部五〇二所、中国科学院自动化所《革命诗抄》编辑组编：《革命诗抄》，中国青年出版社1979年版，第314页。

底!"并批注道:"这类反革命言论表明,幕后策划者是在言论之后还想搞行动的。"他不仅把群众反对"四人帮"的斗争诬蔑为"反革命行动",还无中生有地断定,群众的斗争决心是受"幕后策划者"煽动,"还想搞行动"。其险恶用心由此可见。

一个青年含着眼泪,正在高声朗读悬挂在纪念碑北侧草地前边的、北京工业学院陈力等10位女学生写的散文诗《请收下》:

收下吧,请收下新一代心上的鲜花;

收下吧,请收下接班人深情的鲜花……

突然,几个如狼似虎的便衣猛扑上来,扭住青年的胳膊,狂叫道:"收下吧,收下吧,把你也收下!"

4月4日晚,主持中共中央政治局工作的华国锋,在人民大会堂召集部分在京中共中央政治局委员举行紧急会议,研究连日来的情况,分析性质,讨论对策。

江青等人把矛头指向邓小平,认为——

很显然,这是有计划有组织的,不仅北京,全国不少地方都有。这也是去年以来大量散布反革命谣言,造反革命舆论准备的继续和发展,去年邓小平说批林批孔就是反总理,批经验主义就是揪总理(上海马(天水)老的揭发),他带头散布了大量谣言,社会上吹得更凶,去年一直未认真追查和辟谣。今年邓小平的名声不好,就抬出总理作文章,攻击反击右倾翻案风是反总理,利用死人压活人,利用总理在群众中的威望来为邓小平效劳,编造成大量所谓"遗嘱"、"诗词"、"谈话"等东西美化邓小平,于是谁要批邓,谁就是反总理了。这种手法颇有些煽动性。

阶级敌人猖狂跳出来是件好事,他们只能靠谣言、靠死人来煽动不明真相的人,说明他们日子实在不好过,也没什么了不起。但是也要提高警惕,防止挑起更大的事端,这次看出存在一个地下的"裴多菲俱乐部",有计划地在组织活动。因此也要防止万一,采取一些必要措施。①

中共北京市委第一书记吴德在会上汇报情况。他首先对连日来天安门广

---

① 毛远新所作中共中央政治局1976年4月4日会议记录。

场的基本情况,用数据作了介绍:在纪念碑前有 2073 个花圈,单位名义送的 1400 多个。其中,4 月 3 日,507 个单位送了 800 多个。4 月 4 日,420 个单位送了 450 个,大的直径 6 米。一部分写送给人民烈士,另一部分是悼念周恩来。人数方面,4 月 3 日有 20 万人,4 月 4 日有 7 万—8 万人,另最多的是七机部、中国科学院,其次是四机部、铁道部、外贸部。北京市有广播器材厂(761厂)、曙光电机厂、青云仪器厂。重型电机厂送了钢焊的花圈。花圈送得多的单位,都是问题比较多的单位。4 月 2 日就开始有恶毒的攻击文章,有的煽动、讲演。有 48 起是恶毒攻击(毛)主席和中央的。

接着,吴德介绍了采取的措施:投入了 5000 民兵、3000 公安人员,都着便衣,以民兵身份出现。在广场上当场取证、拍照。看准了是反动的,派人盯着,离开人群后再抓,拘留了 10 个人。对外地进京火车,有各种大标语的,都在丰台刷掉。①

会议在江青等人左右下,将天安门广场发生的群众运动定性为"反革命搞的事件","是邓小平搞了很长时间准备才形成的"。②

吴德讲话后,李先念等几位中共中央政治局常委发表了不同意见。李先念提出:处理这件事情要慎重、稳妥。这个时候和群众冲突,只能激化矛盾、扩大事态。他的话,得到几位中共中央政治局委员赞同。

就在中共中央政治局会议讨论时,鲁瑛送来报告,说纪念碑西南角有人演讲骂江青。"四人帮"又闹起来。江青提出,清明节已过,要连夜把花圈移走,要抓发表"反革命"演说的人。

会议决定采取紧急措施,应对"更大事端"。其中包括,从当晚开始清场,把天安门广场的花圈送八宝山;组织公安机关破案并抓捕群众;布置工人民兵和公安人员出动,要围住纪念碑,阻止群众去送花圈;对卫戍部队进行政治动员,做好思想准备和组织准备,并且调动卫戍部队在二线待命。

清明节深夜,清场开始了。"四人帮"及其爪牙害怕在场的群众反对移走花圈,事先清查了广场,把围住的 57 名群众逐个进行了"审查",其中 7 人因为抄了诗词或认为可疑,便抓了起来。至此,4 月 3 日以来逮捕的人数增至 26人,搜获所谓"实物罪证"200 多件,清除所谓"反革命案"500 多起。

---

① 毛远新所作中共中央政治局 1976 年 4 月 4 日会议记录。
② 《邓小平年谱(1975—1997)》(上),中央文献出版社 2004 年版,第 149 页。

接着,北京卫戌区和汽车运输公司的 200 辆卡车开入广场。花圈一个个被推倒、踩扁,然后扔上卡车;镶嵌着周恩来遗像的玻璃镜框被砸碎了;挂在灯柱和旗杆上的花篮与挽联,就用竹竿猛烈地往下挑;高处的花圈,则调来消防车,爬上云梯一个个地摘下。4 月 5 日凌晨 4 点多钟,花圈基本收完。整个天安门广场、西长安街直到西单的许多地方,到处是白花和花圈的残屑。一些人乘黎明前急急忙忙地进行打扫,另一些人则用水龙猛烈冲洗纪念碑上残留的诗词和悼文。天亮前,大部分花圈运到了八宝山,小部分运进了中山公园和广场东南角的那幢小灰楼内,准备当作罪证。①

天安门广场实施戒严。东、西长安街也不许行人通过。

姚文元在 4 月 4 日的日记中写道:

> 晚,政治局开会,我接到人民日报记者电话,告广场上有人进行反革命演说,直接点了江青的名,内容极坏,无人制止。我立即向政治局报告,激起了多数同志的愤慨和警觉,决定立即逮捕这两个反革命,清除花圈,派民兵、部队戒严、封锁道路,明天一律不准送花圈,吴德和倪志福同志紧张地走了……无产阶级专政总得有一点"专"的样子呵! 太软了!

4 月 5 日凌晨,毛远新将中共中央政治局会议的讨论情况和所作决定向毛泽东写了书面报告。毛泽东圈阅了这份情况报告。情况报告写道:

> 从今晚(4 号)开始,清理花圈和标语,估计会有人捣乱,已调了3000 民兵在广场周围,卫戌区一个营在二线准备,(尽量不用部队出面)。明天开始,布置民兵围绕纪念碑,劝说阻止群众去送花圈和集会,不再允许进入这个范围。

> 截止目前(5 日晨 5 时)在 5000 民兵和 3000 公安人员的包围下,抓住了当众宣读反革命传单的人及其保镖。把周围保护那个反革命分子的一百多人集中起来,进行教育,肃清流毒,其中二十多人身上都有反革命的传单、材料。群众基本走散,现场正在清理,花圈都送到八宝山。进行得很顺利。②

---

① 参见《人民日报》记者:《天安门事件真相——把"四人帮"利用〈人民日报〉颠倒的历史再颠倒过来》,《人民日报》1978 年 11 月 22 日。

② 毛远新关于中共中央政治局 1976 年 4 月 4 日讨论天安门事件情况给毛泽东的报告,1976 年 4 月 5 日。

五、"四五"这一天

（一）王洪文下令镇压

4月5日凌晨，王洪文在刘传新的陪同下来到天安门广场东南角的小灰楼内。他向北京市公安局局长刘传新、首都工人民兵副总指挥马小六等人询问了清场的情况后说："这两天，广场实际上被人家占领了。他们明天很可能要反扑，你们要有应付突发事件的准备。""怕什么？干一场就干一场。打伤了民兵和民警，我到医院慰问去。"王洪文还说，目前搞成这样，"就是因为去年七、八、九月的谣言追查得不彻底。这次要追到谁算谁，就是追到中央、国务院，追到天皇老子，也要追，是我也戴手铐子"。他又对这些人进一步面授机宜：你们要"跟着最坏的，离开天安门再抓……不仅社会上的，要看党内资产阶级，民兵要参加对党内资产阶级的斗争"。

一场"四人帮"镇压人民群众和人民群众反对"四人帮"的公开决战，就要在天安门广场爆发！

天亮了，第一批群众涌向天安门时，发现花圈被收走了，诗词被撕掉了，挽联、条幅都不见了，纪念碑周围是三道戒备森严的封锁线，一些自愿彻夜守卫花圈的人也被抓走了。广大群众气愤异常。

（二）冲破警戒线

6点30分左右，广场西北角出现了一支30余人的队伍。他们抬着一个直径1米多的花圈向纪念碑走来，挽联上写着："献给敬爱的周总理永垂不朽！"落款是："北京172中五年级全体师生敬挽"。他们来到了警戒线旁，士兵和民兵不让学生们上去。一个名叫汪左澜的学生，站出来问："为什么不让我们上去？"回答："要修理。"群众气愤地责问："早不修，晚不修，为什么偏偏今天要修？"

北京黏合剂厂工人毕谊民高声斥问："为什么不让献花圈？你们把花圈弄到什么地方去了？"一个民兵回答说："我们是夜里接到命令，到这里来值勤的。来时花圈就没有了，我们别的事不知道。"群众听到这样的回答，愤怒地说：人民英雄纪念碑是为人民英雄建立的，就是为了让人民纪念人民英雄。现在，你们把它封锁了，还叫什么纪念碑？这是戒严碑！

群众又高喊:"让开！冲进去！"一些年轻人拉起手给学生们开路。警戒线被冲破了！

3位学生抬着花圈,走上纪念碑,把它安放在北侧浮雕的平台上。这时,立刻引来了一片欢呼声和热烈的掌声,人人脸上露出了胜利的微笑。

学生们在纪念碑前,举行了悼念仪式。对当时的情景,一位同学后来在回忆文章《清明次日的第一个花圈》中写道:

> 在纪念碑前,我们举起右手,庄严地宣誓。此时此刻,我们仿佛融化在那五四运动的浮雕里似的。我们被人民群众为真理而斗争的大无畏精神所鼓舞,为人民群众那伟大的力量所感召。随后,我们站在纪念碑前,唱起了《国际歌》,附近的群众也随声合唱,悲壮的歌声就像海浪一样此起彼伏,在天空中回荡。

> 这个普通的花圈,要是在前几天,它只是花海一粟;但在他们收走全部花圈后的今天,它却像一朵激浪中的浪花,高傲地挺立在英雄纪念碑上。人们经过广场,就可以看见它。它不仅寄托着我们全体师生对周总理的哀思,同样,也表达了全国人民对我们总理的爱啊！

对这个花圈制作和送出的经过,文章也作了回顾:

> 丙辰清明节前,我们172中学五年级四班全体同学决定做个花圈送到人民英雄纪念碑去敬献给敬爱的周总理……很快做成了一个花圈……挽联是我校蒋国垣老师精心书写的。谁料,花圈做成后,便接到上级命令,严禁把花圈送出校门,禁止举行纪念周总理的活动。可上级的命令没有压服我们。全班同学商定:4月5日上午在纪念碑前举行悼念仪式,花圈由汪左澜等三位同学送去。为了躲避一道道关卡,这三位同学用灰色塑料布把花圈包好,由一个同学背着,骑上自行车,另外两个同学左右掩护……其他同学到天安门广场,排好队伍,和这三位同学汇合,一起抬着花圈向纪念碑走去。

这些孩子的真诚和机智,真令人感动。

(三)"还我花圈,还我战友！"

早晨7时半,一个军人发表反对群众送花圈的演讲,受到群众斥责。过了一会儿,有个身穿蓝制服的人跳出来攻击周恩来,引起众怒。两个"便衣"上前解围,被群众认出,其中一个向人民大会堂方向逃去,群众涌向人民大会堂台阶。谁知,隐藏在群众之中的便衣却以"要冲击人民大会堂"为由,向联合指挥部作了汇报。9点左右,人群聚集在人民大会堂东门口,要求"还我花圈,还我战友",高呼"人民万岁"等口号。

一辆广播车沿着人民大会堂东侧的马路在南北方向来回行驶。广播车呼喊道:"清明节已过了,悼念活动已经结束,请革命同志离开广场,要警惕一小撮阶级敌人的破坏。"

谁是阶级敌人? 一个青年提议找广播车讲理去。于是,人们冲上前去,挡住了广播车的去路,纷纷质问:"你们说悼念活动已经结束,是谁组织过我们悼念总理? 悼念活动从什么时候算起?""你们说的阶级敌人是谁? 是谁在破坏?"

广播车被群众团团围住。播音员奉命行事,仍对着话筒高声呼叫:"警惕阶级敌人的破坏!"人们被激怒了,命令广播车改变广播内容,但广播车仍然重复着"警惕阶级敌人破坏"的喊话。人们愤怒了,有人爬到车顶上,用皮鞋踩扁了喇叭。接着,很多人一起把车子推翻了。

人民大会堂门前的人越聚越多。十几万人在人民大会堂东门口高呼:"还我花圈! 还我战友!""谁反对周总理就打倒谁!"群众反复向警卫战士询问花圈的去向。战士们手挽着手,站在那里不作回答。一队戴袖章的民兵开了过来,为首的民兵向群众叫喊:"你们想造反吗? 你们敢冲大会堂!"并把群众向台阶下推。群众与工人民兵和警卫战士发生冲突。警察迅速行动起来,从广场东北的马克思像到西北的斯大林像之间排成一列横队,把长安街和天安门广场分隔开来。但是,从前门方向进入广场的人仍络绎不绝。

(四)"敬告工农子弟兵"

在人民大会堂前的台阶上,群众和值勤的解放军战士发生了冲突。这时,许多人齐声朗读题为《敬告工农子弟兵》的诗:

> 敬告工农子弟兵,
> 请你们聆耳听。
> 今天人民悼总理,
> 是非你们应看清。
> 你们的军装,
> 是周总理长征时吃过的草根的颜色染。
> 你们的帽徽领章,

是杨开慧等英烈的鲜血染成。

你们的枪刺，

是我们工人的机器来制造。

你们的身体，

是我们农民的粮食来铸成。

你们的父母、弟妹盼望你，

猛冲在和敌人的斗争中……

接着，又朗诵了一首揭露愚民政策的讽刺诗，表面上说的是苏联，实际上指的是中国的"四人帮"：

你看我是多"英明"，

高举马克思和列宁，

人人须看我报纸，

谁都得把广播听。

我说东是东，

我说西是西，

我叫你走就走，

我让你停就停。

如果你们工农不乐意，

我就发出中央一个大命令。

通知我走狗，

谁要反抗，谁就是反革命……

中国人民有觉悟，

今天已看清，

工农赶快学马列，

戳穿它原形。

今天反总理，

就是反列宁。

诗读了一遍又一遍，警卫战士们听了很感动。

（五）令人失望的谈判

不一会儿，人群离开了人民大会堂东门，前往设在天安门广场东南角小灰楼里的首都民兵、警察、卫戍部队"联合指挥部"交涉，他们要讨回花圈和战友。指挥部负责人避而不见。一个营的卫戍部队和 200 多干警、民兵已组成了警戒线。群众见进不了小灰楼，决定派代表进去谈判。水电部工程二局的工人侯玉良、北京特艺机修厂工人赵世坚、北京市 86 中学学生孙庆柱和北京化工学院学生陈子明，自告奋勇组成了谈判"代表团"。商定每隔 10 分钟，出来通报一次情况。经过抗争，四位代表来到二楼。一位 40 多岁的军人接待了他们。代表们提出了 3 条要求：

1. 归还全部花圈。

2. 释放所有因保护花圈、送花圈而被捕的群众。

3. 严惩 4 月 4 日晚毁坏花圈、抓走群众的策划者，并且要保障人民悼念周总理的权利。

那位军人说：我实在不知道花圈在哪里、被抓的人在哪里。纪念碑前发生的事情，我们不知道。他请求代表们下去。代表问他，领导在什么地方。他回答说，这里没有领导。代表们要求到各个房间去看一下，他不答应。代表们发现三楼的楼梯被把得紧紧的。在这种情况下，代表们决定将谈判经过告诉群众，让群众决定怎么办。

（六）火烧小灰楼

由于谈判没有任何结果，有少数人冲进小灰楼，对代表说：你们现在已受注意。你们快走，否则要出事。代表们走出大门，向楼外的群众宣布了谈判的情况；接着手挽着手，高唱《国际歌》游行。这时已经是中午 12 点 40 分左右。群众感到不仅受压，还被捉弄，再也无法忍受了。愤怒的群众采取过激行动，把指挥部的几辆车推翻烧着了。

为了防备群众冲进"联合指挥部"，小灰楼前布置了警戒线：上百名战士在楼前席地而坐。群众在楼前还是不断地呼喊"还我花圈！还我战友！"的口号，一些群众用砖头等物砸小灰楼的玻璃。在群众的呼叫声中，从小灰楼里走出一个人来，对大家说：这里没有花圈，你们快走吧！

几个青年在小灰楼西侧厕所的房顶上，发现楼后面的院子里放着许多花圈，叫道：他胡说！胡说！

人们被激怒了，呼喊着又一次向楼内冲去。小灰楼内的人挡不住愤怒的人群，假意要浇灭烧着的汽车，用水龙带向人群浇来。在水龙的冲击下，人们的衣服湿了,有的人被冲倒在地。

经过几次冲击,群众终于冲进了小灰楼。不一会儿,人们抬着五六个花圈从楼里气昂昂地走了出来。大家热烈鼓掌,以示庆贺,自动地为抬花圈的人让路。他们把花圈重新放在纪念碑上,用绳子绑好。

下午5时许,群众将小灰楼内堆放的稻草点着了。指挥部楼房大门东侧的房间起火。不久,指挥部楼内的人一个一个从楼房朝南的窗户中钻了出来。[1]

楼房起火后,群众和民兵、警察发生冲突,互相都有受伤的。

(七)中共中央政治局的决定和中共北京市委第一书记吴德的广播讲话

中共中央政治局一部分委员在人民大会堂注视着广场事态的变化。4月5日上午,中共中央政治局召开紧急会议,大部分委员被召集到人民大会堂北京厅开会。会上,张春桥竟当面骂邓小平是中国的纳吉。张春桥对着邓小平说:"你看清了吧!你满意了吧!你还能说这不是反革命暴乱吗?""反革命如此猖狂,就是你支持的!这场暴乱完全是你一手制造的,你就是后台,你就是中国的纳吉!"[2]邓小平冷静而刚毅,沉默相对。

这次中共中央政治局会议作出两项决定:

第一,调动民兵解决问题,民兵可以拿起木棍。预定调10万民兵。晚上8点行动。

第二,中共北京市委第一书记吴德发表广播讲话,指出这是反革命事件,动员群众离开天安门广场。然后立即组织民兵进行包围、分割,拘捕骨干分子,予以有力打击。

4月5日晚上6点半起,广场上的喇叭全部响了起来,反复广播中共北京市委第一书记吴德的录音讲话。讲话说:

> 正当我们学习伟大领袖毛主席的重要指示,反击右倾翻案风,抓革命,促生产之际,极少数别有用心的坏人利用清明节,蓄意制造政治事件,把矛头直接指向毛主席,指向党中央,妄图扭转批判不肯改悔的走资派邓小平[3]的修正主义路线、反击右倾翻案风的大方向。

---

① 据童怀周编:《丙辰清明见闻录》,工人出版社1979年版,第118—119页。

② 1980年11月25日出版的《人民日报》载《"改朝换代"之梦的破灭》,引张春桥给他儿子的信("4月5日……当着邓小平的面,我骂了他是纳吉")。

③ 录音讲话中未点邓小平的名,1976年4月6日在《人民日报》发表时加上。

我们要认清这一政治事件的反动性，戳穿他们的阴谋诡计，提高革命
警惕，不要上当。

讲话还说：

今天，在天安门广场有坏人进行破坏捣乱，进行反革命破坏活
动，革命群众应立即离开广场，不要受他们的蒙蔽。

（八）悲壮的《告别》

中共北京市委第一书记吴德的讲话，刺痛了在场几十万群众的心。人群
中响起了高昂的"我们永远怀念周总理"的口号声，还有雄壮、整齐的《国际
歌》声。在纪念碑北侧，有人高声朗诵一首题为《告别》的诗：

我多想，多想生出凌云的翅膀——

飞上九霄，把您的忠魂探望；

再听听您那深情的教导，

再看看您那慈祥的目光。

我多愿，多愿那月里的吴刚——

把最醇的美酒，为您捧上……

但我只有悲痛的歌声，

能向那九霄轻飏；

我只有哀悼的词，

能在您的灵前献上……

还有那些暗藏的敌人，

那些阴影下的豺狼，

您生时，他们用无耻的谎言把您诽谤，

用晦涩的暗箭对您中伤；

听到您的名字，

他们咬牙切齿；

挨到您的巨掌，

他们浑身冰凉……

如今，您去世了，

他们掩饰不住地欣喜若狂。

人前，

他们挤出两滴鳄鱼的眼泪，

背后，

您的遗骨未冷，

他们就在舞蹈歌唱！

他们以为，

用他们傲慢的冷酷，

能够压低您的声望；

用他们下贱的欢乐，

能够侮辱人民的悲伤！

但是，这些无耻的败类啊，

对人民永远是错误的估量。

看啊，

人民深沉的悲痛，

化作奔腾的力量。

对着他们的丑脸，

打了一记响亮的耳光！

他们发抖了，

他们藏匿了，

他们躲进阴沟的深处，

还不甘心失败，

又编些更恶毒的谎言，

又耍出更阴险的花样……

　　这首诗，是北京电视机厂青年工人景晓东有感而发、现场创作的。它此时成了群众的誓词，一声声、一句句，发自肺腑，悲壮有力。许多人听着朗诵，流出了热泪。

（九）驱赶、殴打与逮捕

　　4月5日晚上9点20分，广场指挥部下达命令：到时间了，把广场上的灯全部打开，各部队立即出动。

　　9点30分，广场上突然灯火通明。预先埋伏在广场四周的1万多民兵和

3000 警察一齐出动，跑步进入天安门广场。他们手持木棍，有的人拿着临时从 28 中学教室里拆毁的桌、椅腿，包围、殴打手无寸铁的群众。一些下班回家或因各种事情路过广场的群众，也被围进包围圈里。一二百人被打伤，200 多人被抓进劳动人民文化宫内，其中近 40 人于 4 月 6 日晨被投进了监狱（先后共逮捕 388 人）。还有 2 万多民兵和 5 个营的卫戍部队，在附近作为预备队待命。

（十）两个决议

4 月 5 日在天安门广场驱赶革命群众以后，华国锋即召集中共中央政治局会议，听取中共北京市委关于当天天安门事件经过情况的汇报，并研究下一步行动计划。

中共中央政治局错误地作出四五群众抗议行动"是反革命暴乱性质"的判断；决定继续组织 3 万民兵集中在天安门广场附近待命，派出 9 个营的部队在市区内随时机动；建议中共北京市委立即把这两天的情况写成材料，中央尽快通报全国，以便各省、自治区、直辖市了解情况、有所准备；还要求注意侦查线索，揪出"地下司令部"。会议开到 4 月 6 日凌晨 2 点左右才散。

凌晨 3 时，毛远新写成给毛泽东的书面报告。毛泽东在当天下午 6 时写下批语，赞同中共中央政治局的处理。4 月 7 日上午，毛远新向毛泽东汇报请示。毛泽东同意公开发表《人民日报》记者的所谓"现场报道"，以及中共北京市委第一书记吴德的广播讲话。毛泽东表示，据此解除邓小平的一切职务，保留党籍，以观后效。以上待中共十届三中全会审议批准。毛泽东又说：由中央政治局作决议，登报。这次，一、首都，二、天安门，三、烧、打，这三件好。性质变了。他提出：华国锋任总理。毛泽东要毛远新马上向中共中央政治局传达他的指示，随后就回来向他汇报。他并指明，不找邓小平、叶剑英、苏振华三人参加中共中央政治局会议。

当天下午，毛远新向毛泽东汇报了中共中央政治局讨论他上午指示的执行情况，并请示晚上广播中共中央两个决议的问题。在谈到任命华国锋为国务院总理时，毛泽东说：还要华任党的第一副主席，写在决议上。①

---

① 据《〈关于建国以来党的若干历史问题的决议〉注释本》，人民出版社 1983 年版，第 416 页。

当天晚上,中共中央政治局开会,宣读并通过了中共中央的两个决议。第一个决议任命华国锋为中共中央第一副主席、国务院总理。第二个决议说:"中共中央政治局讨论了发生在天安门广场的反革命事件和邓小平最近的表现,认为邓小平问题的性质已经变为对抗性的矛盾。根据伟大领袖毛主席提议,政治局一致通过,撤销邓小平党内外一切职务,保留党籍,以观后效。"

一个小时以后,中央人民广播电台即向全国广播了这两个决议;同时,广播了中共北京市委第一书记吴德于4月5日晚在天安门广场的广播讲话,以及第二天见报的《人民日报》记者采写的所谓"现场报道"《天安门广场的反革命政治事件》。这篇歪曲事实、颠倒是非的报道,是姚文元指导撰写并修改而成的。

以天安门事件为中心的四五运动一时被镇压了下去,但它在全国人民心中燃起的火焰是扑不灭的。这个运动鲜明地表达了中国人民拥护党的正确领导、同"四人帮"势不两立的坚决态度,以及实现四个现代化和社会主义民主的强烈愿望。它为1976年10月粉碎江青反革命集团奠定了坚实的群众基础。

四五运动的精神将在中华人民共和国的历史上永放光芒。

第 四 章
"四人帮"继续兴风作浪

一、四五运动后的镇压与人民群众的反抗

4月7日晚,广播了中共中央的两个决议。4月8日,中共中央发出电话通知,要求各地召开群众大会,宣读两个决议,由主要负责人发表讲话,牢牢掌握"批邓"斗争大方向,进一步深入开展"反击右倾翻案风"的斗争;还要"坚决镇压"抗议活动,"坚决追查"所谓"政治谣言"、标语、诗词,"打击制造者"。

在北京和全国各地,追查所谓"政治谣言"和"反动"传单、标语、诗词,排查、搜捕参加天安门事件或类似事件的群众,政治空气搞得十分紧张。北京一地,到6月中旬,就搜出悼文、诗词原件583件,强令群众交出现场照片和悼文、诗词照片10.8万件;立案追查1984件,拘捕干部、群众388人,用隔离、办学习班等方式审查的人难以数计。南京事件及全国有类似大小事件发生的市、县,也都进行重点追查。

"四人帮"及其党羽压抑不住内心的喜悦,迫不及待地庆祝"胜利"。4月12日晚,文化部在首都体育馆举行文艺晚会,"四人帮"的干将,文化部负责人于会泳、刘庆棠等人出席。首都工人民兵总指挥部、北京市公安局和北京卫戍区也分别召开大会,表彰在天安门事件中"立功"的先进集体和先进个人,声讨"天安门广场事件的罪魁祸首邓小平"。① 4月26日,华国锋和王洪文、张春桥、江青、姚文元等人接见了这些"立功"人员。

但是,人民群众并没有被吓倒、被征服。4月7日,两个决议刚刚播完,中

---

① 《人民日报》1976年4月23日。

央广播事业局的一位干部就挥笔写了两条大标语:"要反周总理的江、张、姚决没有好下场,不得好死!""打倒江青、姚文元、张春桥!"北京部队一位副营长在营区附近十字路口的一棵白杨树上张贴小字报,斥责江青、张春桥等人是假马列,赞扬"邓副主席是我们的贴心人",呼唤人们"向天安门广场的英雄们学习"。北京第二外国语学院的教师贴出大标语:"谁反对周总理就和他拼!""打倒张、江、姚反动的三家村!"①广州青年工人庄辛辛写信给《人民日报》《红旗》杂志,喊出"支持邓小平,打倒张春桥、打倒姚文元、打倒江青"的呼声。4月8日清晨,上海青年工人黄永生在人民广场中心的旗杆上升起一面白色绸旗,旗上是一张周恩来遗像,下书"沉痛悼念,恩来总理"。4月12日,人民日报社收到一封"一个现场工人民兵"的来信,他在4月8日的《人民日报》上写下很长一段批语,痛快淋漓地驳斥《天安门广场的反革命政治事件》那篇报道,尖锐地指出:"党报堕落了!成了一小撮法西斯野心家、阴谋家的传声筒!"②人们还冒着危险,巧妙地将诗词珍藏起来。③

二、"四人帮"集中火力"批邓"

根据4月8日中共中央的电话通知,"四人帮"掀起"批邓"新高潮。他们诬蔑邓小平是"天安门事件的罪魁祸首",是"党内资产阶级的挂帅人物",具有"修正主义纲领和路线";说什么与邓小平的斗争是两个阶级、两条道路、两种专政的斗争,要求深入批判邓小平的"修正主义路线",反击"右倾翻案风"。

4月8日,《人民日报》发表"四人帮"直接组织编写的、题为《天安门广场的反革命政治事件》的报道,诬蔑天安门事件是"一小撮阶级敌人打着清明节悼念周总理的幌子,有预谋、有计划、有组织地制造反革命政治事件",说邓小平在事件中充当"匈牙利反革命事件的头子纳吉"。

① 据毛毛:《我的父亲邓小平——"文革"岁月》,中央文献出版社2000年版,第478—479页。

② 《揭露"四人帮"及其心腹炮制天安门事件报道的阴谋》,《新闻战线》1978年第1期。

③ 在纪念周恩来逝世一周年时,北京第二外国语学院汉语教研室的童怀周和七机部502所的同志将他们珍藏的诗词编成《天安门革命诗抄》,油印张贴于天安门广场。童怀周是该校汉语教研室16位老师起的集体笔名。《天安门革命诗抄》后经征集、扩充,又印过几种铅印本。童怀周编的《天安门诗抄》,于1978年由人民文学出版社出版。七机部502所和中国科学院自动化所十几位同志编的《革命诗抄》,于1979年由中国青年出版社出版。

4月10日，《人民日报》发表社论《伟大的胜利》。社论说，4月7日中共中央的两项决议"是反击右倾翻案风的伟大胜利"，"邓小平是党内最大的不肯悔改的走资派"。社论诬蔑邓小平一贯"反对毛主席，反对毛泽东思想，反对毛主席的无产阶级革命路线"，指责邓小平"翻文化大革命的案，算文化大革命的账，炮制'三项指示为纲'，继续推行反革命的修正主义路线，带头煽起了右倾翻案风"。社论提出："要牢牢掌握斗争大方向，集中火力批邓，批判他的'三项指示为纲'的修正主义纲领，批判他的反革命的修正主义路线，批判他翻文化大革命案、算文化大革命账、妄图颠覆无产阶级专政、复辟资本主义的罪行。"这篇社论为急风暴雨式的"批邓、反击右倾翻案风"运动发出了信号。

连日来，上海、湖南、广西等省、自治区、直辖市党委纷纷打电报、写报告给毛泽东、中共中央，表示坚决拥护两项决议，决心团结在以毛泽东为首的中共中央周围，声讨邓小平"妄图颠覆无产阶级专政、复辟资本主义的罪行"，把"反击右倾翻案风"的伟大斗争进行到底。①

中共上海市委书记、市革命委员会副主任马天水在大会上公开点名批判邓小平，说什么从这个反革命事件中，人民更看清了邓小平的反动本质；更看清了这场反击右倾翻案风的斗争是无产阶级和资产阶级的生死大搏斗，是马列主义和修正主义的生死大搏斗，是社会主义和资本主义的生死大搏斗；更看清了这是一场关系到党和国家的前途和命运的严重斗争。②

中共中央直属机关、中央国家机关各部门也表示坚持"以阶级斗争为纲"，认真学习毛泽东的一系列重要指示，牢牢掌握斗争大方向，深入批判邓小平。③

4月18日，《人民日报》发表题为《天安门广场事件说明了什么？》的社论，进一步论证"资产阶级就在党内，党内两条路线的斗争就是无产阶级同资产阶级两大对抗阶级的生死斗争"，叫嚷"邓小平是党内最大的不肯悔改的走资派，他是右倾翻案风的总后台，他推行的反革命修正主义路线，集中代表了党内外新老资产阶级和没有改造好的地、富、反、坏、右的利益"。

4月28日，《人民日报》又发表"梁效"的文章《邓小平的修正主义路线与

①　《人民日报》1976年4月10日。
②　《人民日报》1976年4月10日。
③　《人民日报》1976年4月13日。

天安门广场的反革命事件》。文章说:"天安门广场反革命政治事件的出现,不是孤立的、偶然的,完全是有预谋、有计划、有组织的。它是当前两个阶级、两条道路、两条路线尖锐斗争的一个突出表现,是党内资产阶级反革命狰狞面目的一次大暴露,是邓小平大刮右倾翻案风、极力推行修正主义路线的必然结果,是腐朽没落的资产阶级垂死挣扎的一场表演。一小撮阶级敌人在举世瞩目的天安门广场发动反革命暴乱,妄图颠覆无产阶级专政,在中国全面复辟资本主义。这正是邓小平梦寐以求的如意算盘,正是邓小平去年大刮右倾翻案风的目的,也正是邓小平反革命的修正主义路线的阶级实质。"

文章诬蔑邓小平是资产阶级的总代表,说邓小平强调的"四个现代化"是"不管帝国主义还是马克思主义",实现"四个现代化"之日,"就是红旗落地、资本主义复辟之时",指责邓小平是"反革命舆论制造公司的总经理",是"党内最大的不肯悔改的走资派"。文章还说:"天安门广场的反革命政治事件,有其深刻的社会阶级根源。""邓小平这样的人,已经成为资产阶级的头面人物,成为颠覆无产阶级专政、复辟资本主义的主要力量。因此,一小撮阶级敌人妄图抬出邓小平充当匈牙利反革命政变的头子纳吉。天安门广场的反革命政治事件,就是邓小平所代表的党内外资产阶级,对抗无产阶级,对抗社会主义,对抗反击右倾翻案风的激烈的阶级大搏斗。"

文章认为:"修正主义是当前的主要危险","修正主义上台,也就是资产阶级上台";提出:"高举反修防修的大旗,集中火力批判邓小平的反动罪行及其推行的修正主义路线"。

这篇文章的调子是姚文元定的。4月22日,姚文元给鲁瑛打电话说:"梁效"写的《邓小平的修正主义路线与天安门广场的反革命事件》,总的意见(是)要简要。从政治上说,是明摆着的。要作阶级分析。组织上都在查。怎么联系,不宜写得很具体。根子在邓,邓代表他们的利益。从去年7、8、9月以来的谣言,有些就是从邓那来的,集中批邓。主题要突出,题目要短。[1]

《红旗》杂志1976年第5期发表"梁效"的文章《用革命舆论粉碎反革命舆论》,诬蔑邓小平主持的1975年整顿是"为颠覆无产阶级专政、复辟资本主义鸣锣开道",叫嚷"反击右倾翻案风"是"两个阶级、两条道路、两条路线的生死斗争",要求"大造革命舆论",粉碎"反革命舆论",对邓小平"在教育、科

---

[1]　《王洪文、张春桥、江青、姚文元反党集团罪证》(材料之三),1977年9月,第55页。

技、文艺、卫生、体育等各个领域散布的种种修正主义奇谈怪论,进行深入批判,彻底消毒"。

在这种思想指导下,各个领域批判邓小平的文章俯拾皆是。

在政治思想领域,仅 1976 年 4 月份,《人民日报》就相继发表《邓小平为什么散布阶级斗争熄灭论》、《翻案不得人心》(4 月 19 日)、《为什么走资派还在走?》、《邓小平是天安门广场事件的罪魁祸首》(4 月 23 日)、《无产阶级专政的伟大胜利》(4 月 25 日)。

在文艺战线,《人民日报》发表的比较有代表性的文章有:《狠批邓小平,把艺术教育革命进行到底》(5 月 6 日)、《评"聚义厅改为忠义堂"——从宋江看古今投降派的一个重要特征》(5 月 13 日)、《深入批判邓小平,坚持文艺革命——学习〈在延安文艺座谈会上的讲话〉》(5 月 23 日)、《批判邓小平妄图扼杀群众文艺的险恶用心》(5 月 21 日)、《社会主义文艺的根本任务不容篡改》(6 月 15 日)等。《红旗》杂志 1976 年第 3 期发表《坚持文艺革命,反击右倾翻案风》,把邓小平对文艺界的评论,攻击为"封、资、修反动文艺大毒草重新独霸舞台","以达到从文艺舞台到政治舞台复辟资本主义的罪恶目的"。①

"四人帮"还组织拍摄以反映"反击右倾翻案风"为内容的影视作品。纪录片如《坚决反击右倾翻案风》和《坚决拥护毛主席党中央的英明决策》《党中央决议表达了我们的心愿》等。故事片如描写"一个地地道道的党内走资本主义道路的当权派"的《春苗》,批判"三自一包"的《牛角石》,反映工交战线"两条路线斗争"的《百舸争流》《试航》等。

教育战线是"四人帮"必争之地。《人民日报》接连发表《做批判资产阶级的战士——纪念毛主席发出〈五·七指示〉十周年》(5 月 7 日)、《把无产阶级教育革命进行到底——学习毛主席的〈五·七指示〉,批判邓小平反对教育革命的罪行》(5 月 12 日)、《工人阶级必须占领教育阵地》(6 月 4 日)等,这些文章诬蔑邓小平"推行反革命的修正主义路线,大刮右倾翻案风,他否定教育革命,否定文化大革命,妄图为十七年修正主义教育路线翻案,要把学校重新变为复辟资本主义的工具",提出要"坚持以阶级斗争为纲,坚持对资产阶级实行全面专政,坚持教育革命的方向"。②

----

① 《红旗》杂志 1976 年第 3 期,第 14、12 页。
② 《人民日报》1976 年 6 月 4 日、5 月 12 日。

科技领域也是"四人帮""批邓"的重点。《人民日报》发表《提高同走资派作斗争的自觉性》(4月20日)、《无产阶级必须占领科学技术阵地》(5月3日)、《邓小平的"整顿"就是复辟》(4月29日)、《不许扭转社会主义科研方向》(6月20日)等文章。《红旗》杂志1976年第4期还发表《马克思主义与自然科学》,歪曲邓小平关于马克思主义与科学技术的关系的论断,诬蔑邓小平"要让科学技术离开马克思主义,重新为资产阶级服务"。①

在卫生领域,《人民日报》发表《不准邓小平为"城市老爷卫生部"翻案》(4月28日)、《为城市老爷卫生部翻案就是妄图复辟资本主义》(5月15日)。《红旗》杂志1976年第4期发表《反击卫生战线的右倾翻案风》,无中生有地说,"三项指示为纲""阻挠和干扰贯彻落实毛主席光辉的六·二六指示,把矛头直接指向毛主席的无产阶级卫生路线"。为纪念"五一六通知"发表10周年,卫生部机关和所属中国医学科学院、中医研究院、北京医院等单位召开了有6000人参加的批判大会,万炮齐轰"党内最大的不肯改悔的走资派"。他们还把首都卫生界纪念毛泽东作出"六·二六"指示11周年的大会,搞成了"批邓、反击右倾翻案风"大会。

在工业交通战线,《人民日报》发表《批判工交战线的修正主义谬论》(5月9日)、《戳穿邓小平在工运战线的翻案复辟阴谋》(5月21日)、《用三项基本原则剖析邓小平——深入批判"三项指示为纲"的修正主义纲领》(6月13日)等文章,批判所谓邓小平的"阶级斗争熄灭论"、"唯生产力论"、"利润挂帅"等,诽谤邓小平是"党内最大的不肯改悔的走资派,也是党内最大的分裂主义者,又是大搞阴谋诡计的人"。

在外贸领域,《红旗》杂志1976年第4期发表《批判洋奴哲学》一文,把邓小平关于引进外国技术和设备的主张斥为"洋奴哲学、爬行主义"。《人民日报》发表《崇洋迷外没有出路》(6月14日)一文,诬蔑邓小平根本不是站在中国人民的立场上真正关心"四个现代化",而是力图引导中国去适合帝国主义、社会帝国主义的利益,充当它们的"买办"。他要"引进"国外先进技术,目的不是为了把社会主义建设"搞上去",而是为了破坏和瓦解社会主义经济,复辟资本主义。

"四人帮"还把"批邓"矛头指向组织路线和知识分子政策。《红旗》杂志

———————————

① 《红旗》杂志1976年第4期,第58页。

连续发表《不许篡改革命接班人的五条标准》、《驳"白专对中华人民共和国有好处"论》（1976 年第 3 期）、《修正主义的组织路线必须批判》（1976 年第 4 期）等文章，《人民日报》发表《深入批判邓小平反革命的修正主义路线，邓小平宣扬"白专"居心何在》（6 月 5 日）。这些文章诬蔑邓小平拜倒在资产阶级"权威""专家"的脚下，鼓吹"白专无害""白专有益"，是反对党的领导，把知识分子培养成复辟资本主义的工具；把邓小平主持的整顿领导班子工作，诬蔑为"换班夺权"；说邓小平的组织路线的要害，是为否定"文化大革命"拼凑"翻案派"，为复辟资本主义组织"还乡团"，让党内的资产阶级上台。

三、"四人帮"企图整倒中央和地方一大批党政军领导干部

四五运动被镇压以后，"四人帮"的目标不仅要打倒邓小平，而且要整倒"一层人"，打倒一大批中央和地方党政军负责人。

（一）私自搜集与整理诬陷中央和地方领导同志的材料

"四人帮"及其党羽为篡党夺权采取的一个重要步骤，就是利用新华社、《人民日报》、中共上海市委写作组、北京大学和清华大学"大批判组"等单位，私自搜集和整理诬陷中央和地方领导同志的黑材料。

1976 年 1 月至 9 月，王洪文和姚文元指使《人民日报》总编辑鲁瑛派记者，到中央一些部门和福建、江西、浙江、江苏、四川、云南、湖南、黑龙江等省搜集诬陷党政军领导干部的材料，诬陷他们是"不肯改悔的走资派""还在走的走资派"，"组织还乡团"，"搞翻案复辟"。

5 月中旬，新华社记者采访湘潭机器厂"湘江风雷"派头头欧阳凯。欧阳凯肆无忌惮地说：第一，我不怕坐牢，我声明，我是个反周派。在文化大革命中，我在外单位搞调查时，看到反革命分子的反中央领导同志的传单，上面就是没有提周恩来，这不是说明他们有问题吗？毛主席发动"批林批孔"运动，就是反的他。这次反击右倾翻案风，也是反的他。邓小平上台只有几个月嘛。第二，湖南的问题，光揪了张平化有什么意思？张（平化）是个（省委）第二书记，湖南（省委）还有第一书记。可以断定，华国锋是周恩来的人。第三，反击右倾翻案风这场运动，还只是才开始，以后的事情多得很，早着哩。现在，中央

的领导权算解决了。中央各部门的问题,文化部、卫生部解决了,你们新华社解决了,《人民日报》只解决了一半,其他还没有解决。还有各省的问题。在这次谈话的两天前,欧阳凯曾到长沙,见了省里一些原"湘江风雷"的派头头,他们曾向他谈了对运动的看法。①

6月15日,人民日报社《情况汇编》刊登的、该报记者采写的《福建运动有发展》一文称:"廖志高、马兴元、林一心网罗叛徒、特务、反革命,组织还乡团,摧残儿童团,镇压造反派,涂炭福建人民"。

同期《情况汇编》刊登的《哲学社会科学部的运动处于停滞状态问题很多》一文说:"邓小平通过国务院政治研究室胡乔木等人,严密控制《中国科学院》哲学社会科学部,妄图把哲学部变成他复辟资本主义的反革命舆论阵地……"②

8月,王洪文调阅国务院、中共中央军委、国防工办等单位从1975年6月至1976年1月的部分文件和会议简报,搜集攻击中共中央和国务院领导人的材料。"四人帮"的亲信把持的上海市总工会,整理了中央和地方领导人的材料43种,擅自印发25万多份。其中,被点名的中共中央政治局委员、国务院副总理、全国人大常委会副委员长有15人。③

清华大学党委书记迟群也卖力地搜集并整理中央和地方领导同志的"黑材料"。从"批邓"以来,清华大学收到全国各省、自治区、直辖市的几千封来信。迟群多次要求:"凡是各地送给毛主席、党中央的信件,不要急于转中办。我已经和中央首长(指"四人帮")打了招呼,他们也同意。你们摘录后,连同原件一起送我,原件由我和谢静宜转。"迟群还说:"要注意收集'大家伙'的材料。"他们收集过两位中共中央政治局委员以及中共云南、福建、河南、河北、山东、江西省委第一书记、昆明军区司令员、政委等一大批领导同志的"黑材料",直接送"四人帮"。1976年6月中旬,迟群下令出《群众来信来访摘报》。9月中旬,迟群又下令"精选"材料,比较系统地整了一大批党政军负责同志的"黑材料"。迟群还把新华社编的《国内动态清样》让人摘录补充,并于10月3

---

① 《王洪文、张春桥、江青、姚文元反党集团罪证》(材料之一),1976年12月,第70页。

② 王文正口述、沈国凡采写:《共和国大审判——审判林彪、江青反革命集团亲历记》,当代中国出版社2006年版,第65页。

③ 马齐彬等:《中国共产党执政四十年(1949—1989)》,中共党史出版社1989年版,第411页。

日深夜催促要"加快整理"。10月4日,迟群急急忙忙地要走了这份材料。①

（二）煽动层层揪"走资派"

为打倒一大批老干部,"四人帮"及其党羽使出他们惯用的手段,继续鼓吹"老干部75%都是民主派,民主派发展到走资派是客观的必然规律"的谬论,为层层揪"走资派"制造舆论。

迟群是宣传"四人帮"谬论的急先锋。4月7日,他在教育部临时领导小组会议上说:还有一个所谓经验问题。老干部、老知识分子,特别强调经验。他们的经验就是资产阶级民主革命的经验,对现在没有什么现实(意义)。我们搞社会主义革命,那一套经验不行了!

5月5日,迟群又在清华大学党委常委扩大会议上说:"任何经验都有社会性、实践性,我们要的经验是社会主义革命经验、文革经验、与走资派斗争的经验。他可以大讲万里长征、抗战、打倒蒋家王朝,他在某种意义上为走资派抹金,把民主派当成社会主义英雄。他们这些民主派在社会主义成了走资派,也是规律。"

迟群还多次讲:"邓小平这个还乡团团长被揪出来了,还有副团长、政委、参谋长、团员呢!""还有穿军装,戴帽徽、领章的走资派","是中央一级的大官,现在还在台上掌握一部分权力,装模作样","揪出他们只是时间早晚的问题"。"走资派不是几个人,而是一层人。"②

1976年5月16日,为纪念"五一六通知"发表10周年,《人民日报》《红旗》杂志和《解放军报》(简称"两报一刊")联合发表社论《文化大革命永放光芒》,再次鼓噪资产阶级确实就在党内,把刘少奇、邓小平和林彪一起列为"资产阶级的政治代表";胡说"党内最大的不肯悔改的走资派邓小平,就是这次大刮右倾翻案风,直至天安门广场反革命政治事件的挂帅人物";诬蔑邓小平以十倍的仇恨、百倍的疯狂,施展全部反革命政治斗争经验,有纲领、有舆论、有组织、有部署地向党进攻。社论说,"三项指示为纲",是邓小平翻案复辟的政治纲领;"争夺思想阵地",是邓小平翻案复辟的舆论准备;"首先抓班子",是邓小平翻案复辟的组织措施;"全面整顿",是邓小平翻案复辟的行动部署。

---

① 《王洪文、张春桥、江青、姚文元反党集团罪证》(材料之一),1976年12月,第68页。
② 均见《王洪文、张春桥、江青、姚文元反党集团罪证》(材料之三),1977年9月,第13页。

社论诬蔑邓小平是要走资本主义道路,是要走回到半殖民地、半封建的旧中国去,使中国沦为帝国主义、社会帝国主义的附庸。①

迟群、谢静宜组织清华大学师生学习这篇社论。他们借题发挥,宣称学习这篇社论的重点就是:"走资派的问题,资产阶级就在党内的问题。从这个问题看到了为什么要搞文化大革命,文化大革命的意义是什么;联系国际共产主义运动,看到了它是怎样发展了马克思列宁主义的。"他们声称邓小平的矛盾性质变了,走到对抗性方面去了。他们还宣称这篇社论对"资产阶级司令部"已经讲清楚了,影射攻击华国锋和其他中央领导同志,说什么"自上而下制定和推行修正主义路线","不是一个人,是一个黑班子"。②

6月22日,迟群在教育部全体人员大会上说:"我们在无产阶级专政条件下,眼睛要向上看,重点盯住当权派。首先看第一把手,要盯住支部、总支、分党委、校党委,一层盯一层。我们学校就要盯着北京市委,要看到教育部。教育部要看到国务院、(中共)中央。没这一手,怎么对付走资派?"③迟群找部分记者谈报道清华大学的文章问题时说:"每次来了运动,总是先整领导人、当权派,看一看是革命派还是走资派,主要是为了发现走资派,整走资派。一级盯一级,最后盯到中央、政治局,这并不是什么坏事。"他明目张胆地制造舆论,妄图打倒一大批中央和地方党政军负责同志。④

7月3日,迟群在清华大学开门办学经验交流会上说:研究走资派还在走,这是策略上的问题。我们开门办学,上好阶级斗争这门主课,介入两个阶级、两条路线的斗争,不要畏首畏尾、缩手缩脚的,怕什么? 提高警惕,警惕谁呀? 首先警惕走资派,就是说,密切注意阶级斗争新动向。⑤

(三)利用报刊为揪"走资派"制造舆论

"四人帮"控制的舆论工具连篇累牍地批判党内"走资派",声称要"改变修正主义路线","建设马克思主义路线"。

7月1日,"两报一刊"联合发表社论《在斗争中建设党》,继续宣扬"走资

---

① 《人民日报》1976年5月16日。
② 《王洪文、张春桥、江青、姚文元反党集团罪证》(材料之一),1976年12月,第52页。
③ 《王洪文、张春桥、江青、姚文元反党集团罪证》(材料之三),1977年9月,第72页。
④ 《王洪文、张春桥、江青、姚文元反党集团罪证》(材料之一),1976年12月,第53页。
⑤ 《王洪文、张春桥、江青、姚文元反党集团罪证》(材料之三),1977年9月,第71页。

派就在党内"，强调"推行修正主义路线，是走资派最本质的政治特征"，表示要"集中火力批邓，深入进行反击右倾翻案风的斗争"，"最要紧的是解决路线问题，用马克思主义路线战胜他们反革命的修正主义路线"，要求各级党组织主动地在斗争中加强党的思想建设和组织建设。①

同日，姚文元审改迟群、谢静宜授意写成的《清华大学党委在斗争中加强党的建设》。文稿要求：要警惕"走资派"篡夺各级领导权，提出"哪里出修正主义，哪里有走资派，就要造谁的反"。文稿还特别强调，要警惕中央出修正主义。姚文元加了一段话，强调"提高警惕，注意阶级斗争的动向"。②

"四人帮"在各领域批判"走资派"的文章比比皆是。

在思想理论战线，"四人帮"的喉舌发表《党内确实有资产阶级——天安门广场反革命事件剖析》（5 月 18 日）③、《文化大革命就是搞阶级斗争》（5 月 25 日）、《走资派就是党内资产阶级》、《党内斗争与党的发展》（7 月 3 日）、《决不容许用走资派的面貌改造党》（7 月 6 日）、《邓小平反"极左"就是反革命》（7 月 11 日）、《抓住走资派最本质的政治特征》（7 月 19 日）、《官僚主义者阶级就是党内资产阶级》（7 月 23 日）等文章，不断重复所谓"资产阶级就在共产党内的千真万确的真理""邓小平代表修正主义路线"的陈词滥调，反复叫嚷"积极开展反对党内资产阶级的斗争，是加强党的建设的根本任务"。

在经济战线，《人民日报》发表《评邓小平的买办资产阶级经济思想》（7 月 13 日）、《邓小平重搞"条条专政"的险恶用心》（7 月 25 日）、《发展社会主义工业靠什么——批判邓小平反对独立自主、自力更生的反动谬论》（7 月 25 日）、《"条条专政"就是资产阶级专政》（7 月 25 日），《红旗》杂志 1976 年第 7 期发表《一个复辟倒退的条例——〈关于加快工业发展的若干问题〉》等，歪曲邓小平关于加快工业发展的思想，诬蔑邓小平"妄图从根本上动摇社会主义的经济基础，达到全面复辟资本主义的罪恶目的"。

在文艺战线，"四人帮"的喉舌紧紧抓住毛泽东评《水浒》做文章，连续发

---

① 《人民日报》1976 年 7 月 1 日。

② 《王洪文、张春桥、江青、姚文元反党集团罪证》（材料之三），1977 年 9 月，第 51 页。

③ 这篇文章是由"四人帮"控制的人民日报社写作组同"梁效"合伙写的，题目是根据姚文元"党内确实有个资产阶级"的批示定的。姚文元对稿件作了精心修改，并亲笔加上了邓小平"就是这次反革命政治事件的总后台"，诬陷邓小平。《王洪文、张春桥、江青、姚文元反党集团罪证》（材料之三），1977 年 9 月，第 56 页。

表《不准为邓小平文艺黑线翻案》《〈水浒〉屏晁盖于一百〇八人之外》《宋江"让位"是为了什么》《写晁盖是为了屏晁盖》等,含沙射影地说,"古今投降派搞修正主义都要改变革命路线,而改变路线首先要篡夺领导权,这是一条规律";然后推演说:"党内最大的不肯改悔的走资派邓小平重新工作之后,也想通过'全面整顿'夺取各级党的领导权,来全面推行他那条反革命的修正主义路线,复辟资本主义";声称要"认识保卫无产阶级革命领导权的重要性、争夺领导权斗争的必然性和投降派篡权复辟活动的规律性。时刻警惕党内资产阶级的篡权复辟阴谋,为巩固无产阶级专政而斗争"。①

四、"四人帮"拟定篡党夺权的计划

6 月 25 日,毛泽东同华国锋谈话时,写下"国内问题要注意"。② 王洪文立刻抓住这句话大做文章,他对秘书肖木讲:"毛主席最近指示'国内问题要注意'。我看国内问题还是要批邓。全国运动有几种情况,一种是搞得好的,一种比较一般,还有一种是问题比较多的。这后面两种,占全国多数,都需要解决领导班子问题,特别是第三种不解决不行。国务院有些部门,也是这样。解决的办法要像有的部已经做的那样把主要领导干部换掉。"王洪文还要肖木根据他的谈话整理一封给毛泽东的信,妄图借落实毛泽东指示为名,打倒一大批中央和地方党政军负责同志,实行全面夺权。③

7 月,"四人帮"迫不及待地拟定了一个以王洪文名义提出的全面夺取党政军领导权的计划。该计划的第二条是,积极创造条件,区别不同情况,建立和完善老中青"三结合"。有三种情况。一种是较好的,只需在斗争中逐步完善即可,不必把组织问题作为运动的一个组成部分去搞。另一种是需要作些充实、调整的,主要依靠省委自己去搞。再一种是一、二、三把手都问题较多,群众已不大那么信任,需要中央直接去帮一手的。这个计划的第三条说:国务院各部的问题,这次铁道部让万里不管事,专门检查自己的问题,还调了两个青年干部去当党的核心小组副组长,运动有了生气,看来是得人心的。这个经验需要总结,并在实践中进一步完善。其他各部也要积极创造条件,有领导地

---

① 《人民日报》1976 年 7 月 20 日。
② 《毛泽东传(1949—1976)》(下),中央文献出版社 2003 年版,第 1782 页。
③ 《王洪文、张春桥、江青、姚文元反党集团罪证》(材料之一),1976 年 12 月,第 75 页。

逐步参考、解决。这些部自建立以来，大多没有好好触动过。现在的情况是下面变了，上面不变或有变也不大，矛盾越来越尖锐。趁这个机会变一下，广大基层干部、群众是高兴的。该计划的第四条是：军队问题，基层是好的，主要问题在上面。比较起来，总参的事情更紧迫些。① 从中共中央到国务院各部，再到地方，"四人帮"全面夺权的计划开始付之实施了。

五、"四人帮"在各部门的篡党夺权活动

"四人帮"在各个部门煽动层层揪"走资派"，处处抓"还乡团"。他们给坚持抓生产的中央和地方各级领导干部任意扣上"唯生产力论"等大帽子；把广大干部和工农劳动群众努力生产诬蔑为"替资本主义打基础"，"给走资派脸上贴金"；叫嚷"踢开党委闹革命""不为错误路线生产"等口号，煽动停工停产，导致不少工矿企业和人民公社的党组织瘫痪，革命队伍分裂，人心涣散，生产下降。"四人帮"却把破坏生产的罪责强加到华国锋和中央其他负责同志的头上。②

（一）在国防科委和七机部

国防科委和七机部是"四人帮"夺权的重点。"四人帮"通过其代理人舒龙山、叶正光、曹光琳篡夺了七机部的领导权。3 月 2 日，江青在她擅自召集的十二省、自治区会议上，大骂七机部的老干部。3 月 18 日，王洪文当着舒龙山、叶正光、曹光琳的面，指名诬蔑七机部的主要领导同志"坐在右的一边"，1974 年"右"，1975 年"更右了"，并提出"领导班子，除部、院两级外，有些厂、所班子问题也要解决"。3 月 29 日，江青对舒龙山、叶正光、曹光琳进行反革命交底，并向舒龙山面授机宜，在纸上写了"策略"二字，诡秘地递给舒龙山看后擦掉。舒龙山、叶正光、曹光琳在这次会上紧密配合江青，疯狂攻击中央领导同志。江青则竭力为他们撑腰打气。这次会后，王洪文把舒龙山单独留下来密谈了一个多小时。③

5 月 3 日，王洪文在听取国防科委、七机部负责人汇报时说："要通过这次

① 《王洪文、张春桥、江青、姚文元反党集团罪证》（材料之一），1976 年 12 月，第 74 页。
② 《王洪文、张春桥、江青、姚文元反党集团罪证》（材料之三），1977 年 9 月，第 73 页。
③ 《王洪文、张春桥、江青、姚文元反党集团罪证》（材料之三），1977 年 9 月，第 77 页。

把运动深入搞透。现在抓的是表面的,要把幕后策划者、深的搞出来。主席讲资产阶级就在党内。比较难的是在党内,领导层要追下去,千万不要手软,揪出一个拿来教育群众。不要手软,看准的该抓就抓,该批就批,该斗就斗。"①

6月23日,王洪文又对舒龙山、叶正光、曹光琳说,清查"要抓大官,抓上线"。舒龙山等人对"四人帮"的旨意心领神会。他们攻击毛泽东亲自圈阅的关于解决七机部问题的中共中央1975年14号文件是"修正主义纲领",诬蔑经中央批准召开的1975年七机部一、二院"批林批孔"汇报会议是"翻案的会,复辟的会,分裂的会"。舒龙山说:"党内资产阶级在党内形成一股政治势力,从广度上不是一个人,是一批人","从深度上来看,从中央到地方,从幕前到幕后"。叶正光说:"从中央到地方"有"一根又粗又长的黑线"。舒龙山还叫嚷:"在领导权问题上不要避嫌,等了10年了,这次无论如何不能再等了。"曹光琳说:"一天也不能等","要先解决司令部的问题,不然要犯历史性的错误"。舒龙山、叶正光、曹光琳的同伙还鼓吹什么"舒龙山思想,就是解决领导权再加上铁的手腕",并扬言对七机部、院领导机关"进行一次大手术"。

舒龙山、叶正光、曹光琳在"四人帮"的指使下,层层揪"走资派",疯狂地把矛头指向华国锋和中央其他领导同志,并以莫须有的罪名,对七机部和所属院、所、工厂的一大批领导干部打击陷害,有的开除党籍,有的撤职降薪,有的关押揪斗;同时,大搞"突击入党""突击提干",把他们的同伙拉入党内,塞进领导班子。从1976年4月开始,不到半年时间,就把七机部在京厂、所以上单位的领导班子改组了80%。他们结帮营私,自成体系,横行霸道,使许多单位处于瘫痪或半瘫痪状态。②

(二)在冶金部门

冶金系统也是重灾区。"四人帮"及其党羽毛远新等人,煽动层层揪"走资派",把重点冶金企业的各级领导班子搞瘫痪了。

早在1974年的"批林批孔"运动中,毛远新就在鞍钢乱箭齐发,层层揪"孔老二""回潮总代表"。他大搞所谓"吹氧会",搞"大风高温、层层烧透",把60多名老干部作为重点"吹氧"对象,把鞍钢许多厂矿的领导班子"吹"垮

---

① 《王洪文、张春桥、江青、姚文元反党集团罪证》(材料之三),1977年9月,第75页。
② 《王洪文、张春桥、江青、姚文元反党集团罪证》(材料之三),1977年9月,第77—79页。

了，把队伍"吹"散了，把企业"吹"乱了。1976 年，毛远新又制造混乱，层层揪"代理人""走资派"，使鞍钢钢产量下降到 1971 年的水平，整整倒退了 5 年。

"四人帮"指使夏邦银等人，给武钢公司党委扣上"民主派到走资派""十年一贯制的走资派""搞唯生产力论的走资派""翻案派""复辟派"等大帽子。11 名公司党委书记，他们要打倒 7 人，另外 4 人，不打倒就打跑。他们还散布"搞生产是给走资派脸上贴金""炉子熄火就是胜利"的反动谬论。武钢生产遭到破坏，1976 年的钢产量比 1975 年下降了 40% 多。

"四人帮"的爪牙在郑州铝厂也猖狂地叫嚣"要打倒一批、赶走一批"。他们给总厂的 4 个党委书记、副书记，扣上了"右倾翻案的代表""走资派"的罪名，把总厂党委搞瘫痪。11 个分厂党委也被他们搞乱了 9 个。这就使这个占全国铝氧产量 60% 的铝厂，有一年的时间处于停产和半停产状态，损失严重，造成全国几十个铝厂由于缺铝氧全部或部分停产的严重后果。①

（三）在铁路部门

铁路是"四人帮"进行反攻倒算最厉害的部门。张春桥叫嚷："铁路是必争之地，一定要控制好。"他们把毛泽东亲自圈阅的中共中央关于加强铁路工作的决定，即中共中央 1975 年 9 号文件，诬蔑为"复辟纲领"。他们攻击中央领导同志，说什么"邓纳吉虽然垮了，还会出现新的纳吉"。他们诬蔑新中国成立以后的铁路工作是"条条专政""资产阶级专政""走资派专政"。他们在铁道部机关和一些铁路单位另搞一套，打击一大片，层层揪"走资派"，到处抓"还乡团"；他们大搞"突击入党""突击提干"，结帮篡党，以帮代党；他们纠集坏人，制造事端，中断运输。②

江青唆使郑州铁路局的亲信唐岐山"搞垮这个地区的铁路运输"，并对他封官许愿，说什么"国务院不行了，省委不行了，以后你可以当省委书记"。唐岐山有恃无恐地拉山头，搞串联，围攻中共河南省委，打击和迫害新、老干部，冲击和破坏铁路运输。他大嚷"把运输生产拖下来就是胜利"，宣称要夺郑州铁路局的权、夺中共河南省委的权。在"四人帮"的煽动下，有些铁路单位的少数人，私自成立什么"批邓办公室"，取代党委，发号施令，为非作歹。③ 唐岐

---

① 《王洪文、张春桥、江青、姚文元反党集团罪证》（材料之三），1977 年 9 月，第 79—80 页。

② 《王洪文、张春桥、江青、姚文元反党集团罪证》（材料之三），1977 年 9 月，第 82 页。

③ 《人民日报》1977 年 1 月 19 日。

山在"四人帮"的指使下,疯狂地攻击华国锋和其他中央领导同志是"老右""投降派",诬蔑中共河南省委负责同志是"走资派",狂叫"走资派是一层,反革命是一大片","要抓紧当前有利时机,充分利用政治上占上风的时候,抢进一班人"。他们对一些领导班子中的革命干部,有的撤换,有的采取派所谓"工管组""帮办""助理"等办法,顶班夺权。① 他们对整顿工作大搞反攻倒算,给坏人平反、提干或"官复原职",反对、抵制他们的破坏活动的干部则被指责为"犯了路线错误"。1976 年,由于他们的扰乱、破坏,郑州铁路局发生全局性堵塞,全年比国家计划少运货物 1400 万吨,比遭受特大洪水灾害的 1975年还少运 1000 万吨,等于全局 100 天没有装车;比计划少运煤炭 1100 万吨,相当于武钢 4 年半的用煤量;一些重要的铁路运输生产指标,如货车周转时间、机车日车公里、列车正点率等,下降到 20 世纪 50 年代初期的水平。②

兰州铁路局也遭受严重破坏。4 月 21 日,在中共甘肃省委第一书记冼恒汉提出的《关于解决兰州铁路局问题的意见》基础上,中共甘肃省委决定改组兰州铁路局。"四人帮"帮派势力层层揪"代理人",点名批判各级干部,给他们戴上"走资派""翻案派""算账派""复辟派""投降派"等各种帽子;而一些被整顿下去的人官复原职。在"宁要社会主义的晚点"的谬论下,兰州铁路局出现大量堵塞和中断行车事件。1976 年 10 月初,兰州铁路局的装车数比正常情况少了一半多,积压保留重车达 20 多列,严重干扰了兰新、包兰等铁路干线的正常运输。③

"四人帮"在太原铁路局的黑手多次到清华大学秘密串联。"四人帮"在清华大学的亲信对他们说:"走资派不光中央有,地方有,政府机关有,工矿企业也有,大单位有,小单位也有"。"走资派不是几个人,而是一层人、几层人"。他们在 3 月份就声称:"要通过批邓夺权。现在是改朝换代的时候。""现在老干部大部分是代表旧事物的","能打倒打倒,不能打倒打跑,打不跑打病、打伤"。"第一步,要夺权;第二步,反右倾,镇反;第三步,在建立新政权之后,再抓生产建设。"④太原铁路局的这几个人根据"四人帮"的旨意,公开

---

① 《王洪文、张春桥、江青、姚文元反党集团罪证》(材料之三),1977 年 9 月,第 82 页。

② 据《中华人民共和国实录》第 3 卷下,吉林人民出版社 1994 年版,第 1400—1401 页。

③ 据《中华人民共和国实录》第 3 卷下,吉林人民出版社 1994 年版,第 1372 页。

④ 铁道部大批判组:《篡党夺权的自供状——剖析"四人帮"一伙抛出破坏铁路运输的反革命夺权计划》,《人民日报》1977 年 1 月 19 日。

叫嚷"冲破走资派的重重阻力"，"赶走还乡团"，并作出"各单位清理各单位的走资派""面向基层，遍地开花"的反革命部署。由于"四人帮"的干扰、破坏，太原铁路局管内的铁路干线不畅通，枢纽堵塞，机车趴窝，列车停运。对此，他们竟说："生产一瘫痪，造成混乱，我们就有办法了。"充分暴露了"四人帮"及其亲信破坏铁路运输的罪恶用心。①

据统计，1976年，全国铁路有十几条干线不能畅通，经常处于堵塞或半堵塞状态。全国铁路少运货物4630万吨。有800多万吨煤运不出来，不少地区缺煤少电。华东电网的发电量因缺少煤炭，最低时只有正常发电量的50%。上海还曾一度出现存煤只有一天用量的30%的紧急状态。电力不足，造成大批工厂停工减产。货运量减少，行车事故反而增加，重大行车事故达418起，重大、大事故比1975年增加17.3%。全国将近一半的铁路局，火车运输的正点率只达到60%，有的还不到40%。到达北京的旅客快车，正点率也只有50%多。铁路上缴国家的利税，1976年比1975年减少7.4亿元。1976年的新线铺轨里程和铁路工业总产值，都是1970年以来最少的一年。

铁路系统遭到破坏，给国民经济带来严重的损失。许多地区，产品运不出来，燃料、原材料运不进去，导致煤、电和原材料供应不足。仅就1976年1至5月而言，钢少产123万吨，钢材少产86万吨，化肥少产58万吨，棉纱少产57万件。影响到生产建设的物资供应，影响到市场和财政收入。轻工业生产大约少供应14亿元商品，财政收入大约少收20亿元。②

（四）在外贸部门

"四人帮"帮派势力咒骂对外贸易部是"卖国部"，反对毛泽东、周恩来等中央领导人关于出口石油、进口成套设备等决策。他们攻击外贸领域的干部是洋奴、买办、卖国贼，从政治上打击这些部门的负责人及"上面"的领导。

1976年3月间，江青在她擅自召开的来京参加第三批打招呼会议的省、自治区领导干部会议上，攻击石油"都拿给外国去了"，"是卖给那些大资本主义国家呀"，诬蔑"中国有国际资本家的代理人""买办资产阶级"。

---

① 《王洪文、张春桥、江青、姚文元反党集团罪证》（材料之三），1977年9月，第82页。
② 据国家计委向中共中央报送的《关于上半年国民经济计划执行情况和下半年安排意见的报告》，1976年6月14日；转引自马齐彬等：《中国共产党执政四十年（1949—1989）》，中共党史出版社1989年版，第408页。

3月13日、6月25日，国家计委向中共中央政治局汇报工业生产和国民经济计划执行情况时，"四人帮"在进出口问题上大做文章。进口化肥和化纤成套设备，是毛泽东批准、经中共中央政治局同意的，"四人帮"也画了圈。江青却说："你们把外国的设备安装在大庆，是丢人，要追查是谁批准的。"张春桥说："你们进口那么多大项目，要批。"华国锋当即予以驳斥，说："进口的项目都是经毛主席批准的，不能说不对，不能批过了头。"张春桥蛮横地说："我不同意你的意见，你们总是拿主席压人。"向资本主义国家出口一些原油，是周恩来建议、毛泽东批准的。江青却说，出口原油"把国际经济危机转嫁到中国人民身上，得罪了第三世界，救了第一、第二世界的命"。"这是洋奴、卖国贼、汉奸。"王洪文也说："我们外贸部门有一批卖国主义者。"张春桥公开说："外贸部有问题，不仅是外贸部"，"在我们党内，首先在政治局内部有资产阶级、买办资产阶级"；并说："你们崇洋媚外，买那么多破烂，不知洛克希德公司给了多少钱。"关于增加工矿产品出口，换回国内急需的设备、材料，有关部门曾提议建立几个煤炭出口基地以保证出口煤炭的质量和便于组织运输，根本不是什么"租让给外国"的问题。姚文元别有用心地说："有哪几个矿山设想租让给外国？租让给哪几个帝国主义国家？是日本、德国还是苏修？"企图给中共中央和国务院领导同志扣上"卖国"的帽子。①

4月26日，姚文元在一次谈话中说，有的工厂停工，是因为没有石油，"就是邓小平修正主义路线搞的，石油大量出口，换所谓先进设备造成的恶果。问题没有解决，实际是把资本主义石油危机转嫁给我们。原油在资本主义世界很宝贵，(是)化工原料。一是原油出口，一是煤、石油，给人家(日本)，他们给设备，再用油、煤去换，租给人家，用设备偿还，完全是卖国主义"。② 5月24日，姚文元在同外宾谈话时攻击外贸政策说："要外国资产阶级出钱用外国的设备来开采我国的煤矿、石油，然后用开采出来的原煤等偿还外国的债务，这完全是投降帝国主义、把中国变为殖民地的政策。"姚文元在修改新华社于6月10日报送的一篇报道时，诬蔑邓小平崇洋媚外，是"七十年代不准革命的假洋鬼子"。③

本来，1976年国家燃料和原料的综合平衡计划，经过统筹安排，是稳妥

---

① 《王洪文、张春桥、江青、姚文元反党集团罪证》(材料之三)，1977年9月，第189页。
② 《王洪文、张春桥、江青、姚文元反党集团罪证》(材料之三)，1977年9月，第189页。
③ 《王洪文、张春桥、江青、姚文元反党集团罪证》(材料之三)，1977年9月，第192页。

的。但是，"四人帮"暗中指使上海和辽宁的亲信，接二连三地向中央有关部门"告急"，用"破坏生产、破坏革命""给反击右倾翻案风抹黑"等大帽子压人。他们还故意把烧煤的企业改成烧油，辽宁增加了 100 多个烧油单位，上海超计划多烧了 100 万吨原油。他们还用这样的手段破坏国家统一计划，然后倒打一耙，诬陷外贸部门。"四人帮"甚至不顾国家统一调拨计划，公然"谎报军情"，在"保上海"的幌子下，逼迫中央有关部门同意，在上海港半路拦截运往兄弟省市的原油。1976 年，他们在上海吴淞口拦截驶往广东茂名、江苏南京、湖南长岭等地的油船 13 条，共截去原油 20 万吨。正是由于"四人帮"帮派分子的捣乱、破坏，打乱了国家计划，滥烧、滥用了大量石油资源，使一些省市的企业被迫停工停产，一些炼油厂"无米下锅"，给国民经济造成不小的困难。

（五）在中国科学院

中国科学院也是"四人帮"派系势力抢班夺权的重点。1976 年年初，"四人帮"及其党羽毛远新、迟群布置柳忠阳等人，以"回击科技界右倾翻案风"为名，抓住《科学院工作汇报提纲》大做文章，攻击邓小平和华国锋等同志。他们诬蔑整顿中国科学院是"复辟"，《汇报提纲》是"复辟纲领"，是大毒草，矛头直指邓小平。他们把中央对中国科学院党的核心小组及政治部的调整和加强，诬蔑为"拼凑复辟班子"，是"文化大革命以来，资产阶级篡夺科学院领导权的一个先例"。他们声称要"顺藤摸瓜"，揪出所谓的"资产阶级司令部"。[1]

当时，邓小平的女儿邓楠在半导体研究所工作，"四人帮"帮派势力妄图从这里打开"缺口"。听说半导体所放录音，姚文元就指使鲁瑛派人去搞所谓"深层情况"；传闻邓楠和其他人一起抬了花圈到天安门广场，他们更是如获至宝；他们把与邓楠同一个办公室的冯应章等人隔离审查。柳忠阳还指派工作组到半导体所检查。他们妄想把邓小平同天安门事件挂起钩来，为诬蔑邓小平是天安门事件的后台提供莫须有的证据。[2]

在毛远新的授意和支持下，中科院炮制了"对着干"的经验。他们把 1975 年 8 月华国锋主持召开的科技战线贯彻执行"百家争鸣"方针的座谈会，说成是"对文化大革命和对资产阶级实行专政不满的鸣放会、诉苦会"，"污蔑科技

---

[1] 《王洪文、张春桥、江青、姚文元反党集团罪证》（材料之三），1977 年 9 月，第 84 页；《坚决把中国科学院整顿好，尽快把科学研究搞上去》，《人民日报》1977 年 3 月 9 日。

[2] 路甬祥主编：《邓小平与中国科学院》，江西人民出版社 1999 年版，第 51—52 页。

战线的大好形势";把落实知识分子政策,说成是"只照顾少数人","搞阶级投降";把贯彻执行团结、教育、改造知识分子的政策,说成是"政治上迁就,生活上特殊";把调动科技人员的积极性,说成是"不依靠工人阶级"等等。①

他们在中国科学院部署篡党夺权的三部曲。第一步,成立由他们把持的"运动领导小组"和"业务领导小组"。第二步,改组中科院政治部。第三步,改组中科院党的核心小组。他们狂妄地说:国务院各部委都是些老干部掌权,只有中国科学院才是"造反派"掌权。这暴露了"四人帮"妄图以中国科学院作为"样板",在国务院各部门大搞篡党夺权活动的野心。②

"四人帮"在中国科学院的帮派势力并不满足于勒令胡耀邦、李昌"停职反省"。他们把整顿中国科学院时由中共中央和国务院政工组调来的20多名司局级干部都说成是"还乡团",加以排挤。他们还提出"依靠左派,团结党员,打击党内右派"的口号,对中国科学院党的核心小组成员进行"阶级分析"。1976年6月,他们要求中国科学院各单位"班子(名单)要快报来,报来就批"。7月,姚文元又布置调查"资产阶级就在共产党内同自然科学工作有何关系",调查所谓两个阶级、两条道路的斗争在中国科学院的现状与历史。得知毛泽东病重后,"四人帮"更是"要准备情况变化,抓紧干部配备",要求在国庆节前"对发现的问题要抓紧严肃处理,我们可以收拾他一批"。③

柳忠阳等人按照"四人帮"的旨意,以"路线分析"为名,把江青所说的75%的老干部从民主派到走资派的"理论"付之"实践",进一步揪所谓"走资派"。他们把中国科学院70%的党的核心小组成员打成"党内资产阶级""走资派";把一大批革命干部打成"还乡团""复辟势力""修正主义的社会基础";把中科院的党组织说成是"资产阶级性质"的,并改组了党的核心小组。④ 他们以"要清一色造反团的"为标准选拔干部。在7至10月间,他们提拔、调动了处以上干部近百名,有的人从副科长被突击提拔为司局长;特别是中科院政治部,干部调整了1/3。⑤

---

① 《发生在科技界的一场触目惊心的斗争》,《人民日报》1977年3月9日。
② 《坚决把中国科学院整顿好,尽快把科学研究搞上去》,《人民日报》1977年3月9日。
③ 路甬祥主编:《邓小平与中国科学院》,江西人民出版社1999年版,第52—53页;《王洪文、张春桥、江青、姚文元反党集团罪证》(材料之三),1977年9月,第84页。
④ 《发生在科技界的一场触目惊心的斗争》,《人民日报》1977年3月9日;《王洪文、张春桥、江青、姚文元反党集团罪证》(材料之三),1977年9月,第84页。
⑤ 路甬祥主编:《邓小平与中国科学院》,江西人民出版社1999年版,第52页。

毛泽东逝世前后，"四人帮"在中科院的爪牙忙得不亦乐乎，又是煽动不明真相的青年贴大字报，又是偷偷整理"黑材料"，口袋里成天装着收音机，准备收听宣布"盛大的节日"的消息。10月7日，柳忠阳等人在中科院党的核心小组会议上提出调整党的核心小组问题，决定胡耀邦、李昌、胡克实三个"走资派"不能参加，武衡、王建中也不再参加，副组长成了柳忠阳等3人。国务院政工组曾指示组织问题等到运动后期解决，他们迫不及待地说什么"老叫我们等，等到什么时候？这事不能再等了"。当时，他们还不知道"四人帮"垮台的消息，他们的报告更不会得到中央的批准，但中国科学院的大权已被他们窃据。10月27日，在中科院庆祝粉碎"四人帮"的大会上，群众自发地把柳忠阳轰下了台。11月25日，中央批准给柳忠阳办学习班。"四人帮"派系势力对中国科学院的统治终于终结。①

（六）在文艺部门

"四人帮"还在文艺领域提出和组织"写与走资派作斗争的作品"，歪曲和篡改党的历史，丑化革命干部，丑化无产阶级专政和社会主义制度，为"四人帮"篡党夺权制造舆论。②

早在中央任命华国锋为国务院代总理之后，张春桥就把文化部的于会泳、刘庆棠、钱浩亮叫去，布置写"与走资派斗争"的作品。张春桥叮嘱说，你们要理解这个任务的重要性。江青也下令赶快写与"走资派"作斗争的戏。3月18日，"四人帮"的爪牙主持了一个所谓重点创作题材座谈会，传达江青、张春桥的指示，反复强调"写与走资派作斗争的作品"是"当前的迫切任务"，"是一项十分重要的政治任务"，煽动说"要写得高一点"，"可以写到省一级、部一级"，叫嚷"不要怕"，要冲破"阻力"。他们还声称："中央负责同志最近特别关心这个工作，我们必须坚决完成！"他们根据江青写的"可以从《序曲》中选材改编成电影和戏"的一段批语，指令有关单位要从这部上海出版的文艺作品选集中选材，炮制出更多的所谓"与走资派作斗争"的电影、戏剧、曲艺、音乐、舞蹈作品。他们说，所有这些作品要在适当时机拿出来"开排炮"！毫不

---

① 路甬祥主编：《邓小平与中国科学院》，江西人民出版社1999年版，第54页。

② 文化部批判组：《"四人帮"鼓吹"写与走资派作斗争的作品"的反动本质》，《人民日报》1976年11月23日；《王洪文、张春桥、江青、姚文元反党集团罪证》（材料之三），1977年9月，第61页。

掩饰他们借助文艺制造篡党夺权炮弹的用心。① 电影《反击》就是"四人帮"利用文艺制造反革命舆论的标本。

3月，奉"四人帮"的旨意，迟群、谢静宜指定北大、清华党委各一名副书记直接领导炮制电影剧本《反击》。迟群、谢静宜反复强调"这是大局"，"要快，五一出剧本，十一出影片"。于会泳把《反击》列为文化部重点项目，并派人前往"指导"。迟群亲自督阵，指令"抓《反击》是大局"，"要快点搞出来"。在创作和摄制过程中，迟群指令创作人员"不要局限于教学改革，要纳入大的政治斗争中来"，"要大写走资派，一直写到中央"，在银幕上"表现中央出了修正主义"。他叫嚷："走资派不光是邓小平一个人，是有一层人，是有一个资产阶级司令部，还有邓大平，还有王小平、唐小平。"他恶狠狠地说："走资派就是反革命，也可以抓起来，判刑，还可以枪毙他几个。"真是磨刀霍霍，杀气腾腾。

剧本中原来的"走资派"、校党委副书记被指令改为省委第一书记，原来写的已经悔改的"走资派"被改为不肯悔改的"走资派"。迟群、谢静宜除了亲自点名攻击一些领导同志外，还通过清华大学的联络点，提供给剧本写作组一批他们私整的党政军负责同志的"黑材料"，指令要剥"走资派"关心四个现代化的画皮，把贪婪、罪恶的眼光直接对准中共中央。② 剧本的主题思想也被改为"要回答中央出了修正主义怎么办"。在剧中人的台词中，还特别增加了"从中央到地方，他们还掌握了很大一部分权力"这样的对话。"四人帮"的爪牙硬性限定影片必须在国庆节出片，急不可耐地再三催促："哪怕粗一点，就是要快。"迟群、谢静宜还向写作组吹嘘"四人帮"和他们自己的所谓"英雄事迹"，让剧本"集中力量写好江青"，写省委"赵大姐怎样控制局面的"。《反击》中塑造的"正面人物"，实际上就是"四人帮"及其亲信的化身，为他们篡党夺权大造舆论。用迟群的话说："《反击》这部电影，不光是文艺问题，要引起连锁反应。"真是一语道破这种"阴谋电影"的天机。他们是要把《反击》作为点燃篡党夺权烈火的火种。③

① 文化部批判组：《"四人帮"鼓吹"写与走资派作斗争的作品"的反动本质》，《人民日报》1976年11月23日。

② 《王洪文、张春桥、江青、姚文元反党集团罪证》（材料之三），1977年9月，第62页。

③ 据文化部批判组：《"四人帮"鼓吹"写与走资派作斗争的作品"的反动本质》，《人民日报》1976年11月23日；《王洪文、张春桥、江青、姚文元反党集团罪证》（材料之三），1977年9月，第62页。

《反击》在河南拍摄时,在当地造成严重的思想混乱。中共河南省委第一书记刘建勋在一次省委干部会上讲:"你们为什么对《反击》这样感兴趣?!《反击》也不是写河南,中央还要审查嘛!"一名省委宣传部的年轻副部长反问:"你为什么对《反击》这样不感兴趣呢?!""四人帮"的亲信对此兴高采烈,认为之所以有这么大的反响,是因为《反击》"反映了无产阶级革命派同走资派特别是跟大走资派斗争这样一个大题材"。迟群得意洋洋地说:"《反击》在走资派那里,已成为强级地震。政治上思想上路线的正确和艺术上的完美,二者统一,是赶走资产阶级老爷的保证。"①

8月,电影《反击》出笼之后,写作组拟写反映大学生去边疆当农民的《理想之歌》,并为此打了正式报告。直接领导写作组的清华大学党委副书记荣泳霖和北京大学党委副书记魏银秋表示同意,经北京电影制片厂同意,写作组准备去青海、西藏深入生活,但清华大学党委政治部领导人吴炜煜等人反对:"站在两校的角度,还是要写大题材,揭露两个决议以后走资派还在走。"于是,荣泳霖以个人名义向迟群、谢静宜打了书面报告,认为"应该接着《反击》继续集中力量跟走资派斗下去"。迟群、谢静宜肯定了这份报告。②

9月6日,荣泳霖、吴炜煜、魏银秋3人到写作组谈形势。荣泳霖说:"邓小平垮台以后,这一层人是怎么走的? 他们不是一般的右,而是一个反党、反马列、反毛主席的集团。"吴炜煜说:"现在对毛泽东思想的估计要升温。要研究走资派在新形势下是怎样窥测方向,潜伏爪牙,等待反扑,保存自己,镇压革命的。"魏银秋表示同意他们的意见。毛泽东逝世后,吴炜煜又说:"第二部电影要一直写到毛主席去世,对主席遗志是继承还是背叛。"写作组负责人徐葆耕等人表示没有生活,吴炜煜说:"过两周也许能够给你们讲一讲,现在还看不清楚。"

9月26日,荣泳霖、魏银秋去北影厂看《反击》。在回来的汽车上,徐葆耕等人一再表示:对当前斗争不了解,很难写。荣泳霖说:"就写按既定方针办还是不按既定方针办。"③

在"写与走资派作斗争"的要求下,全国出现了一批《反击》式的作品。据不完全统计,截止到1976年10月,各电影制片厂生产的反映同"走资派"作

① 《王洪文、张春桥、江青、姚文元反党集团罪证》(材料之三),1977年9月,第61页。
② 《王洪文、张春桥、江青、姚文元反党集团罪证》(材料之三),1977年9月,第63页。
③ 《王洪文、张春桥、江青、姚文元反党集团罪证》(材料之三),1977年9月,第63页。

斗争的影片 8 部,正在拍摄的 13 部,正在修改剧本、准备拍摄的 39 部。①

六、"批邓、反击右倾翻案风"在各省、自治区、直辖市造成严重恶果

"批邓、反击右倾翻案风"在全国各地造成严重恶果。这里举湖南、湖北、江苏、山西、四川、河南、陕西、宁夏等省、自治区为例。

(一)在湖南

3 月,湖南帮派分子唐忠富参加中央打招呼会议之后,到处传播江青、王洪文的讲话,向中共湖南省委发难。他们诬蔑中共湖南省委 1975 年的整顿是"刮西风""翻烧饼"、"压了反修防修的基本力量"。他们攻击"湖南省委是清一色的翻案派、算账派、不肯改悔的走资派";提出要"层层点火,处处冒烟,烧得走资派团团转","解放一大批地、市","下决心解决湖南的组织路线问题"等等。其目的就是要夺取湖南的党政大权。②

6 月 4 日,唐忠富、胡勇等人强行在中共湖南省委召开有地、市委领导干部参加的万人"转弯子大会",并在会后调动 230 辆汽车举行游行示威。他们还插手地、市的"运动",煽动一些帮派头目"要同党委对着干","要大胆地斗,放肆地斗,大斗大好,小斗小好,不斗不好",致使一部分地、市和单位,不断发生冲击党委、抢夺公章、揪斗领导干部的事件。不少地方和单位搞得会不能开,公不能办,生产不能抓。

7 月 19 日,邵阳一些群众到长沙上访,在长沙街头书写标语,反对身为省总工会主任的唐忠富。唐忠富将此行动诬为"天安门反革命事件",伙同其他帮派分子策划,将邵阳的上访群众包围在省委大院内,并且不服从省委"人不能抓,民兵不能调,问题由省委处理"的意见,将民兵增调至上千人,制造了打伤 21 人(重伤 3 人)的流血事件。

7 月 24 日,唐忠富在中共长沙市委、长沙市革委会扩大会议上,攻击中共湖南省委第二书记张平化说:"张平化在各个关键时刻,都与毛主席的路线唱

---

① 木华:《"四人帮"和他们的系列"阴谋电影"》,《钟山风雨》2004 年第 2 期。
② 《当代中国的湖南》上,中国社会科学出版社 1990 年版,第 173—174 页。

对台戏,我们要下决心同他斗争到底。"唐忠富又到北京,声称:"这次来北京的目的,就是要打倒张平化","解决湖南领导班子问题"。在他的煽动下,8月23日,帮派分子冲击了长沙市民兵指挥部,强占办公室,夺取公章,控制了文件柜和武器、装备仓库,发表"声明",宣布夺权。邵阳、衡阳、黔阳等地,也发生冲击党委、抢夺公章、围斗揪斗领导干部的事件。①

8月,湖南省革命委员会召开计划工作座谈会,着重讨论后4个月的生产安排问题,决定加强晚稻管理和经济作物管理,抓好煤炭、钢铁、电力、化肥、医药、轻工等产品和支农产品的生产。鉴于市场供求存在相差6亿元的矛盾,决定大力增加轻工产品生产,增加农副产品收购,压缩社会集团购买力,千方百计安排好市场供应。对基本建设集中力量打歼灭战。但因唐忠富等人的干扰、破坏,会议精神没有贯彻下去。

9月9日上午,唐忠富等人纠集一批人,手持统一印刷的"出入证",强行冲进中共湖南省委机关,占领部分办公室,扬言"不走了"。下午,因收听到毛泽东逝世的消息,他们才不得不撤离。10月初,他们又策划在省委机关大院召开所谓"批判大会",妄图再次进驻省委,强行夺权。

由于"批邓、反击右倾翻案风"运动和帮派分子的破坏,1976年,湖南全省工农业总产值比1975年下降1.6%;基本建设投资完成10.88亿元,比1975年下降15.5%;特别是固定资产交付使用率只有39.5%,是新中国成立以后最低的一年。地方财政收入为16.02亿元,比1975年减少2.25亿元,下降12.3%;其中,工业收入下降45.2%。全省2817个国营工业企业,发生亏损的1013个,占全部企业数的36%;亏损金额达3.89亿元,比1975年增加1.02亿元,上升35%。②

(二)在湖北

天安门事件后,"四人帮"派系势力诬蔑中共湖北省委负责人执行中央的整顿方针是"搞复辟",是"反革命修正主义路线"。他们还拼凑了以夏邦银、朱鸿霞为主要成员的"核心"班子。从3月至10月,策动一些人多次冲进中共湖北省委、湖北省革委会机关,围攻中共湖北省委负责人,多次要求改组中

---

① 《中华人民共和国实录》第3卷下,吉林人民出版社1994年版,第1380—1381页。
② 《当代中国的湖南》上,中国社会科学出版社1990年版,第174—175页。

共湖北省委领导班子,并策划派人到中共湖北省委办公厅、组织部、宣传部以及公安机关去掌权。1976年,湖北省的经济遭到破坏,全省工农业生产总值比1975年下降4.7%,其中工业下降11.1%。①

(三)在江苏

"四人帮"在江苏的帮派势力网罗曾邦元、孔庆荣等骨干分子,结成一个内外配合、上下呼应、篡党夺权的帮派"同盟"。他们竭力否定1975年江苏经济建设的形势,把整顿说成是"右倾翻案",把发展国民经济说成是"以目乱纲",把刚刚理顺的政治与经济的关系又颠倒了过来。他们把整顿"软、散、懒"领导班子说成是打击"新生事物",攻击在整顿中调配地方干部进入各级领导班子及生产指挥系统是"请隐士"和"举逸民"。他们到处宣扬"'走资派'还在走",煽动层层揪"走资派"。一时间,苏州、徐州、南京、无锡等地派性再度发作,重新拉起山头,冲击党政机关,搞打砸抢,生产又遭破坏。

"四人帮"及其党羽为了达到乱中夺权的罪恶目的,企图以苏州、徐州为据点,进而搞乱江苏全省。华林森等人凭借他们窃据的中共苏州市委的领导权,策划或带头搞打砸抢,残害干部和群众,制造混乱,破坏生产。他们阻挠和破坏国务院在苏州召开的南方水稻现场会议。

8月,他们煽动一些人到南京冲击省级党政机关。8月6日,他们乘博茨瓦纳共和国总统塞雷茨·卡马访问车队经过,散发攻击中共江苏省委的传单。南京市公安局水佐岗派出所制止了事态的发展。事后,华林森他们又强占水佐岗派出所,蓄意制造事端。华林森等人还唆使苏州轮船公司等单位的帮派分子停工停产,中断运输。

他们的帮派活动严重干扰了苏州市的经济建设。1976年全市工业产值完成21.23亿元,年增长率由1975年的16.4%下降为0.9%。这一年,全市的全民工业企业劳动生产率比1975年下降1.9%,利润下降15.9%,财政收入下降7.02%,外贸出口创汇收入明显减少。

(四)在山西

4月,中共山西省委召开山西省和太原市各机关、厂矿、企事业单位负责

---

① 《当代中国的湖北》上,当代中国出版社1991年版,第111、113页。

人共 1300 人参加的报告会,部署"批邓、反击右倾翻案风"。8 月 23 日,山西发生张安帮等人制造的绑架、游斗省委第一书记王谦事件。中共山西省委立即将此事上报中共中央。8 月 26 日,依照中共中央指示,依法逮捕了"8·23"打砸抢事件的策划者、指挥者及打人凶手。

由于"四人帮"帮派分子兴风作浪,1976 年,山西各方面工作全面遭到破坏,全省近 90% 的县级以上单位陷入瘫痪。1976 年,全省工农业生产总值下降到 99.97 亿元,比 1975 年下降 6.65%;其中,工业总产值 68.3 亿元,农业总产值 31.67 亿元,分别比 1975 年下降 7.95% 和 3.68%。粮食比 1975 年减产 6 亿公斤,倒退到 1974 年的水平。钢产量倒退了 10 年。生铁产量倒退了 11 年。钢材产量倒退了 12 年。棉布、棉纱、火柴、灯泡、保温瓶等产品的产量也倒退了 10 年左右。地方财政收入倒退到 1970 年的水平,国民收入下降了 9.4%。①

(五)在四川

3 月,中共四川省委召开地、市、州委书记会议,传达贯彻中央关于"批邓、反击右倾翻案风"的部署。帮派头目纠合一伙人大闹省委,搅乱会议。3 月 5 日,帮派分子又借成都市街头出现反对张春桥的大字报之机,在市区盐市口大打出手,制造流血事件。3 月 10 日,他们聚众冲击中共成都市委,接着又大闹中共四川省委,"进驻"省委机关达两天两夜;3 月 12 日,又策动了所谓的"150 人上京告状"事件,把省委书记段君毅、许梦侠挟持到北京。到北京后,帮派头目通过"四人帮"在清华大学的据点,直接同"四人帮"挂上钩,要求中央表态,改组中共四川省委领导班子;另外,提出要中央派刘结挺、张西挺主持四川工作。与此同时,他们还定了"川东、川西互相配合"的策略,在全省层层揪"正在走的走资派"。

4 月,处理天安门事件的决定公布后,四川的帮派分子加快了搞动乱、夺权的步伐。不少单位的帮派分子公开伸手要"官票""党票",围攻领导,破坏生产。

6 月中旬,中共四川省委召开地、市、州委书记会议,布置进一步开展"批邓、反击右倾翻案风",会后印发了川委发[1976]27 号文件。

---

① 《当代中国的山西》上,中国社会科学出版社 1991 年版,第 161 页。

8 月中旬,四川平武、松潘发生地震。帮派分子趁机捣乱,使不少工厂的生产一度陷入瘫痪状态。"批邓、反击右倾翻案风"造成不少领导班子瘫痪,工作无法开展。全省 19 个地、市、州委有 8 个被整瘫痪,还有相当一部分处于半瘫痪状态。207 个县(市、区)委中,被整瘫痪的有 30 多个。

1976 第一季度,全省工业月产值曾创最高纪录,但第二季度以后逐渐下降,8 月份下降到"四五"计划时期以来的最低水平。全省不少企业又陷入停产或半停产状况。重庆市停产半停产的企业达到 40%,损失达 15 亿元。全省工业总产值原计划为 170 亿元,而 1976 年上半年实际只完成 67.9 亿元,为年计划数的 39.9%;全年工业总产值只完成年计划的 82.1%。85 种主要工业产品中,有 76 种未完成年度计划。全省地方工业的生铁产量下降到 1975 年的水平,地方工业亏损面竟达 58%。①

(六)在河南

7 月中旬,中共河南省委、省革委会召开高等学校招生工作会议,部署当年招生工作。会议认为,实行"三来三去"(即社来社去、厂来厂去、哪来哪去)不仅是普通高等学校招生分配制度的改革,而且是一场深刻的社会"革命"。

8 月 25 日至 30 日,中共河南省委召开全省三级干部会议,部署揭批"右倾翻案风",重点批判《论全党全国各项工作的总纲》《关于科技工作的几个问题》和《关于加快工业发展的若干问题》,把三个文件诬为"三株大毒草",全盘否定 1975 年河南的各项整顿工作。许多经济部门被冲击和改组,大部分老干部又一次被打倒,已经恢复和健全的规章制度被废除,正常的经济秩序遭到破坏。

1976 年,全省完成工农业总产值 190 亿元,比 1975 年下降 10.2%。其中,工业总产值仅完成 95.9 亿元,比 1975 年下降 21.1%,倒退到 1971 年的水平。有 56% 的工业企业亏损,亏损额达 6 亿元,比 1975 年上升 77%。财政收入比 1975 年下降 32.7%,许多机关、学校、企业事业单位一度发不出工资。②

(七)在陕西

4 月 13 日,中共陕西省委召开 23 个县的县委书记座谈会,要求全省农村

---

① 《当代中国的四川》上,中国社会科学出版社 1990 年版,第 181—183 页。
② 《当代中国的河南》上,中国社会科学出版社 1990 年版,第 163 页。

干部领会毛泽东的"资产阶级就在共产党内""走资派还在走"等一系列指示，坚决反击"右倾翻案风"，进一步巩固并发展"文化大革命"和"批林批孔"运动的成果。为配合"四人帮"篡党夺权的步骤，陕西的党羽结帮组派，大搞"突击入党""突击提干"，阴谋篡夺党政领导大权。

8月23日，中共陕西省委召开各地、市委书记会议，要求各条战线、各个单位联系阶级斗争和路线斗争的实际，集中火力，深入批判所谓"三株大毒草"，"掀起批邓新高潮"。

9月24日，陕西省召开工业、交通、基本建设会议。省委副书记肖纯号召与会人员遵照"毛泽东的嘱咐""按既定方针办"，深入开展所谓"批邓、反击右倾翻案风的斗争"。

10月5日，陕西省农业学大寨、普及大寨县运动经验交流会在西安举行。会议强调以"资产阶级就在共产党内""走资派还在走"的论断为武器，加强各级领导班子的建设；深入开展党的基本路线教育，联系实际，大批修正主义，大批资本主义，不断解决发展农业的方向、路线问题。①

陕西的"批邓、反击右倾翻案风"搅乱了全省社会经济秩序。宝鸡市属工业企业的生产从7月开始下降，到11月底仅完成年计划的86.5%，亏损户比1975年同期增加了46.2%。铜川矿务局煤炭日产量也由原来的一万七八千吨下降到七八千吨，从4月到9月，少产煤100多万吨，亏损达1000多万元。一批军工企业的生产基本瘫痪，如国营东方机械厂只完成全年计划的9%。许多原来生产状况较好的企业，如西安搪瓷厂、西安柴油机厂、西安电力机械制造公司、宝鸡铲车厂等，都被搞得濒于垮台。这一年，全省工农业总产值比1975年下降3.2%，其中工业总产值下降4.9%，破坏最严重的重工业下降9.7%。②

（八）在宁夏

4月29日，中共宁夏回族自治区委员会召开5000多人参加的党员大会，号召把"批邓、反击右倾翻案风"和"追查反革命"的斗争推向新高潮。③ 宁夏的帮派分子积极鼓吹"老干部是民主派，民主派就是走资派"，诬蔑落实干部

---

① 《当代中国的陕西》下，当代中国出版社1991年版，第336—337页。

② 《当代中国的陕西》上，当代中国出版社1991年版，第138页。

③ 《当代中国的宁夏》，中国社会科学出版社1990年版，第808页。

政策是"搞翻案""举逸民",捏造事实,罗织罪名,攻击邓小平是宁夏"右倾翻案风"的风源,进一步打击迫害杨静仁、马玉槐等自治区原主要领导人,掀起层层揪"走资派""还乡团"的恶浪,对大批老干部进行残酷斗争、无情打击。他们以帮画线,任人唯亲,结党营私,派出"工作组"首先夺了中共宁夏区委组织部的权,在全自治区各地大搞"双突",借机把他们的亲信提拔安插在重要领导岗位上,夺了一些地方和部门的领导权。他们还破坏工业学大庆会议,攻击全面整顿工作,诬蔑抓生产是"唯生产力论"、加强企业管理是"修正主义管、卡、压"、搞经济核算是"利润挂帅"等,使一些企业刚刚恢复起来的合理规章制度又被取消,职工思想混乱,生产急剧下降。

1976 年,宁夏工农业总产值下降到 16.01 亿元,比 1975 年下降 7.2%,其中农业总产值比 1975 年下降 19.0%;地方财政收入下降到 1.99 亿元,比 1975 年下降 10.7%;地方国营工业企业亏损面由 1975 年的 29.1%增加到 35.1%;全民所有制工业企业每百元固定资产原值实现的产值和利税,分别由 1975 年的 61.79 元和 11.69 元降为 53.05 元和 8.09 元,分别下降了 14.1%和 30.8%;货物运输量完成 1268 万吨,比 1975 年的 1439 万吨下降 11.9%。[1]

七、"四人帮"在公安部门的阴谋活动

"四人帮"及其在公安部门的党羽,也竭力推行反革命政治纲领,提出"对走资派实行专政"的口号,把矛头指向一大批中央和地方党政军领导干部。[2]

1976 年 5 月 2 日,王洪文对公安部党的核心小组成员祝家耀谈到天安门事件时说:"天安门事件是走资派挑起来的,走资派是主要危险。"

6 月,公安部召开全国公安厅局长座谈会,华国锋指示这次会议要议一下打击现行反革命的问题。公安部党的核心小组组长施义之和祝家耀却秉承"四人帮"的旨意,篡改会议方向,把会议引向讨论"对走资派怎样实行无产阶级专政"的问题,把专政的矛头指向党内,说什么公安工作到了一个"转折点","要转好思想弯子,适应新的形势"。施义之还出题目,强要与会人员讨论"对走资派怎样实行专政""怎样侦查"等等,并向到会的各省区市公安厅局

---

① 《当代中国的宁夏》,中国社会科学出版社 1990 年版,第 169—170 页。
② 《王洪文、张春桥、江青、姚文元反党集团罪证》(材料之三),1977 年 9 月,第 14、15 页。

长追问："你们那里有几个走资派？"①

6月18日，祝家耀要求各组讨论：(1)研究敌人活动的特点、规律，就得研究社会主义革命时期，谁是我们的敌人、谁是我们的朋友。(2)为什么党内资产阶级和反革命联系起来。(3)敌人制造、散布谣言，在社会上有市场，在内部市场多，为什么？研究一下谣言的欺骗性。(4)公安机关如何适应当前斗争形势：A.斗争的对象、任务变了，斗争的矛头应对准谁。B.斗争的形势、斗争的手段有哪些变化。C.同党内资产阶级做斗争靠什么，对"走资派"怎样实行无产阶级专政。D.斗争的政策问题，两类矛盾，错综复杂。E.公安机关对敌斗争，如何加强队伍建设。(5)资产阶级在党内，公安机关如何在党委领导下进行工作。②

施义之、祝家耀按照"四人帮"的意旨，炮制了《全国公安局长座谈会纪要（讨论稿）》。《纪要（讨论稿）》称：随着社会主义革命的不断深入，阶级关系发生了新的变化。党内"走资派"已成为与工人阶级和贫下中农尖锐对立的阶级，成为整个资产阶级的主体和核心，成为资产阶级同无产阶级较量的主要力量，是颠覆无产阶级专政、复辟资本主义的主要危险。因此，国内外的阶级敌人越来越把复辟的希望寄托在党内"走资派"身上。我们公安机关要适应这一新的形势，不仅要注意社会上老的阶级敌人，而且更要看到新产生的反革命分子，特别要警惕党内的资产阶级、还在走的"走资派"。这就要求我们公安机关在同反革命分子做斗争时，注意他们同党内"走资派"之间的联系，重视深挖他们的后台，发现重要线索，及时报告党委。对"走资派"的现行反革命破坏活动，要坚决给予打击。

《纪要（讨论稿）》特别提出：反革命分子的破坏活动，总是同党内"走资派"的复辟、倒退活动紧密联系在一起的。这个特点越来越明显地显露出来。

《纪要（讨论稿）》还说：据各地统计，在最近查获的现行反革命分子中，新产生的反革命分子占90%以上，党团员、干部、职工以及干部子女占很大比重。这些人，有的对无产阶级文化大革命怀有刻骨仇恨。当邓小平大刮"右倾翻案风"的时候，他们兴高采烈，认为只要邓小平上台，就有"出头之日"。邓小平受到批判，他们就兔死狐悲，拼命反抗。这些新产生的反革命分子，十

---

① 《王洪文、张春桥、江青、姚文元反党集团罪证》（材料之三），1977年9月，第15页。
② 《王洪文、张春桥、江青、姚文元反党集团罪证》（材料之三），1977年9月，第18页。

分仇视党和伟大领袖毛主席,疯狂反对和破坏社会主义革命事业,狂热追求资本主义复辟,兼有新老资产阶级的反动、没落、腐朽的特征,具有极大的疯狂性和破坏性。① 可见,施义之、祝家耀他们的目的就是妄图改变专政性质,把专政机关的刀子砍向党内,为"四人帮"篡夺党和国家的最高领导权力清除障碍,实现其反革命阴谋。

华国锋及时察觉了他们的企图,严厉批评了施义之、祝家耀二人,明确指出,只有少数死不改悔的"走资派"才属于敌我矛盾;多数愿意改正错误的,属于人民内部矛盾。专政机关把矛头指向"走资派",就是把矛头指向党内。由于华国锋坚决不准搞这样的会议纪要,《纪要》没有下发,"四人帮"的阴谋没有得逞。

但施义之、祝家耀封锁华国锋对他们的批评,继续打着学习理论、探讨公安工作新课题的幌子,贩卖"四人帮"的黑货。1976 年 7 月,施义之、祝家耀强令参加公安机关第一期读书班的同志,按照《纪要》的精神,写了一篇题为《公安机关必须同党内资产阶级作斗争》的文章,打算在新华社《内部参考》上发表。

8 月 19 日,施义之又跑到中央政法干校,亲自组织写作班子,写一篇辅导报告的详细提纲,谈论关于资产阶级在党内,公安机关怎么做。他说:《纪要》虽然没有发,你们可以找来参考。限你们 10 天时间,不吃饭、不睡觉也要完成任务。施义之还说,这个搞好了,就是最大的业务。②

施义之、祝家耀二人还继续大肆鼓吹"走资派是最危险的敌人",散布张春桥、江青的言论,说什么"现在主要是国内有出现吴三桂的危险",叫嚷"谁篡改或者违背按既定方针办的指示,谁就是我们的死敌",影射、攻击华国锋和中央其他领导同志。③

八、在全国计划工作座谈会上的斗争

在"批邓、反击右倾翻案风"的冲击下,各方面的整顿中断,生产秩序、工作秩序又被打乱,许多地方组织瘫痪,有些地区又出现派性斗争甚至武斗,严

---

① 《王洪文、张春桥、江青、姚文元反党集团罪证》(材料之三),1977 年 9 月,第 19 页。
② 《王洪文、张春桥、江青、姚文元反党集团罪证》(材料之三),1977 年 9 月,第 16 页。
③ 《王洪文、张春桥、江青、姚文元反党集团罪证》(材料之三),1977 年 9 月,第 15 页。

重影响国民经济和人民生活。

1976年5月31日，中共中央决定召开全国计划工作座谈会，讨论改进计划工作、控制经济形势恶化问题。"四人帮"及其党羽却利用这次会议，攻击华国锋和中央其他领导同志，阴谋篡党夺权。

（一）"四人帮"及其党羽在会议前的准备

会议召开前，"四人帮"及其党羽做了精心的准备。毛远新布置，要做点系统的准备，发动各省、市攻一下。他交代党羽，涉及中央各部的问题，要注意口径，涉及部长这些人不一定点名字，但是非要说清楚，不能客气。通过学习毛主席重要指示，资产阶级在哪里？就在共产党内。斗争方向明了，应该敢碰了。党内资产阶级掌权，怎么能行呢！最大的障碍在哪里？一老爷国家，二老爷省，三老爷市，障碍就在这里。①

王洪文在电话里告诉上海市革委会副主任黄涛：主席关于社教的批示下来后，那些大官们这几天是惶惶然。黄涛向王洪文报告说："现在有些新动向。"王洪文说："你搞了材料来，我来批。"在准备会议材料过程中，黄涛明目张胆地把矛头对准中共中央、国务院领导同志。他要上海市革委会工交组搞材料，准备进攻的"炮弹"，同时指示召集一部分局、公司的同志开会，搜集国家计委和各部的材料，最后形成了20份材料，涉及国家计委、国家建委、外贸部、交通部等12个部委。黄涛说："根据马天水的意见，这次放炮，不能万炮齐发，还要做工作。有些部的政治倾向还可以，要争取他们。矛头主要对国家计委，还有外贸部、交通部等。"在全国计划工作座谈会召开的前一天，马天水找黄涛问，都准备好了吧？黄涛回答说，做了一些准备。②

（二）"四人帮"及其党羽在会议期间的进攻

1976年7月6日，召开预备会议，由谷牧副总理和全国人大常委会副委员长李素文主持。关于这次全国计划工作座谈会的安排，拟分为两个阶段，第一阶段为批判邓小平的所谓"条条专政"，第二阶段是安排下半年计划，时间各为7天。

---

① 《王洪文、张春桥、江青、姚文元反党集团罪证》（材料之三），1977年9月，第12页。
② 上海市工交组李家骝、范崇信的揭发材料，见《王洪文、张春桥、江青、姚文元反党集团罪证》（材料之一），1976年12月，第65页。

7月8日,会议正式开始,由谷牧讲话。会上还发了一个谷牧的书面的自我检讨。①

会议第一阶段实际上开了18天,到7月25日②才转到第二阶段。会议初始,在中南组的会上,各省的发言对国家计委、各部委所提意见多是具体工作方面的,没有上纲上线。全体会只开过两次,一些同志的发言,都是作自我批评,没有推到邓小平身上。分组会讨论,人人发言,自己审定发言记录,出简报。当然,也有少数追随"四人帮"批邓的,个别帮派骨干在会上兴风作浪。

7月13日下午,黄涛根据王洪文、张春桥的直接策划,在华东组首先发难。③ 他把矛头直指中共中央和国务院一批领导同志,说,1975年的计划工作务虚会,在邓小平的指挥棒下,"名曰规划国民经济,实为策划右倾翻案。有的同志,同邓小平那一套货色,岂止是共鸣?分明是合唱了",指责"经济领域右倾翻案风的风源,盖出于此"。④

中共辽宁省委书记杨春甫在东北组发言,与华东组的黄涛呼应。他说:国家机关的领导权,是不是都掌握在真正的马克思主义者手里啊?我看不是。务虚会是资本主义泛滥,计划会议是掩护邓小平退却。国务院的务虚会,务了什么虚?在邓小平路线下,能务出毛主席革命路线的虚吗?我认为,是资本主义泛滥。这么大的一件事情,总得对大家有个交代吧!杨春甫还质问:为什么让邓小平在周总理的追悼会上念悼词?我们不能不怀疑,是不是受邓小平影响的人搞的?⑤

会议期间,王洪文曾几次到京西宾馆为上海小组撑腰打气。黄涛向王洪文汇报开会情况说:"谷牧同志的开场讲话,自我批判轻描淡写,是一篇官样文章。几个部的发言也很不像样。"王洪文说:"好不了,一批邓,就批到他们

<hr>

① 据张根生:《"四人帮"最后一次反扑》,载《炎黄春秋》2000年第3期。张根生是这次会议的参加者。

② 张根生在《"四人帮"最后一次反扑》中认为是1976年7月26日转为第二阶段,实际上,7月25日晚谷牧传达中共中央政治局的指示后,会议已经进入第二阶段。这在张根生的文章中也有记载。

③ 王年一所著《大动乱的年代》一书确定为1976年7月16日(河南人民出版社1988年版,第591页),不确,那是登载黄涛发言的会议简报(增十五)印发的日期。据上海市工交组李家骊、范崇信揭发,黄涛发言是在1976年7月13日下午。

④ 据登载黄涛发言的会议简报的影印件。

⑤ 《王洪文、张春桥、江青、姚文元反党集团罪证》(材料之一),1976年12月,第58页。

头上去了。"他还说："洋奴哲学,崇洋媚外要狠批,假洋鬼子要狠整。"黄涛说："大批判再闹它两三天,就要转入讨论下半年生产计划调整。"王洪文说："可以考虑多搞几天,批深批透,不要急,先把这个会开好。"

王洪文第三次到京西宾馆时,把上海小组和辽宁小组的人召集在一起,说："辽宁小组的发言看到了,批得很好,问题提得很尖锐。批判就要直捅,不要不痛不痒的,怕什么?"他还说："要斗就斗,不斗就不能胜利。在这儿可以斗,回去还可以斗。实践证明,不斗不行,不斗,修正主义老爷就拆你的台。"王洪文又说："国务院务虚会的问题很值得研究,看务的什么虚。'20条''18条',同一个时间,各部门都搞这种东西,搞'管''卡''压'。这些问题,你们可以同杨春甫再研究一下。"黄涛说："刮右倾翻案风同国务院务虚会有很大关系,批'条条专政',这个问题要点出来。"王洪文说："你们要点就点,我不管。"根据王洪文的旨意,黄涛和杨春甫串通一气,追"风源",批"邓小平为头子的少数人对多数人的专政",把矛头指向中央领导同志。

（三）华国锋、谷牧等人对"四人帮"的反击

7月24日晚,中共中央政治局听取会议情况汇报。中共中央政治局多数同志抵制了"四人帮"扭转会议方向的图谋,确定全国计划工作座谈会按原计划进行,不许追1975年国务院务虚会和1975年计划会议的问题。

会上,姚文元问："去年国务院务虚会究竟是怎么回事,谁能说说清楚?"谷牧说:我来说一下。务虚会是从1975年6月16日到8月11日开过13次,讨论如何把国民经济搞上去。会议由李先念、华国锋主持,陈永贵、李素文、吴桂贤各到过8次,唯独邓小平一次也没有参加。姚文元看借国务院务虚会攻击邓小平的炮弹已经哑火,不吭声了。①

黄涛在全国计划工作座谈会议上发言的用心,被华国锋等中央领导同志看穿。张春桥却在中共中央政治局会议上祖护黄涛说："有意见让人家讲嘛,要允许人家讲话嘛!"王洪文还在全国计划工作座谈会结束、中央领导人接见会议代表时说："有的同志在这次会上开了一炮,开得好。"②

黄涛得知阴谋被识破,内心惊恐,马上找王洪文、张春桥。中共中央政治

---

① 《谷牧回忆录》,中央文献出版社2009年版,第274页。
② 《王洪文、张春桥、江青、姚文元反党集团罪证》(材料之一),1976年12月,第63页。

局会议后的第二天,王洪文亲自打电话给黄涛,设法弥补。王洪文说:"那个发言要印发,但是有两处要修改。"黄涛问王洪文:"怎么改法?"王洪文说:"一处是关于'风源'问题。我同张春桥商量过了,那样的提法也不大确切。关于务虚会那一段还是都拉掉。这个问题还是让别人去讲,让辽宁他们去讲。关于'以邓小平为头子的少数人'的提法也要改,这样打击面太大,不利。"会后,黄涛还攻击这次全国计划工作座谈会是"走资派还在走的会",并对整理华国锋讲话记录的同志说:"整理记录干什么? 这里面有文章。"明目张胆地把矛头指向华国锋。①

7月25日晚,谷牧在召集人会议上传达了中共中央政治局的指示,着重讲到国务院务虚会和1975年计划会议那两个会。谷牧说,中央指示,不管那两个会有什么错误都可批评,但本次会议还是批"条条专政"为主,仍按原计划进行。谷牧还作了简要说明:那次务虚会实际上主要是讨论了计划工作的问题。在中央解决了铁路、冶金问题之后,觉得一个一个解决不行,应把计划问题一起进行统筹解决。②

会议转入第二阶段,主要解决1975年下半年计划安排问题。国家计委报请中共中央政治局同意后,向会议提出1976年计划的调整方案:钢产量由原计划2600万吨下调到2400万吨,基本建设投资减少20亿元,从外贸库存中再拿出20亿元商品投放市场,压缩进口计划5亿美元,压缩社会集团购买力10%—20%,原定调整工资的计划推迟实行。③ 由于"四人帮"的干扰,这个调整方案实际上未能执行。

7月27日,黄涛分别致信张春桥、王洪文。信中说:"25日晚,谷牧同志传达了中央政治局的指示,现将传达稿送上,请阅。"他希望在7月底8月初会议结束、回上海前,张春桥能接见他。他向王洪文请示:"关于我们简报中提到的'务虚会'问题,是干脆删去不讲,还是在提法上(如风源)作修改?"④会议开始时踌躇满志的黄涛,在信的字里行间透露出一种受挫的沮丧和渴望庇护的孤独。

第二阶段会议只进行了两天,就发生了唐山大地震,人们更无心讨论了。

---

① 《王洪文、张春桥、江青、姚文元反党集团罪证》(材料之一),1976年12月,第65页。
② 据张根生:《"四人帮"最后一次反扑》,载《炎黄春秋》2000年第3期。
③ 柳随年、吴群敢主编:《"文化大革命"时期的国民经济》,黑龙江人民出版社1986年版,第94页。
④ 《王洪文、张春桥、江青、姚文元反党集团罪证》(材料之一),1976年12月,第60页。

7月30日，华国锋作了简要讲话，会议就结束了。

谷牧在评价这次会议时写道："这次会议是粉碎'四人帮'之前我们国务院一批从内心抵制批邓，并在实际工作中部分坚持邓小平整顿路线的同志们抵制'四人帮'及其党羽并进行顽强抗争的一个战场，虽然对方表现得很猖狂，却并未完全得逞。我们表面上很被动，但从实质上说这是粉碎'四人帮'的一场前哨战。"①

九、"四人帮"篡党夺权的军事准备

（一）为武装暴动进行理论准备

4月3日，姚文元在日记中写道："中国这个国家，激烈的斗争不断，但解决矛盾（某一方面、部分）却总不彻底。为什么不枪毙一批反革命分子呢？专政究竟不是绣花。"②

天安门广场上的群众抗议运动被镇压、邓小平被撤销党内外一切职务以后，4月7日晚上，姚文元太兴奋了，吃了安眠药，还是睡不着。他在日记中总结了所谓"加强无产阶级专政"的基本经验。他写道，一是有力地面向国内亿万劳动人民和全世界宣传，把反革命阴谋煽动彻底戳穿；二是武装起群众，坚决拿起棍子（必要时枪）；三是打破一切资产阶级民主的框框束缚，采取果断地清除坏人的组织措施，这是粉碎反革命政变的三项基本经验。③ 这篇日记表明，制造反革命舆论、建立反动武装、清理中央和地方的革命干部是姚文元的基本思路。

姚文元在日记中还写道：各地形势多数均好。反革命仍有破坏，这也在预料之中。邓小平一动，地、富、反、坏、右即发出嚎叫，绝望者狂跳，没有什么奇怪，镇压就是了。问题还在党内。这次事件，我看有三种因素作用：（1）党内走资派（包括要保卫资产阶级法权的高干子弟），（2）社会的渣滓，从刑事犯，到没有改造好的地、富、反、坏、右，到反动文人；（3）还有特务（国民党，苏修）。

---

① 《谷牧回忆录》，中央文献出版社2009年版，第271—272页。

② 李耐因：《从姚文元的札记看"四人帮"覆灭前的罪恶心态》，载《炎黄春秋》1997年第9期。

③ 李耐因：《从姚文元的札记看"四人帮"覆灭前的罪恶心态》，载《炎黄春秋》1997年第9期。

其中党内走资派是台柱,主心骨,凝结点。故征途尚长。

4月8日,王洪文打电话给上海的帮派骨干说:要接受天安门事件的教训,民兵武装要配套,保证打起仗来能拉得出队伍,现在就要做好准备。他的话传达下去后,上海市民兵指挥部随即制定代号为"反击一、二、三"的作战方案,开始了民兵演习。①

5月7日,姚文元对上海写作组成员陈冀德说:"文化大革命是暴力,天安门事件是暴力,将来的斗争还是暴力解决问题。"姚文元还说:"你们要学会当我们不在的时候,在复杂情况下独立作战。"陈冀德回上海后,向马天水、徐景贤等人作了传达。② 姚文元的"暴力论"成为后来上海策划武装叛乱的重要根据。③

(二)策划反击"军内资产阶级"

为了从政治上打击军队内部的革命干部,"四人帮"及其党羽提出要反击"军内资产阶级"。他们鼓吹"军内资产阶级"层层都有,"大家伙有,小家伙也有",要统统打掉,把矛头指向中共军委领导同志、军队的高级干部。他们肆意诋毁革命老干部,胡说"小小长征算得了什么","老帅""战将""有什么了不起",给他们扣上"民主派""走资派""复辟派""还乡团"等帽子,加以打击、陷害。江青宣称,她自己是能吃掉老帅的"过河卒子"。他们打着"联系实际"的幌子,煽动联系"上面的",抓住"幕后的",要敢动"庞然大物",大抓所谓"代理人"。④

---

① 有林主编:《中华人民共和国国史通鉴》第3卷,红旗出版社1993年版,第280页。

② 王文正口述、沈国凡采写:《共和国大审判——审判林彪、江青反革命集团亲历记》,当代中国出版社2006年版,第36页。

③ 关于姚文元的罪状,后来最高人民法院特别法庭认为,姚文元在事实上、证据上和触犯法律上,都构不成策动武装叛乱罪,所以没有进行法庭调查。"四人帮"一垮台,徐景贤、王秀珍等人就按照张春桥、王洪文的指令,立即策动上海的武装叛乱。上海的武装叛乱是张春桥、王洪文长期经营帮派武装的必然结果。被告人姚文元对这一罪行不应负刑事责任。笔者认为,关于姚文元是否策动武装叛乱的问题,法律上讲究主观故意与行动的统一,既然没有证据表明姚文元直接指令上海的党羽发动武装叛乱,则可认定他在法律上不负担刑事责任。这是恰当的。但是,历史评价与司法裁定并不等同。不可否认,姚文元关于暴力的一系列论述和观点,对"四人帮"势力策动武装叛乱有重大影响。徐景贤的证词承认,"姚文元的指示和理论"是上海策划武装叛乱的两个根据之一。因此,姚文元对上海策划武装叛乱的历史责任不能因为没有法律责任而得到豁免。

④ 解正:《反革命的老调新唱——揭穿"四人帮"揪"军内资产阶级"的阴谋》,《人民日报》1977年1月27日。

6月4日，《解放军报》发表《人民解放军永远是无产阶级专政的坚强柱石》一文，公开指责1975年邓小平在中共军委扩大会议上的讲话贯串一条黑线，就是以"整顿""准备打仗"为纲，反对"以阶级斗争为纲"，否定党的基本路线，搞翻案、复辟；诬蔑邓小平对抗毛泽东关于理论问题的指示，为翻案大造反革命舆论；对抗毛泽东的无产阶级干部路线和毛泽东的无产阶级军事路线。"其要害，是妄图改变我军的无产阶级性质，把无产阶级专政的柱石变为复辟资本主义的工具。"

6月12日，王洪文、张春桥批评总政治部领导没有转好弯子。张春桥说："他们都说去年军委扩大会以后如何如何。邓小平一当总长，第一次讲话，就讲要整顿军队、反派性。当时你们欢迎我去总政讲话，我坦率地说，我不敢去讲。我要讲就和邓小平讲的不是一回事，我讲要抓无产阶级专政理论的学习，他整顿军队、反派性，同一个中央文件下的命令，两个人讲的不一样，怎么办？"①他还说："你越辩解，对你越不利。证明你还没有转弯子，你的思想感情没有变化。这个样子，保卫部不就变成翻案部了？！你们这一套，没有邓小平刮右倾翻案风，就开不成这个会。好像总政是桃花源，右倾翻案风就刮不进来，就是刮进来也刮不到你保卫部？！"他指责总政不追查"谣言"，还相信"谣言"，甚至说："总政如果不转弯，影响全军，有一天中央要用总政，用不上。"王洪文也指名批判总政治部的领导："去年就曾煽风点火，如说什么'大大小小的野心家'。有这种煽风点火，下面才敢这样干。在总政出现这种事，并不感到奇怪，在去年这种政治气候下面，总政党委里面有没有人传过政治谣言？《解放军报》班子里就是传谣言的窝子。"②

在毛泽东病重期间，"四人帮"加紧篡党夺权的步伐，四面奔走，八方串联。7月，王洪文亲自出马，公开说，军队的"主要问题在上面"，解决的办法，就是"把主要领导干部换掉"。8月，张春桥、姚文元给他们的亲信下达指示，要求"紧急动员"，"集中全力"，提前编辑赫鲁晓夫如何上台的材料，并且要着重写赫鲁晓夫怎样作秘密报告、怎样与朱可夫一起搞军事政变等内容，把矛头指向华国锋、叶剑英。③

---

① 据《中华人民共和国实录》第3卷下，吉林人民出版社1994年版，第1382页。
② 《王洪文、张春桥、江青、姚文元反党集团罪证》（材料之三），1977年9月，第25—26页。
③ 解正：《反革命的老调新唱——揭穿"四人帮"揪"军内资产阶级"的阴谋》，《人民日报》1977年1月27日。

6月，"四人帮"的党羽马天水、徐景贤、王秀珍指使他们的亲信，在上海警备区某部某连，强行布置讨论"军内资产阶级"问题。会后，他们炮制了《×连理论讨论会情况报告》，上报下发。8月13日，南京军区司令员丁盛和马天水、徐景贤、王秀珍等人到这个连队讲话，再次鼓吹"军内资产阶级"的谬论。徐景贤说："辩论军队有没有阶级斗争、有没有资产阶级、有没有走资派，有三种不同的看法。开始，有的领导不同意，说他们头脑发热。我看，我们是考虑问题很深，不是头脑发热。"王秀珍说："对资产阶级在党内这个问题，在理论上、实践上搞清楚，是非常重要的。"丁盛说："邓小平不是一个人，而是一个阶级，是一条路线，要批深批透是要费力气的。资产阶级在哪里？走资派还在走。这个，我们是一样地适用。为什么军队没有资产阶级？"① 这实际上是为他们在军队内部打击异己、迫害干部做思想准备。"四人帮"在上海的党羽还在军队煽动极端民主化，极其荒谬地提出了什么"上调查""倒蹲点"，妄图唆使干部、战士到上级机关调查"军内资产阶级"的问题，"把不革命的、军内走资派揪出来"。他们还强行推广所谓讨论"军内资产阶级"的"经验"，妄图从此突破，搞乱全军。②

8月13日，"四人帮"培植的"反潮流战士"、时任全国人大常委会委员的张铁生钻到沈阳军区某部二营诬蔑人民解放军，与上海党羽遥相呼应。他大放厥词："党内有路线斗争，有资产阶级，军队更是如此。"他用"大官老爷""二老爷""三老爷""旧军阀""官僚""疯狗""恶狼""比地主还厉害""雇佣军或者是一个御用军队"等语言，诬蔑人民解放军，辱骂干部，指名道姓地攻击中共中央军委领导同志。③ 他说："党内资产阶级、军内的资产阶级是一个当今世界上、社会上最腐朽的一个阶级，最堕落的一个阶级，最反动的一个阶级。党内的资产阶级呀，在部队尤其厉害。资产阶级司令部推行修正主义路线，咱部队是什么态度？也去执行嘛。"④

---

① 《王洪文、张春桥、江青、姚文元反党集团罪证》（材料之三），1977年9月，第34页。
② 解正：《反革命的老调新唱——揭穿"四人帮"揪"军内资产阶级"的阴谋》，《人民日报》1977年1月27日。
③ 解正：《反革命的老调新唱——揭穿"四人帮"揪"军内资产阶级"的阴谋》，《人民日报》1977年1月27日。
④ 《王洪文、张春桥、江青、姚文元反党集团罪证》（材料之三），1977年9月，第35页。

（三）为武装暴动进行舆论准备

"四人帮"控制的上海市民兵指挥部还编印对民兵的"宣传教育"材料，胡说："在无产阶级专政条件下，由于党内走资派比社会上的资产阶级危险得多，所以我们民兵的主攻方向应该革党内走资派的命，这是社会主义时期的阶级斗争规律所决定的。把同党内资产阶级斗争作为无产阶级专政条件下民兵继续革命的重要任务，不停顿地进行战斗。要搞清楚民兵与党内资产阶级斗，既要认真对付他们搞'和平演变'，又要随时准备粉碎他们的武装暴乱。"①

8月，姚文元亲自修改审定的上海写作组的《加强工人民兵建设》在《红旗》杂志上发表。该文提出民兵武装力量"要同党内资产阶级"进行斗争，为暴力镇压和武装叛乱进行舆论准备。9月中旬，"四人帮"在清华大学的亲信，竟然秘密串联军队的个别人，策划召开所谓"反潮流积极分子会议"，研究所谓"开门建军"问题，密谋从上到下、里应外合地揪"军内资产阶级"。②

"四人帮"的党羽陈亚丁也宣扬写揪"军内走资派"的文艺作品，为抢班夺权制造舆论。4月27日，他在湛江召开的全军基层文化工作会议上说："掌握住社会主义时期阶级特点，这特点就是走资派在党内、在军内。因此，写好同走资派的斗争，这当然是文艺创作上的新的课题。"7月19日，他在《解放军文艺》杂志社召开的学习与创作座谈会上说："不要以为写穿军装的走资派，就是给部队抹黑。这不要紧。我们搞《千秋大业》时有嘀咕，现在看来深度不够。"7月26日，他又在全军参加全国曲艺调演的领队会议上说，关键是两个问题没解决好。一个是军队特殊论。这个问题，创作人员和领导干部中都有。什么军队教育和地方不一样，什么军队写这方面的作品会不会把部队搞乱了，什么"走资派"穿军装，戴着红领章、红五星行不行……一句话，军队特殊论。因此，地方上写这类作品行，我们军队写这类作品从地方上找个对立面可以，而从部队内部找对立面就顾虑重重，问题很多，这必须通过学习主席指示加以很好解决。从根本上讲，军队没有任何特殊。因此，在文艺上反映这种斗争也没有什么特殊，在斗争的具体方法上有些特殊，而没有本质上的特殊。不驳倒

---

① 《王洪文、张春桥、江青、姚文元反党集团罪证》（材料之三），1977年9月，第35页。
② 解正：《反革命的老调新唱——揭穿"四人帮"揪"军内资产阶级"的阴谋》，《人民日报》1977年1月27日。

军队特殊论,我们这个创作就搞不起来。①

（四）处心积虑组建"第二武装"

早在 1976 年 2 月,在打招呼会议期间,王洪文就曾对马天水、徐景贤、王秀珍、黄涛、李彬山等人说:"上海民兵是我和春桥搞起来的。上海民兵是新生事物,是两条路线斗争的产物,是有战斗力的,你们要抓好,今后打仗要靠这支队伍。军队有问题,路线不端正,是靠不住的。在民兵问题上的两条路线斗争一直很激烈,今后还要斗下去,你们要抓好,不能放松。"②可见,"四人帮"企图控制民兵组织,作为他们进行夺权斗争的工具。

七八月间,毛泽东病重。"四人帮"与上海的亲信秘密串联,王洪文亲临上海督阵,企图以上海为据点反对中共中央。王洪文要帮派骨干们"警惕中央出修正主义,要准备上山打游击",并催促把仓库里存放的枪支拿出来,进一步装备他们的"第二武装"。③

马天水、徐景贤、王秀珍与丁盛密谈如何贯彻落实。丁盛说:"我最不放心的是 6453 部队","这个部队,我根本调不动","这个部队的几个师,就摆在无锡、苏州到上海这一线,我很担心","你们要有所准备"。在密谈后的第二天,马天水即在要求发放武器的报告上作了"立即发"的批示,上海开始突击发放大批武器。④

8 月 14 日,"四人帮"在上海的党羽分别召开了区、县民兵指挥部和民兵直属师(团)领导及军械参谋、武器保管人员参加的会议,布置武器、弹药发放的有关问题,并确定 8 月 16 日至 8 月 26 日 10 天内全部发完。这次共发放武器 174520 件,其中,半自动步枪 52720 支、自动步枪 121000 支、班用机枪 500 挺、迫击炮 300 门……共下发各种弹药 1766 万余发,其中,枪弹 1560 万余发、八二迫击炮弹 136 万余发、六〇迫击炮弹 3 万余发、八二无座力炮弹 10 万余发、七五无座力炮弹 1.7 万余发、手榴弹 15 万余枚。同时,江南造船厂还将 4

---

① 陈亚丁的话,见《王洪文、张春桥、江青、姚文元反党集团罪证》(材料之三),1977 年 9 月,第 33 页。

② 王文正口述、沈国凡采写:《共和国大审判——审判林彪、江青反革命集团亲历记》,当代中国出版社 2006 年版,第 16 页。

③ 有林主编:《中华人民共和国国史通鉴》第 3 卷,红旗出版社 1993 年版,第 280 页。

④ 《中华人民共和国实录》第 3 卷下,吉林人民出版社 1994 年版,第 1405 页。

艘货轮改装成炮艇，封锁了吴淞口。8 月 31 日，上海市民兵指挥部在给中共上海市委、市革命委员会的报告中称："根据市委领导指示精神，8 月 11 日和13 日，我们分别召开了武器发放工作会议，进行讨论、安排，重点是加强边防和防空降地区。共计下发五六式半自动步枪 5.3 万支、六三式六〇炮 300 门。目前除了宝山、崇明因防震未领回之外，其余的均已下发完毕。"①

张春桥、王洪文等人刻意经营的上海民兵武装迅速发展壮大。到 1976年，上海市民兵指挥部已拥有 38 个师、7 个独立团、2 个高炮团、120 余万人，相当于全国正规军的 1/5。

（五）密谋"准备打仗"

9 月 21 日，张春桥在北京单独接见徐景贤，听取 8 月间南京军区司令员丁盛到上海与马天水、徐景贤、王秀珍密谈和上海突击发枪的情况汇报。张春桥对徐景贤说："你回去要抓紧各方面的战略准备工作，不能只应付一阵子。要搞好战备，这是大势所趋，不以人的意志为转移。上海民兵责任重大，要注意阶级斗争新动向。"当天，王洪文即乘飞机到上海检查民兵战备落实情况。他返回北京后，江青向他交代说："你现在最要紧的事，是要抓紧上海的'第二武装'。"王洪文说："上海没有问题。我刚从上海回来，'第二武装'已经部署就绪了。过几天，我再去检查一下……现在最大的问题是北京，如果这里的军队能控制在我们手里，就什么也不怕了。"②

9 月 18 日至 27 日，张春桥三次密见上海的党羽。他一面说什么"资产阶级还有力量，问题是谁挂帅"，唆使同党把矛头指向中共中央；另一方面，又指示上海要准备"有大考验，要打仗"。其心腹在写信传达张春桥搞武装叛乱的指示时，特别注明："阅后即毁，不然，大人苦哉！小人苦哉！"张春桥抱着所谓"不成功，则成仁"的心准备孤注一掷。③

---

① 《中华人民共和国实录》第 3 卷下，吉林人民出版社 1994 年版，第 1405 页。
② 参见张耀祠：《江青在中南海里的敌我恩仇》，载《中华儿女》2001 年第 8 期，第 57 页。
③ 据有林主编：《中华人民共和国国史通鉴》第 3 卷，红旗出版社 1993 年版，第 277 页。1968 年到 1969 年，张春桥在上海市革命委员会会议上曾几次说过："赤条条来去无牵挂，我早就准备杀头了！"1976 年 4 月，张春桥对女儿张维维说："主席百年之后，也好办，那就跟他们斗吧，斗得过就斗，斗不过就千刀万剐。"他甚至对张维维说："要告诉你的对象，同我张家结亲，是要准备杀头的。"9 月，张春桥又对徐景贤说："我如果有什么事的话，总是要连累你们的，说不定什么时候就杀头了。"

9 月 23 日,王洪文也从北京打电话给其亲信王秀珍说:"要提高警惕,斗争并未结束,党内资产阶级他们是不会甘心失败的,总会有人抬出邓小平的。"①

9 月 28 日,张春桥说,打仗就要有实力,我们的实力就是上海民兵。

"四人帮"在上海的党羽听到"四人帮"被隔离审查的消息后,图谋发动武装叛乱,靠的就是他们长期经营的"第二武装"——上海民兵。但历史无情,这灭亡前的猖狂一跳还没有来得及跳起来,武装叛乱的图谋就在党和人民的胜利前面顷刻瓦解了。

---

① 王文正口述、沈国凡采写:《共和国大审判——审判林彪、江青反革命集团亲历记》,当代中国出版社 2006 年版,第 16 页。

第五章
多难之秋

一、毛泽东病重垂危

（一）毛泽东对华国锋的指示

1976 年,对中华人民共和国来说,可说是多难之秋。

进入新的一年,毛泽东的健康状况迅速恶化。周恩来的病逝使他感到悲痛和无助,天安门事件又使他感到震惊和痛惜。为中国人民解放、为中华民族振兴操劳一生的毛泽东,在生命的最后阶段还不得不为中国的前途和命运焦虑。

4 月 30 日,毛泽东会见新西兰总理马尔登后,华国锋对毛泽东说:我把外宾送上车,还来同主席谈几件事。

毛泽东说:好。

不多会儿,华国锋返回,对毛泽东说:最近,我处理了几件事。现在有几个省发生一些问题,我已同政治局的同志研究,作了处理,签发了中央文件,形势正在好转。国际上也有些事。我经验不多,有事多同政治局的同志商量,看主席有什么意见。毛泽东说:国际上的事,大局已定,问题不大。国内的事,要注意。

当时,毛泽东说话,口齿已不大清楚,华国锋听不明白。毛泽东的机要秘书张玉凤把上面的话重复了一遍。毛泽东见华国锋听不明白,要张玉凤拿铅笔和纸来。毛泽东当即写了两张纸条,一张是"国内问题要注意",另一张是"慢慢来,不要招(着)急"。

华国锋接着又谈中央的情况,说:他们(指"四人帮")许多事都不听我的,很难办。毛泽东写了一张条子:"你办事,我放心"。最后,华国锋谈到各省的干部和人事安排问题,并请毛泽东作指示。毛泽东又写了一张条子:"照过去方针办"。①

可见,毛泽东当时写这几句话是对华国锋汇报的几个问题的答复。

(二)"四人帮"的篡党夺权活动

进入七八月,毛泽东的健康状况更趋恶化,常处于昏迷状态。为了使党内高级干部了解情况,中共中央政治局决定发一份通报。江青等人参与起草通报稿,他们不顾事实地称:毛主席的病情已经好转,不久可以恢复工作。中共中央政治局讨论时,叶剑英、汪东兴等人坚决反对这种写法,同江青、张春桥发生争执。最后,签署通报的华国锋删去了原稿中"健康好转,可以恢复工作"等文字。②

毛泽东病危期间,江青等人也没忘为篡党夺权搞阴谋诡计。

9月1日,江青写信给迟群、谢静宜,怀疑北京新华印刷厂有监视她的特务,要他们将新华印刷厂的"特务"调查清楚。9月8日,江青突然到了新华印刷厂。该厂的连秀荣赶到时,江青大发脾气,说:我请了一小时假。你知道我从哪里来吗?我从大寨来。当迟群、谢静宜到厂以后,江青问迟群:"你给我带来材料没有?"江青拿过材料,又与迟群、谢静宜二人低语一阵。江青突然问:"小谢,我问你的问题,你为什么不回答?你不知道吗?党内最大的走资派派来高级特务,监视我,搞我的情报。"她又说:"工人同志们要擦亮眼睛,提高警惕。谁是特务,站出来,自首,保护自首的。"江青又对迟群、谢静宜说:"你们要给我弄清楚!"迟群说:"你别急,会弄清楚的。"江青说:"我怕什么?我什么都不怕。"③

9月1日晚,江青在钓鱼台17号楼召开紧急碰头会。会议的内容除了"批邓""倒叶",又增加了一个"拉华倒华"的问题。江青交代说:"我看主席的病就那样了,有你们在,我也不陪了。明天准备去山西大寨看看,做做下层

---

① 据《耿飚回忆录(1949—1992)》,江苏人民出版社1998年版,第290页。1976年10月5日,华国锋给耿飚看了毛泽东写的纸条并解释了这些纸条的来由。

② 中共中央文献研究室编:《毛泽东传(1949—1976)》(下),中央文献出版社2003年版,第1784页。

③ 《王洪文、张春桥、江青、姚文元反党集团罪证》(材料之一),1976年12月,第89页。

的工作,造造舆论。"她又对张春桥、王洪文说:"你们在主席身边值班可要注意,对刚才提到的那几个人也要严密监视,有什么异常,随时告诉我!"①

9月2日,江青不顾毛泽东病情恶化,带上大批亲信和演员、作家,还带了几部外国影片,乘坐豪华专列跑到大寨。她逢会必讲、逢人必吹一个话题:女人掌权。她极力推崇汉朝的吕雉、唐朝的武则天,还布置写作班子加紧炮制吕后、武后和慈禧太后掌权执政的材料,什么《古代杰出的女政治家武则天》《法家人物介绍:吕后》等纷纷出笼。她大肆宣扬"母系社会",从生产力的发展规律上论证:到了共产主义也有女皇。②

9月5日,江青肆意否定毛泽东关于"把国民经济搞上去"的重要指示,明目张胆地造谣说:把国民经济搞上去这句话,毛主席根本没有讲过,纯粹是造谣,那是造谣公司董事长造出来的。③

9月7日,江青还当众吃"文冠果",说什么"文冠果"的另一个名字叫"文官果",象征着"文官掌权"。"文官"指王洪文、张春桥、江青、姚文元。"文官掌权"就是"四人帮"掌权。④

江青还到清华大学、北京大学活动,自称代表毛泽东、中共中央,看望住在地震棚的群众。迟群要求新华社、《北京日报》派记者采访并发表消息。《北京日报》记者写出题为《中共中央政治局委员江青同志代表毛主席党中央看望首都人民》的报道报送到姚文元那里,姚文元立即要求中共北京市委批给《北京日报》发表。中共北京市委第一书记吴德认为不经中共中央批准,由《北京日报》发表这样的消息,是违反组织原则的。经请示华国锋,这篇报道没有发表。⑤

（三）"四人帮"对毛泽东的病情漠不关心

"四人帮"在中南海游泳池值班看护毛泽东时,根本不把毛泽东的病情放在心上。

7月上旬,王洪文在毛泽东住地钓鱼。7月中旬,王洪文把气枪拿到中南

---

① 范硕:《毛泽东欲语不能之后》,载《中华儿女》2001 年第 8 期,第 13 页。
② 范硕:《毛泽东欲语不能之后》,载《中华儿女》2001 年第 8 期,第 13 页。
③ 《王洪文、张春桥、江青、姚文元反党集团罪证》(材料之三),1977 年 9 月,第 175 页。
④ 范硕:《毛泽东欲语不能之后》,载《中华儿女》2001 年第 8 期,第 13 页。
⑤ 吴德:《十年风雨纪事》,当代中国出版社 2008 年版,第 171—172 页。

海,在毛泽东住地打鸟。7月20日左右,王洪文又要游泳,马上从上海要来高级游泳裤,游了好几次。8月中旬,王洪文在值班期间经常看电影,有时亲自打电话给文化部的刘庆棠调影片。8月20日左右,王洪文在早晨5点就打电话叫工作人员给北海公园联系,要去钓鱼。①

张春桥在值班看护时,很少进毛泽东的房门,也很少过问毛泽东的病情。有一次,毛泽东的病情突然变化,医务人员到处找不到他。一次,医疗组在汇报毛泽东病情时,提出要查血、打针,张春桥蛮横地说:"不打针、不查血,你们给治。"②

江青拉毛泽东医疗组的医生为她查体。她要把毛泽东正在使用的心电图示波监护器拿去自己用,医疗组没有同意。江青去天津小靳庄时,要医疗组的一些医生陪她去。江青还对医务人员横加指责,经常谩骂"医生是资产阶级的,护士是修正主义的",干扰治疗。③

9月5日晚9点半,中共中央通知江青火速从大寨回京。工作人员都明白一定是毛泽东的病情恶化,犹如天快塌下来似的。江青却慢悠悠地从阳泉乘火车到石家庄,再改乘飞机到北京。④

9月7日,毛泽东的病情严重。江青不顾医生劝阻,给他又擦背,又活动四肢。医务人员让毛泽东多休息一下,江青却送来参考资料,让毛泽东看。

9月8日,江青一定要给毛泽东翻身。结果翻身后,毛泽东颜面青紫,血压上升。江青见状不妙,扬长而去。

二、巨星相继陨落

在周恩来逝世之后,毛泽东病危之际,又有几颗政治巨星相继陨落。

1976年7月1日,中国共产党55周岁生日这一天,伟大的无产阶级革命家、杰出的马克思主义理论家张闻天不幸逝世。

张闻天是五四新文化运动的热情战士;长征途中,同毛泽东配合、合作,取

---

① 《王洪文、张春桥、江青、姚文元反党集团罪证》(材料之一),1976年12月,第81页。
② 《王洪文、张春桥、江青、姚文元反党集团罪证》(材料之一),1976年12月,第84页。
③ 《王洪文、张春桥、江青、姚文元反党集团罪证》(材料之一),1976年12月,第83—84页。
④ 《王洪文、张春桥、江青、姚文元反党集团罪证》(材料之一),1976年12月,第80页。

得了遵义会议的胜利，挽救了党和红军；遵义会议后，相当长时期担任中共中央总书记，为中国革命作出了重大贡献；在 1959 年的庐山会议上，因同彭德怀等反对社会主义革命和建设中的“左”倾错误而遭到打击；“文化大革命”中虽遭林彪、“四人帮”的迫害，仍坚持探索中国社会主义建设的规律。他为革命无私奉献、为真理刻苦追求的精神，令人钦佩和仰慕。

1976 年 7 月 6 日，伟大的无产阶级革命家、政治家、军事家，中国人民解放军的主要缔造者之一，中华人民共和国的开国元勋，全国人大常委会委员长朱德，在北京与世长辞。

1922 年，朱德远渡重洋，寻求救国救民的革命真理，在马克思的故乡——德国加入了中国共产党，成为中国共产党早期党员之一。朱德先后担任中国工农红军总司令、八路军总司令、中国人民解放军总司令。他身经百战，历尽艰险，功勋卓著，在每一个重大关头都发挥了极其重要的历史作用，为推翻帝国主义、封建主义、官僚资本主义三座大山，实现中华民族的独立和解放，建立人民当家做主的新中国作出了杰出贡献。新中国成立后，朱德不顾年事已高，在党、国家、军队的重要领导岗位上，竭忠尽智，奋斗不息，为中国社会主义制度的建立和各项建设事业的发展，作出了重要贡献。人民爱戴他、崇敬他，一直称他“朱总司令”。毛泽东称赞他是“人民的光荣”。朱德的逝世，令广大干部、群众极为悲痛。

三、唐山大地震造成巨大灾难

中国的 1976 年又是天象异常、灾难频发的一年。

3 月 8 日，宇宙空间一颗陨星顺地球绕太阳公转的方向，以每秒十几公里的速度坠入地球大气层。这颗陨星与稠密的大气发生剧烈摩擦，飞至中国吉林地区上空时，燃烧、发光，成为一个大火球，于 15 时 01 分 59 秒在吉林市郊区金珠公社上空爆炸后形成陨石雨。散落范围有 500 多平方公里，包括吉林市郊区、永吉县和蛟河县的 7 个公社，人口 10 余万，所幸没有造成伤亡和损失。

5 月 29 日 20 时 23 分，云南省西部龙陵、潞西一带发生里氏 7.5 级强烈地震；同日 22 时 0 分，在同一地区又发生里氏 7.6 级强烈地震。震中位置为北纬 24.6 度、东经 98.7 度。地震发生后，中共中央、国务院立即向灾区人民发出慰问电,并派中央慰问团前往灾区慰问。国务院组织有关部门迅速进行救灾工作,中共云南省委和震区各级党组织采取紧急措施,领导群众投入防震抗灾工作。由于对这次强烈地震有预报,在中共云南省委的统一领导下,采取了预防措施,大大减轻了伤亡和损失。①

（一）唐山大地震的灾难

7月28日凌晨3时42分,河北省唐山、丰南一带发生里氏7.8级强烈地震,震中位于北纬39.4度、东经118.1度,烈度达11度。北京、天津等地有强烈震感。有百万人口的唐山顿时被夷为一片废墟。大地震造成24.2万余人死亡、16.4万余人重伤,损失之惨重为世界史上所罕见。

唐山是华北著名的工业城市。它的面积仅为全国的万分之一,而当时的产值约为全国的百分之一。唐山素有"煤都"之称,它以开滦煤矿为主体,形成重工业体系。当时,开滦煤矿的煤炭产量约占全国的二十分之一,在整个国家的经济生活中,起着牵一发而动全身的作用。它的煤种以炼焦配煤——肥煤为主,煤炭除供鞍钢、首钢、本钢、包钢以及京津地区人民生活用煤外,还远销日本和朝鲜。唐山的电力工业也举足轻重。1976年正在兴建的陡河电厂,是华北电网的主力电站之一,也是当时中国最大的火力发电站。唐山是著名的"华北瓷都",从全国解放到1975年,唐山陶瓷的总产值超过10亿元。唐山还有冶金、纺织、水泥、汽车、机械制造等许多重工业。仅1975年,唐山地区就向国家贡献了2700万吨煤、88万多吨钢、31.6亿度电、120万吨水泥、6700多万米棉布、1.35亿件陶瓷、8.3亿多斤粮食,创造的工农业总产值达44亿多元。② 然而只短短的几秒钟,中国国民经济大厦的这根重要支柱,便被无情地摧毁了。一种强烈的经济震波,同时传遍华北、传遍中国。

唐山大地震发生后,中共中央、国务院向灾区人民发出慰问电,并成立了抗震救灾指挥部,国务院向灾区派出了工作组。中共河北省委、天津市委、北京市委和震区各级党组织采取紧急措施,领导群众迅速投入抗震救灾工作。中国人民解放军和各省、市卫生系统立即组织救援人员奔赴现场。国家地震局和河北省地震局组织专业人员赶赴现场,监视震情。大量医药、食品、衣物、

---

① 《人民日报》1976年6月2日。
② 《破坏抗震救灾十恶不赦》,《人民日报》1976年11月12日。

建筑材料等救灾物资源源不断地运往灾区。7月30日,中共中央、国务院派出以华国锋为总团长,以陈永贵、乌兰夫等人为副团长的中央慰问团前往灾区慰问,总团下设唐山分团、天津分团、北京分团。慰问团的3个分团到达唐山、天津、北京等地灾区后,迅速到工厂、矿山、农村、部队、机关、学校和医院等处看望受灾群众,转达毛泽东、中共中央对灾区人民的关怀和慰问,鼓励灾区群众和干部团结互助、艰苦奋斗,以坚忍不拔的毅力投入抗震救灾工作。

（二）"四人帮"利用唐山大地震进行篡党夺权活动

然而,"四人帮"却置人民于水火而不顾,继续他们篡党夺权的部署。

"四人帮"利用大地震灾难的机会,打击中央和地方干部。当华国锋等人领导防震抗震时,"四人帮"污蔑中央抓抗震救灾是"不抓阶级斗争","还是白猫黑猫那一套",攻击这是"少数人拿抗震救灾压革命""压批邓",别有用心地说什么"不管东震西震,不能冲淡批邓"！王洪文污蔑中共河北省委的领导同志是"破坏抗震救灾的罪魁祸首",江青把中央及河北省、唐山市的负责同志领导抗震救灾说成是"走资派惊惶失措"。在震情最紧张的时候,他们还在考虑如何调整班子。他们撤销了国家地震局党的核心小组组长胡克实和一位副组长的职务,强令一位副局长离职休养。"四人帮"在地震灾难中的行为逆天忤民,天理难容。

"四人帮"在清华、北大两校的党羽声称："地震有什么了不起","唐山放在全国是不足道的"！后来又背着中共北京市委,从两校派出"唐山服务队",鼓动说："要抓紧时间去,去晚了对我们不利","唐山建成以后,到处都有我们的人,就好办了","咱们做唐山市委第一书记不行,做个副书记还可以吧"！这充分暴露了"四人帮"一伙阴谋利用抗震救灾篡党夺权的用心。[1]

在清华大学,校党委研究"如何适应抗震斗争形势,认真学习、深入批邓和进一步搞好教育革命各项工作的问题",强调要"以阶级斗争为纲",认真抓好学习和批邓这一头等大事。全校各单位党组织从思想上、组织上对各项工作做了落实,使清华园既是抗震防震的现场,又是"批邓、反击右倾翻案风"的战场。[2]

---

① 《从清华北大看"四人帮"篡党夺权的罪行》,《人民日报》1977年1月30日。
② 《联系抗震斗争实际　加强学习深入批邓》,《人民日报》1976年8月14日。

"四人帮"帮派势力还干扰抗震救灾工作。地震发生后，人们要抓紧排水、恢复生产，他们竟说这是搞"唯生产力论"，斥之为"走资派的论调"。他们随意占用支援灾区的运输车辆，喝令火车开动和停站，打乱铁路调度，妨碍救灾物资的运输。"四人帮"一伙又说："整个唐山才 100 万人口，全国有 8 亿人口，有 960 万平方公里，抹掉个唐山算得了什么？"①

姚文元还压低对中央慰问团的宣传规格。8 月 2 日，姚文元打电话说："关于慰问团的活动，内参要选登有参考价值的。抗震救灾照片搞黑白的就可以了，不要搞彩色的。抗震救灾的报道发稿时间要拉开些，太集中了不好。"8 月 6 日，新华社赴唐山记者组发回第一篇关于中央慰问团的通讯《亲切的关怀，巨大的鼓舞》。姚文元看清样后说："昨天讲了山东抗震救灾稿隔天再发，今天下午又送来了慰问团、解放军两篇。你们要通盘计划，不要太集中。全国还有其他的大事，学习、批邓，抓革命、促生产等。慰问团的这次发了就差不多了，以后主要是实际行动。"②在审看华国锋慰问灾区人民的电视片时，姚文元以"不要暴露灾情"为借口，不准把华国锋的许多镜头编入电视片。③

国难当头之际，"四人帮"仍念念不忘为篡党夺权制造舆论。

姚文元要人找出太平天国领袖洪秀全写的一道《地震诏》，为他们借"地转"之机，扯起"诛妖"旗帜，为"永立"他们的"新天朝"制造舆论。④

8 月 2 日，《人民日报》发表题为《英雄的人民不可战胜》的社论，提出："联系各条战线阶级斗争、两条路线斗争的实际，深入开展批邓、反击右倾翻案风的伟大斗争，夺取抗震救灾斗争的新胜利。"

8 月 11 日，《人民日报》发表根据姚文元在编委会上的讲话撰写的社论《深入批邓，抗震救灾》，说什么"解放以来的历史事实证明，每当出现严重的自然灾害的时候，也是两个阶级、两条道路、两条路线斗争激烈的时候，党内机会主义的头子，总是妄图利用自然灾害造成的暂时困难，扭转革命方向，复辟资本主义"。社论声称："在当前的抗震救灾斗争中，我们要牢记这个历史经

---

① 《破坏抗震救灾十恶不赦》，《人民日报》1976 年 11 月 12 日。

② 《王洪文、张春桥、江青、姚文元反党集团罪证》（材料之三），1977 年 9 月，第 47 页。

③ 中央广播事业局批判组：《必须清算姚文元反对华主席的罪行》，《人民日报》1977 年 3 月 3 日。

④ 洪秀全的《地震诏》全文为："万样魂爷六日造，今时今日好诛妖；地转实为天地兆，天旋永立新天朝。军行速追诘放胆，京守严巡灭叛逃；一统江山图已到，胞们宽心任逍遥。"转引自童干：《姚文元的一枕黄粱》，《人民日报》1976 年 11 月 22 日。

验,坚持以阶级斗争为纲,深入批判邓小平反革命的修正主义路线。"①

8 月 23 日,唐山机车车辆厂一个小组把批邓与抗震救灾搅在一起,无中生有地说:"如果邓小平复辟资本主义的阴谋得逞,咱们遭这么大的灾,就得呼天不应,叫地不灵,四处逃生都来不及呀!"并且得出"邓小平是我们工人阶级的死对头"的结论。《人民日报》在报道时加了一个编者前言,说他们"痛斥邓小平的修正主义谬论,针锋相对,击中要害,批得很好,批得有力"。②

8 月 28 日,《人民日报》发表题为《深入批邓是战胜震灾的强大动力》的报道,把"资产阶级就在党内"置于首要位置,宣称:"抗震救灾和其他工作一样,每前进一步,都有两个阶级、两条路线和两种思想的斗争。斗争的焦点是走社会主义道路,还是走资本主义道路",并且强调:"历史和现实的经验都告诉我们,越是困难的时刻,越是要绷紧阶级斗争这根弦。"③8 月 30 日,《人民日报》称:"历史的经验证明,越是自然灾害严重的时候,越要警惕党内资产阶级和一小撮阶级敌人兴风作浪,扭转革命方向,复辟资本主义。"8 月 31 日,《人民日报》又发表报道,不遗余力地重复:"解放以来的事实证明,每当出现严重自然灾害的时候,也就是两个阶级、两条路线、两条道路斗争激烈的时候。"可见,"四人帮"篡党夺权的阴谋已经如箭在弦、蓄势待发了。

全国人民在唐山大地震中惊魂未定的时候,8 月 16 日 22 时 6 分,四川省北部松潘、平武一带又发生强烈地震。这次地震为里氏 7.2 级,震中在北纬32.7 度、东经 104.1 度。成都市和甘肃省武都地区有强烈震感。中共中央、国务院对地震灾区人民十分关怀。地震发生后,中共四川省委和震区各级党组织当即采取紧急措施,领导群众投入抗震救灾斗争。中共四川省委领导同志带领有关部门负责人,赶到灾区指挥防震救灾工作。中国人民解放军成都部队和当地卫生系统组织医疗队赶赴现场。所幸地震部门作了预报,中共四川省委在事前采取了防震措施,因而损失很小。

四、"四人帮"集中攻击"三株大毒草"

正当唐山大地震的梦魇还缠绕着人们,"四人帮"又集中批判所谓"三株

---

① 《人民日报》1976 年 8 月 11 日。
② 《人民日报》1976 年 8 月 27 日。
③ 《人民日报》1976 年 8 月 28 日。

大毒草"，掀起了"批邓、反击右倾翻案风"的新高潮，为篡党夺权制造根据。

（一）组织编辑出版三本小册子

"四人帮"把邓小平主持1975年整顿时形成的三个著名文件《论全党全国各项工作的总纲》（简称《论总纲》）、《关于科技工作的几个问题》（这个文件的题目后来改为《中国科学院工作汇报提纲》，简称《汇报提纲》）和《关于加快工业发展的若干问题》（简称《工业条例》），诬蔑为"三株大毒草"。

"四人帮"攻击《论总纲》《汇报提纲》《工业条例》三个文件，集中表现了"邓小平修正主义路线的极右实质"，"是刘少奇、林彪修正主义路线的继续"，"是邓小平妄图在中国全面复辟资本主义的政治宣言"。他们诬蔑说：《论总纲》是主体，《汇报提纲》《工业条例》是两翼。这"三株大毒草"，包括了从上层建筑到经济基础一整套修正主义的路线、方针、政策，完整地画出了邓小平在中国搞复辟倒退的蓝图。①

此前，1976年2月，姚文元还对《论总纲》写下47处批语，把《论总纲》称为"一篇复辟资本主义的总纲"，并把它同林彪的反革命政变纲领《"五七一"工程纪要》类比，说《论总纲》"同五七一工程纪要何其相似"！对《论总纲》以实现"四个现代化"为开头和结尾也大张挞伐。对开头，批曰："前提：经济领域社会主义革命，阶级斗争为纲被排除"；对结尾"只要我们以毛主席的三项重要指示为纲，做好各方面的整顿工作，继续坚持独立自主、自力更生方针，我们就一定能够实现在本世纪内把我国建设成为一个社会主义强国的宏伟目标，就一定能够解放台湾，完成祖国统一的大业"这段话，竟批道："一定能复辟吗？ 痴心梦想！"

8月13日，"四人帮"组织北京大学、清华大学大批判组编辑批判《论总纲》《汇报提纲》和《工业条例》的三本小册子，下令人民出版社出版，全国各地出版社印行。每本小册子上面，都加了由张春桥、姚文元改定的前言，上纲上线，为篡党夺权制造舆论。

他们在《评〈论全党全国各项工作的总纲〉》的前言中，诬蔑《论总纲》是"邓小平复辟资本主义的政治宣言"，说《论总纲》大肆兜售"三项指示为纲"的修正主义纲领，鼓吹"唯生产力论"，反对"以阶级斗争为纲"，篡改党的基本

---

① 方刚：《从思想政治路线上深入批邓》，《红旗》杂志1976年第9期。

路线,把矛头指向伟大领袖毛主席,指向以毛主席为首的党中央。

他们在《评〈关于加快工业发展的若干问题〉》的前言中,诬蔑邓小平疯狂反对"鞍钢宪法",推行一套修正主义的办企业路线,就是妄图改变我国社会主义企业的性质;把《工业条例》说成是"加快资本主义复辟的工业管理条例"。

他们在《评〈关于科技工作的几个问题〉》的前言中,把《汇报提纲》说成是邓小平"在科技战线推行'三项指示为纲'修正主义纲领的产物",诬陷邓小平妄图从科技阵地"打开一个大缺口",否定毛主席的科研路线,篡改党的团结、教育、改造知识分子的政策,翻"文化大革命"的案,算"文化大革命"的账,反对无产阶级在整个上层建筑领域对资产阶级实行全面专政,以达到他复辟资本主义的罪恶目的。

三本小册子共印制几千万册。"四人帮"自以为得计,一时间兴高采烈。他们说三个小册子是"不用中央名义的中央文件",下发三个小册子"是大好形势的表现,是毛主席、党中央的重大战略部署","无产阶级同走资派斗争达到了一个新的高度"。他们说:"三个小册子印出来,对正在走的走资派就是批判",这是"全局的问题,在 960 万平方公里的土地上,关系国际共产主义运动的大问题,不仅关系现在,还关系到未来","这是压倒一切的,统率一切的"。①

（二）利用报刊猛烈批判"三株大毒草"

与此同时,"四人帮"还利用报刊连篇累牍地猛批"三株大毒草",掀起所谓"批邓、反击右倾翻案风"的新高潮。8 月 13 日,《人民日报》发表了北京大学、清华大学大批判组的文章《马克思主义的真理不可抗拒——批判邓小平篡改毛主席指示的鬼蜮伎俩》,声称:"我国社会主义革命的历史经验告诉我们:右派歪曲利用革命导师的一些话,可能得势于一时;左派则一定会按照革命导师的教导组织起来,将右派打倒。那些右派大人物越嚣张,他们的失败也就越惨,左派和广大革命群众就越起劲。这是阶级斗争的一种带规律性的现象。"

8 月 23 日,《人民日报》发表社论《抓住要害,深入批邓》,除了重复三本

---

① 《人民日报》1977 年 7 月 16 日。

小册子的前言之外，还说"三株反党、反马克思主义的大毒草"，是"邓小平修正主义纲领的产物"，集中反映了邓小平"那条反革命修正主义路线的极右实质"。社论要求掀起一个所谓批判"三株大毒草"的新浪潮。

8 月 24 日，《人民日报》发表清华大学批判《论总纲》《汇报提纲》和《工业条例》的报道。报道说，1975 年 11 月 3 日发动的"批邓、反击右倾翻案风"，"开始了对以邓小平为头子的党内外资产阶级的大反击"。1976 年 4 月 7 日中共中央的两项决议，"从政治上声讨了邓小平的反革命罪行，从组织上打击了党内外资产阶级"。现在，批判《论总纲》《汇报提纲》和《工业条例》，"则是进一步从思想政治路线上彻底批判邓小平搞翻案复辟的纲领、路线、思想根源和反革命手法，肃清邓小平反革命的修正主义路线的流毒。""是推动批邓、反击右倾翻案风斗争深入发展的重大措施"。

这篇报道诬蔑"《论总纲》《汇报提纲》和《工业条例》，集中反映了邓小平反革命的修正主义路线的极右实质，是打着红旗反红旗，打着马列主义的旗号，篡改马列主义、阉割马列主义的修正主义典型"，"是党内资产阶级射向无产阶级的三支毒箭"。

该报道声称：《论总纲》就是赫鲁晓夫秘密报告式的反革命宣言，本质上同林彪的《"五七一"工程纪要》一样反动。《汇报提纲》在反对党的基本路线、反对党的领导，挑拨知识分子与党的关系等问题上，与 1957 年资产阶级右派分子的言论异曲同工。《工业条例》则是"《马钢宪法》的翻版"。

报道叫嚷："批判《论总纲》《汇报提纲》和《条例》，必须联系各条战线两个阶级、两条道路、两条路线斗争的实际"，夺取"批邓、反击右倾翻案风"斗争的更大胜利。①

"四人帮"还在报刊上发表一系列分别批判《论总纲》、《汇报提纲》和《工业条例》的文章。

从 8 月 24 日至 8 月 31 日，《人民日报》集中攻击《论总纲》的文章和报道有：《翻案复辟的铁证——剖析邓小平授意炮制的一篇文章》（8 月 24 日）、《社会主义革命的主要对象不容转移》（8 月 24 日）、《党的基本路线不容篡改》（8 月 25 日）、《〈论总纲〉篡改了社会主义革命的任务和对象》（8 月 31 日）、《走资派是社会主义革命的重点对象》（8 月 31 日）等，除了重弹陈词滥

---

① 《人民日报》1976 年 8 月 24 日。

调以外，就是反复宣扬"走资派是社会主义革命的重点对象"，因此"要集中火力批邓，我们的斗争锋芒永远指向党内资产阶级"，"加强无产阶级对资产阶级的全面专政"。

《人民日报》发表的批判《汇报提纲》的文章有：《一份反革命的修正主义提纲——评〈科学院工作汇报提纲〉》（7月19日）、《邓小平要科技界带什么头？——从〈科学院工作汇报提纲〉的炮制过程看邓小平翻案复辟的险恶用心》（8月7日）等，诬蔑邓小平、胡耀邦等人"是彻头彻尾的修正主义者；《提纲》是一个道道地地的翻案复辟的提纲"。在科技界的整顿，是"为修正主义的科技路线招魂，目的在于重新推行它，就是搞翻案复辟，回到文化大革命前的修正主义老路上去"。因此声称："我们同邓小平挂帅的翻案派、复辟派之间的矛盾和斗争，是无产阶级与资产阶级的矛盾，是你死我活的阶级大搏斗。"①

《人民日报》发表的批判《工业条例》的文章有：《从本钢的变化看"条条专政"的反动性》（8月21日）、《破除洋奴哲学　坚持自力更生》（8月25日）等。它们把加强企业的垂直领导，说成是"把党与企业、政治与经济、革命与生产分离开来，破坏社会主义革命和建设，以便他推行修正主义路线，复辟资本主义"；把邓小平关于加快工业发展的理论和方法，上纲为"关系到我国社会主义建设坚持什么方向，走什么道路的大问题"，是"两个阶级、两条道路的激烈斗争"。②

8月27日，《人民日报》发表署名秦怀文的《论党内走资派》一文。文章企图系统"研究和掌握党内走资派的特点和活动规律"。文章认为，"走资派"搞修正主义，总是要抛出反马克思主义的纲领；"走资派"是孔孟之道和新老修正主义的信徒；"走资派"总是要搞修正主义的组织路线；"走资派"都是搞阴谋诡计的；"走资派"为了颠覆无产阶级专政，拼命争夺舆论阵地；"走资派"总是要竭力强化和扩大资产阶级法权；"走资派"的复辟活动总是和国内外反动派紧密配合的；"走资派"还在走，但他们注定是要灭亡的。既然"走资派"这样"大逆不道""十恶不赦"，那么就必然要"联系各条战线阶级斗争和路线斗争的实际"，"密切注意阶级斗争的新动向"，"及时而坚决地粉碎走资派的

① 《人民日报》1976年7月19日。
② 《从本钢的变化看"条条专政"的反动性》，《人民日报》1976年8月21日。

进攻,打击一切阶级敌人的破坏活动"。文章还预言:"一个崭新的没有帝国主义、没有资本主义、没有剥削制度的新世界,一定能够建立起来!"这就是"四人帮"颠倒的逻辑、荒谬的理论。

(三)批判"三株大毒草"加速了"四人帮"的灭亡

"批邓、反击右倾翻案风"运动尽管表面上沸沸扬扬、喧嚣一时,但它违背了全党和全国各族人民的愿望,严重破坏了各条战线经过整顿刚刚出现的比较稳定的局势,使全国再度陷入混乱之中。历史同"四人帮"这伙倒行逆施的小丑开了一个大玩笑。他们想要通过批"三株大毒草"整垮邓小平和中央与地方一大批党政军领导干部,可是,批判"三株大毒草"的结果反而使广大干部和群众更加认清了"四人帮"祸国殃民的真面目,更加拥护邓小平和他的主张。人们原来不知道"三株大毒草"是什么怪物,看了三个小册子,知道了真相。广大群众愤慨地说,三个文件根本不是什么"大毒草",而是说了我们的心里话。"四人帮"的所谓"批判",是毫无道理的;他们的"批判",才真正是反党、反马克思主义的"大毒草"。有的工人说:"什么《二十条》是大毒草,我看是香花。"有的工人对新华社的人说:"为什么批《二十条》,不批判奸臣?"与"四人帮"的主观愿望相反,批判所谓"三株大毒草",使"四人帮"人心丧尽,不但没有把他们推上党和国家权力的巅峰,反而加速了他们的灭亡。①

五、毛泽东与世长辞

1976年9月9日,哀乐声中传出不幸的消息:中共中央主席、中共中央军委主席、全国政协名誉主席毛泽东,"在患病后经过多方精心治疗,终因病情恶化,医治无效,于1976年9月9日零时10分在北京逝世"。

这个噩耗犹如晴天霹雳,使全党、全军、全国各族人民无比震惊。神州大地在1976年经历的磨难太多太大了!1月周恩来总理逝世,4月天安门事件发生,7月朱德委员长逝世、唐山大地震。人们还没有缓过气来,毛泽东主席又与世长辞了。全国人民怎么能不泪雨如注、愁绪万千呢!

毛泽东是中华人民共和国的缔造者和领袖。1921年,他参加创建中国共

---

① 参见《人民日报》1977年7月16日。

产党。1927 年大革命失败后，他领导秋收起义，创建了工农革命军第一师，在井冈山建立了第一个农村革命根据地，为中国革命开辟出了一条农村包围城市、武装夺取政权的正确道路。在 1927 年至 1949 年的 22 年中，毛泽东和党的其他领导人一道，克服重重困难，逐步制定并领导执行了使革命由惨重失败转为伟大胜利的总的战略和各项政策。如果没有毛泽东多次从危机中挽救中国革命，如果没有以他为首的中共中央给全党、全国各族人民和人民军队指明正确的方向，中国共产党和中国人民还要在黑暗中摸索更长时间。在中国共产党为缔造人民共和国而奋斗的 28 年中，毛泽东被公认为党和人民的伟大领袖，在党和人民集体奋斗中产生的毛泽东思想被公认为党的指导思想。

中华人民共和国成立以后，毛泽东为把中国建设成为一个社会主义现代化强国而不倦地探索，和中共中央集体一起领导和团结全国人民艰苦奋斗，取得了辉煌的成就。在贫穷落后、散漫无组织的旧中国的废墟上，建立和巩固了工人阶级领导的、以工农联盟为基础的人民民主专政的国家政权；实现和巩固了全国范围（除台、港、澳及一些岛屿以外）的国家统一和全国各族人民的大团结；战胜了帝国主义、霸权主义的侵略、破坏和武装挑衅，维护了国家的安全和独立；完成了对生产资料私有制的社会主义改造，建立和发展了社会主义经济；逐步建立了独立的、比较完整的工业体系和国民经济体系；农业生产条件发生了显著变化，生产水平有了很大提高；城乡商业和对外贸易有很大增长；教育、科学、文化、卫生、体育事业有很大发展；人民军队在新的历史条件下得到壮大和提高；在国际上奉行独立自主的和平外交政策，同全世界 110 个国家建立了外交关系①，取得了世界政治大国地位；没有在任何外来的压力面前屈服，始终维护国家的主权和独立，表现了大无畏的英雄气概。毛泽东在新中国成立前夕说过："我们的民族将再也不是一个被人侮辱的民族了，我们已经站起来了。""中国人被人认为不文明的时代已经过去了，我们将以一个具有高度文化的民族出现于世界。"②他的这些话是已经完全做到了。

1976 年 9 月 18 日下午，首都百万群众在天安门广场举行隆重的毛泽东追悼大会。中共中央第一副主席、国务院总理华国锋致悼词，对毛泽东的逝世

---

① 数字据《新华月报》1976 年第 10 号第 204—205 页载"资料"。巴勒斯坦解放组织在北京设立办事处、中美两国各在对方首都设立联络处，未计在内。

② 毛泽东在中国人民政治协商会议第一届全体会议上的开幕词，1949 年 9 月 21 日，《新华月报》第 1 卷第 1 期，第 5 页。

表示沉痛哀悼,缅怀和颂扬毛泽东的丰功伟绩,号召化悲痛为力量,将毛泽东开创的无产阶级革命事业进行到底。全国县以上地区也同时召开毛泽东追悼会。

在哀悼毛泽东逝世的日子里,人们缅怀他对国家的贡献、对人民的恩情,格外悲痛,也对他格外崇敬。这时,中国人民虽然已经从感情上厌弃"文化大革命",爆发了四五运动,但人们只是对毛泽东被江青一伙蒙蔽表示惋惜,对毛泽东的信仰却没有动摇。在"文化大革命"运动中,亿万人民手捧"红宝书",怀着"三忠于""四热爱"的感情,"早请示""晚汇报",听从"最高指示",紧跟"战略部署",学习运用毛泽东的语言来思考、应对。在亿万中国人民的心中,毛泽东成了真理的化身、人民共和国的象征。惯于"毛主席挥手我前进"的人们,这时还没有从个人崇拜中解放出来,还来不及去思考毛泽东一生的功过是非,来不及去分辨毛泽东思想与毛泽东晚年错误的区别,所以,想不到也看不清他在"文化大革命"前就有过把阶级斗争扩大化和在经济建设上急躁冒进的错误,想不到也看不清毛泽东发动的"文化大革命"是一个全局性的"左"倾错误,是一场由他错误发动,被林彪、江青两个反革命集团利用,给党、国家和各族人民带来严重灾难的内乱。但人们当时已经看到,经过镇压四五运动,"四人帮"在党和国家最高领导层中的气焰更加嚣张,处处咄咄逼人。人们担心华国锋的资望和才干对付不了"四人帮",一旦党和国家的最高领导权被"四人帮"篡夺,中国的前途将不堪设想。毛泽东的逝世,使得中国面临一个历史转折的关头。"毛主席啊,没有您老人家,中国怎么办啊……"许多人失声痛哭,反复呼号这句话,道出了当时全国上下的情绪。在当时,人们并不知道毛泽东生前对江青、对"四人帮"有很多严厉的批评,多次提出要解决"四人帮"的问题;当然,也很难设想,在毛泽东逝世后,就会发生粉碎"四人帮"、结束"文化大革命"的历史事件。

第六章
决 战 前

一、篡权与反篡权的斗争

毛泽东逝世以后，"四人帮"以为，邓小平被批倒了，叶剑英靠边站了，华国锋又立脚未稳，正是实现他们篡夺党和国家最高权力野心的大好时机。于是，他们加紧了篡夺党和国家最高权力的步伐。华国锋、叶剑英等中共中央领导人同这个反革命集团之间的一场篡权与反篡权的斗争，随即紧张、激烈地展开。

（一）9月9日，中共中央政治局会议的争论

9月9日零时10分，毛泽东逝世。从凌晨两点多钟起，中共中央政治局就在中南海毛泽东住所游泳池旁的会议室召开紧急会议，讨论治丧问题。

正当大家集中讨论的时候，江青突然跳起来高叫：今天会议忽略了一件头等大事，就是要继续批邓。这是主席临终前一再嘱咐的大事，是关系到党和国家不变颜色的大问题。不抓这件大事，就是对主席的不忠。如果让邓小平复辟了，无产阶级文化大革命的成果就保不住了！江青在会上大哭大嚷，说：毛主席是被邓小平气死的。我建议现在就研究邓小平问题，政治局作个决定，立即宣布开除邓小平党籍，以绝后患！

叶剑英强忍心中怒火，用劝慰的口吻说道：江青同志，请你放冷静一些，好不好？主席走了，我们都很悲痛。毛主席的丧事是国丧，一定要安排好。现在我们要办的事很多，但是第一位的事是治丧。

说到这里，叶剑英的声音有些颤抖，泪水夺眶而出。他望望大家，继续说

道：主席不在了，我们处在最困难、最严峻的时刻。说它是多事之秋也好，说它是危难之际也好，都不过分。怎么办呢？古人说：利莫大于治，害莫大于乱，理乱在上也。上，就是政治局。我们中央政治局就是要按照主席生前一再嘱咐的办：还是安定团结为好。在这种时候，最要紧的是要加强团结，要团结在以华国锋同志为首的党中央周围！

叶剑英的这一番话，令全场为之动容。

华国锋沉痛地说：是啊！主席逝世了，我们要更好地团结在一起，度过这个困难时期！

大家纷纷表示赞同华国锋、叶剑英的意见。

在这种气氛中，王洪文、张春桥、姚文元只好表示治丧问题是当务之急。江青也无话可说了。①

就这样，华国锋、叶剑英配合，挫败了江青一伙想要进一步打击邓小平并主导中共中央政治局的图谋，牢牢地掌握住中共中央的领导权。

由于江青吵闹，干扰会议进程，会议的主要议题——讨论通过毛泽东逝世的讣告和悼词，到9月9日凌晨5点多钟才进行。② 讣告和悼词在7月下旬毛泽东病危时就已起草，封存备用。这时，汪东兴通知起草者、中办副主任李鑫和中办秘书局局长周启才，带上讣告和悼词的稿子交中共中央政治局会议讨论。

华国锋拿起这两份文稿，说：现在继续开会，讨论中央预先准备的讣告和悼词文稿。今天主要讨论讣告文稿，会上要定下来，下午要对国内外广播，时间很紧。悼词文稿也过一遍，不讨论，会后印发给大家，另择时间开会商定。

华国锋说罢，随即由周启才把讣告文稿读了一遍。讣告以中共中央、全国人大常委会、国务院、中共中央军委名义发布，定名为《告全党全军全国各族人民书》，全文2500多字。读完后，华国锋说："大家都听清楚了吧？看有没有原则性修改或补充意见？有，请提出来讨论；如没有，我意先送中办秘书局

---

① 以上叙述的这次中共中央政治局会议的情况，据江青于1976年10月1日在清华大学的讲话节录；《王洪文、张春桥、江青、姚文元反党集团罪证》（材料之一），1976年12月，第92—93页；吴德：《十年风雨纪事》，当代中国出版社2008年版，第173页；范硕：《无限风光在险峰——叶剑英与粉碎"四人帮"内幕》，《世纪风采》2002年第4期。

② 以下关于中共中央政治局会议讨论讣告和悼词文稿的情况，据周启才：《毛主席的讣告和悼词形成前后》，载《世纪》杂志2004年第3期。

印刷厂加急排印，印出清样，人手一份，我们再仔细推敲。"

当即由周启才将讣告文稿送到印刷厂，安排专人加快排印。不到一小时，清样印就，拿到会上分发。

在排印讣告文稿期间，李鑫在会上读了悼词文稿。按华国锋的批示，会后印发中共中央政治局各成员。

经过讨论，中共中央政治局会议一致通过了《告全党全军全国各族人民书》，决定9月9日下午4时对国内外广播。此事也交周启才同新华社社长朱穆之落实办理。当天下午3时，中央人民广播电台即不断发出预告：下午4时有重要广播，请注意收听。下午4时整，《告全党全军全国各族人民书》播出，向全国、全世界沉痛宣告了中国人民的伟大领袖毛泽东与世长辞的消息。

按照中共中央、全国人大常委会、国务院、中共中央军委于9月9日发布的公告，9月11日到17日，在北京人民大会堂举行隆重的吊唁仪式，中央党政军机关和北京市等各方面的负责人、工农兵以及其他方面的群众代表参加吊唁，瞻仰毛泽东遗容。吊唁后期，9月16日下午3时，中共中央政治局在中南海怀仁堂正厅开会，讨论毛泽东悼词文稿，研究商定9月18日在天安门广场举行毛泽东追悼大会的有关事项。汪东兴因要在吊唁现场保护毛泽东遗体请假，他要列席会议的周启才代为转达对悼词的一条重要修改意见：在悼词适当地方加上毛主席讲的"要搞马克思主义，不要搞修正主义；要团结，不要分裂；要光明正大，不要搞阴谋诡计"这条重要指示。

对汪东兴的这个意见，华国锋在会上说：我认为东兴同志这个意见很好。毛主席"三要三不要"的重要指示，对我们党的建设意义重大而深远，我们要坚决贯彻执行这条重要指示。我赞成加上。

叶剑英发言说：我同意国锋同志的发言和东兴同志这个提议。"三要三不要"是主席留给我们党的宝贵财富，是引导我们党沿着马克思主义道路前进的指南。在主席悼词中加上这条重要指示，对我们党的建设和发展，意义非常重大。

李先念说：国锋和叶帅讲得很好。我赞成东兴同志的提议，悼词中加上毛主席这条重要指示。

除王洪文、张春桥、江青、姚文元之外，所有到会的中共中央政治局成员都表态同意加上"三要三不要"这条毛泽东指示。只有他们4人沉默不语，既不表示赞成，也不说反对。他们没有也不敢提出，要把他们在当天"两报一刊"

社论中伪造的所谓毛泽东"临终嘱咐"——"按既定方针办"写到悼词中去。

最后，华国锋指着姚文元说：没有人提不同意见，那就把主席这条重要指示加到悼词的适当地方。

会议决定，毛泽东追悼大会由华国锋致悼词，王洪文主持。

会后，周启才向汪东兴汇报了会议讨论情况。汪东兴说：这几个人骨子里是反对在悼词里加上毛主席"三要三不要"指示的，因为主席1975年5月3日在中央政治局会议上提出"三要三不要"原则，就是批评他们、针对他们讲的。这次讨论悼词，他们看到，政治局多数人同意加上"三要三不要"，他们反对也没用；而且，他们如果公开反对加，政治上就会陷于被动。所以，他们采取不说话、不赞成也不反对的态度。

（二）围绕"中办值班室事件"的斗争

9月9日中共中央政治局会议的第二天，"四人帮"就迫不及待地妄图篡夺中共中央对各省、自治区、直辖市党委的领导权。9月10日晚，王洪文背着中共中央政治局，在中南海另设"中共中央办公厅值班室"。他要秘书廖祖康具体布置，用中共中央办公厅的名义，通知各省、自治区、直辖市：中央领导同志指示：主席治丧期间，如发生重大问题，要及时报告；有重要问题不好解决，要及时请示，找他们指定的值班人员米士奇联系。他们在中南海紫光阁设置了十几部红机子。从9月11日晚上至9月12日上午，值班人员米士奇即向各省、自治区、直辖市负责人逐个打电话通知。[①] 他们妄图切断华国锋为首的中共中央同各省、自治区、直辖市的联系，由他们发号施令，指挥全国。这是在毛泽东逝世后"四人帮"篡夺党和国家最高领导权的一个重要部署。

对于王洪文此举，华国锋一无所知。这时，在长沙的中共湖南省委书记张平化接到了向这个"中共中央办公厅值班室"米士奇请示、报告的通知，感到不大正常，怀疑内中有问题，就给华国锋打电话询问。华国锋同张平化是老同事，互相信任。他从张平化的电话中才得知"四人帮"有此异动；向一些省、市查询，它们都接到了同样内容的电话。这表明"四人帮"已经采取措施，架空

---

① 《王洪文、张春桥、江青、姚文元反党集团罪证》（材料之一），1976年12月，第90—91页。

华国锋,企图直接指挥全国各地,进而夺取中央最高权力了。

华国锋立即与叶剑英商议对策。两人毫不迟疑,作出决定:第一,以中共中央政治局名义通知王洪文,立即关闭这个擅自设立的"中共中央办公厅值班室";第二,以中共中央名义通知各省、自治区、直辖市:发生重大问题,应向华国锋请示。这样,就及时挫败了"四人帮"篡权的第一个实际部署。

（三）华国锋准备解决"四人帮"

9 月 9 日、10 日接连发生的江青大闹中共中央政治局和王洪文私设值班室两起事件,引起华国锋的高度警觉。种种迹象表明,"四人帮"篡党夺权已经付诸行动了,必须及时主动采取措施,才能避免出现危局。

9 月 11 日,华国锋即委托李先念前去看望叶剑英,商议解决"四人帮"的办法。①

当时,正在为毛泽东治丧期间,"四人帮"对华国锋的行动又盯得很紧。华国锋推说身体不适,要到北京医院看病,离开了治丧的地方。他先给李先念打了一个电话,说:"我到你那里,只谈 5 分钟。"李先念说:"你来吧,谈多长时间都可以。"②

李先念这时正在家里养病。一个时期以来,李先念心律不齐,不能多走动。在 1975 年 12 月已经开始"批邓",但邓小平仍然主持中央日常工作时,李先念曾向邓小平请假,提出到外地休息、养病。医生也写了一个报告。邓小平报告了毛泽东,毛泽东同意了,但李先念还没有走。毛泽东逝世前后,华国锋对李先念说,现在的情况和问题很复杂,"四人帮"的问题要解决,希望李先念不要离开北京。这样,李先念就留在家里。在这紧要关头,华国锋想到李先念这位老前辈,要请他发挥没有人可以取代的重要作用。

华国锋放下电话,坐车到东单的北京医院转了一圈,随即驶向西城西黄城根 9 号李先念的临时住家。进门坐定,没有寒暄,华国锋就说:"我可能已被跟踪,不能多留,说几句话就走。现在,'四人帮'问题已到不解决不行的时候了。如果不抓紧解决,就要亡党、亡国、亡头。请你速找叶帅商量此事。"说完,华国锋即匆匆离去。

---

① 据 1980 年 11 月 29 日李先念在中共中央政治局会议上的发言,转引自程振声:《李先念与粉碎"四人帮"》,《中共党史研究》2002 年第 1 期。

② 这一段和下一段情节,据吴德:《十年风雨纪事》,当代中国出版社 2008 年版,第 177 页。

李先念受华国锋之托,深感责任重大,亲自给叶剑英打电话,说要去看他。

叶剑英问:"公事? 私事?"

李先念说:"公、私都有,无事不登三宝殿。"

叶剑英说:"那你就来吧!"

当时,叶剑英住西山的中共中央军委疗养地 15 号楼。

9 月 14 日,李先念前往西山去看望叶剑英。为摆脱"四人帮"跟踪,李先念先到香山植物园游览,观察没有"尾巴",这才驱车上了西山。

为防窃听,叶剑英开大了收音机的音量。李先念转达华国锋的口信,说:华要我来听听你的意见。他说,毛主席对解决"四人帮"的问题早有交代,但是用什么方法解决? 在什么时机解决? 他请你拿主意啊!①

9 月 11 日,华国锋又找汪东兴商量解决"四人帮"的问题。汪东兴态度明朗,表示坚决支持华国锋解决"四人帮"的意见。②

在为毛泽东治丧期间,大约 9 月十九日,华国锋还在国务院后边的会议室,向李先念、陈锡联、纪登奎、吴德提出过解决"四人帮"的问题。吴德回忆这次议论的情况说:

> 当时,华国锋对我们说:"毛主席提出的'四人帮'的问题,怎么解决?"我记得纪登奎说,对这些人恐怕还是要区别对待。我们当时都没有说什么,没有再往下深谈。我想华国锋同志当时是在了解我们的态度,准备做粉碎"四人帮"的工作。③

(四)围绕文件保管问题的交锋

9 月 18 日开过毛泽东追悼大会以后,两种力量的交锋首先围绕着毛泽东的文件保管问题爆发出来。

毛泽东收存的文件、材料,包括毛泽东的手稿和未经审定的重要谈话记录等等,是党和国家最核心的机密。从毛泽东病危时起,江青就想方设法要掌握这些文件、材料,其意图是可以运用以至篡改毛泽东的文件,特别是谈话记录,来抬高自己、打击别人。毛泽东逝世后,江青更迫不及待地伸手,企图盗骗毛

---

① 以上情节据吴德:《十年风雨纪事》,当代中国出版社 2008 年版,第 177—178 页;参见纪希晨:《史无前例的年代》,人民日报出版社 2006 年版,第 426—427 页。

② 吴德:《十年风雨纪事》,当代中国出版社 2008 年版,第 178 页。

③ 吴德:《十年风雨纪事》,当代中国出版社 2008 年版,第 178 页。

泽东身边的文件、材料。① 她多次找毛泽东的机要秘书张玉凤，要看毛泽东的"九篇文章"②的原稿及修改稿和一些手迹。张玉凤推说"原稿不在我这儿"，没有给她。

叶剑英看透江青的心思，亲自打电话给汪东兴，严肃地说，主席生前，你保卫了他的安全。主席去世了，请你看管好他的文件、档案。暂来不及清理，也一定要好好封存起来，千万不能遗失。这是关系党和国家机密的大事。

华国锋深知这是一个要害问题，特别重要，不可失去控制，不能掉以轻心。9月17日，华国锋主持中共中央政治局常委扩大会议，即作出决定：毛主席的一切文件、手迹、文稿、各种材料和书籍，按惯例仍由中共中央办公厅负责清理、保管，目前先把它们封存起来。

9月18日下午毛泽东的追悼大会结束后，江青又找张玉凤，并以她和毛远新要看一下的名义，骗取了"九篇文章"和毛泽东的一些手迹，还有毛泽东和杨得志、王六生两次谈话的记录稿。张玉凤即打电话向汪东兴报告。③

当天，华国锋主持召开中共中央政治局会议，讨论毛泽东的文件保管问题。绝大多数中共中央政治局委员都同意前一天中央政治局常委会的决定。9月21日，中共中央封存了毛泽东的文件、材料。江青对中共中央采取的正确措施极为不满，大哭大闹大骂，放肆地攻击华国锋为首的中共中央。但不论江青怎样无理取闹，华国锋、叶剑英等人坚持原则，使江青一伙争夺毛泽东文件保管权的阴谋无法得逞。

经过围绕文件处置问题的斗争，华国锋深感江青一伙猖狂之极，下定了采取果断措施解决"四人帮"问题的决心。他同汪东兴商议后，当晚驱车到李先念住处，谈了最近"四人帮"的篡权活动和自己的困难处境，请李先念代表他

---

① 范硕：《无限风光在险峰——叶剑英与粉碎"四人帮"内幕》，《世纪风采》2002年第4期。

② 1941年九月会议以后，毛泽东写了5万多字的长文《关于一九三一年九月至一九三五年一月期间中央路线的批判》，针对中共六届四中全会以后从1931年9月至1932年5月期间集中反映王明"左"倾路线的9个有代表性的文件，逐篇进行分析批判，指出苏维埃运动后期的错误是路线错误，其实质是反马克思主义的主观主义和宗派主义。全文分为9个部分，各部分既相互关联，又可独立成篇，习称"九篇文章"。这些文章只给中共中央几位领导同志看过，没有公开发表。

③ 《王洪文、张春桥、江青、姚文元反党集团罪证》（材料之一），1976年12月，第92—93页。

再到西山会见叶剑英,请叶帅务必想个解决"四人帮"的办法。

(五)围绕所谓毛泽东"临终嘱咐"的较量

要了解所谓毛泽东的"临终嘱咐",还得从毛泽东重用华国锋说起。

1976年1月20日,中共中央政治局开会"批邓"。邓小平作了自我批评。当晚,邓小平给毛泽东写信,在送上自我批评的同时,请求辞去主持中央日常工作的责任。1月21日,联络员毛远新向毛泽东汇报了1月20日中共中央政治局会议的情况,并提出请毛泽东决定一人主持国务院工作。毛泽东说:就请华国锋牵头,小平专管外事。1976年4月7日,天安门事件后,毛泽东提议、中共中央政治局决定,任命华国锋为中共中央第一副主席、国务院总理。毛泽东看好华国锋,曾引用汉高祖刘邦与周勃的故事①,赞扬华国锋"厚重少文",说他"办事不蠢"。毛泽东要叶剑英宣传华国锋,让全国逐步认识华国锋。叶剑英曾对别人说:华国锋是第一副主席,这是第一;第二,华国锋同志年轻,人还老实,有工作经验,还讲民主;第三,还有许多老同志在,可以帮助他。当然,要像"周公辅成王",可不能像"诸葛亮扶阿斗"那样。我们党里有许多周公嘛!此后,叶剑英确实像"周公辅成王",诚心诚意辅佐华国锋。②

在本书第五章中已经讲过,1976年4月30日晚上,华国锋陪同毛泽东接见新西兰总理马尔登后,向毛泽东汇报工作。毛泽东作了指示,用铅笔写了几张纸条给华国锋。这些纸条,特别是其中的"你办事,我放心",成为毛泽东指定华国锋做接班人的重要凭证。

华国锋向中共中央政治局传达了毛泽东亲笔写下的指示,只是"你办事,我放心"这一条没有传达。华国锋传达时,当场把毛泽东的亲笔指示给姚文元看过。"照过去方针办"这一条,王洪文的亲笔记录是:"毛主席指示　照过

---

① 周勃(?—前169),秦末随刘邦起义,以军功为将军,封绛侯;汉初又从刘邦平叛。刘邦说他"厚重少文,然安刘氏者,必勃也"。吕后当政时,周勃任太尉,然而军权仍为吕后的亲属所控制。吕后死,周勃与陈平定计,入北军号召将士拥护刘氏,诛杀企图夺取政权的吕产、吕禄等人,迎立汉文帝,任右丞相。

② 据范硕:《无限风光在险峰——叶剑英与粉碎"四人帮"内幕》,《世纪风采》2002年第4期。后来,叶剑英在《下三峡过白帝城》诗中表露过这种心情。诗云:"走向隆中五丈原,驱驰奋斗即终身。托孤不作成都主,一孔明灯万古明。"

去的方针办"。江青的亲笔记录是："主席：照过去方针办"。① 可是,在 9 月 16 日的"两报一刊"社论《毛主席永远活在我们心中》里,却出现了一个"按既定方针办"的所谓毛泽东"临终嘱咐"。社论写道："毛主席与世长辞了。毛泽东思想永放光芒,毛主席的革命路线深入人心。毛主席开创的无产阶级革命事业后继有人。毛主席嘱咐我们:'按既定方针办'。"社论强调："当前,要把毛主席亲自发动的批判邓小平、反击右倾翻案风的斗争继续深入地开展下去,巩固和发展无产阶级文化大革命的胜利成果,进一步巩固无产阶级专政。"这个所谓"临终嘱咐",是"四人帮"经过精心策划,蓄意制造的。

9 月 16 日"两报一刊"社论发表后,江青即对姚文元强调:宣传工作要以宣传毛主席的"按既定方针办"为中心,要反复宣传。

从 9 月 17 日起,姚文元遵照江青的旨意,不断打电话给新华社,一再强调要反复宣传他们伪造的这个所谓毛泽东"临终嘱咐"。姚文元的电话指示,新华社都有记录。请看:

9 月 17 日

文元同志指示:

国庆报道,强调主席嘱咐的"按既定方针办"。

9 月 18 日

文元同志电话:

你们处理各省市在追悼会上的重要讲话、表态,不要怕重复。重要的都要写进去。比如:

1."按既定方针办"。凡有这句话的都摘入新闻,没有者,要有类似的话……

5.关于三要三不要,消息中提到的要保留,没有的也就算了。

9 月 20 日

二时许,文元同志又来电话:补充一点,以后你们要多反映如何

---

① 记录手迹影印件,见《王洪文、张春桥、江青、姚文元反党集团罪证》(材料之一),1976 年 12 月,第 104 页。后来,华国锋在全国计划会议上讲话时,也传达了毛泽东的指示,记录记成"还是按过去方针办"。

学习毛主席著作,学习主席一系列重要指示,真正贯彻落实到实际行动中去,化悲痛为力量,按既定方针办,这方面的内容。

9 月 23 日

文元同志告:

你们要铭记主席对我们的关怀、鼓舞,坚决按主席的既定方针办。

9 月 30 日

文元同志 30 日凌晨三时电话:

30 日晚上北京市在天安门城楼举行工农商学兵代表参加的庆祝国庆座谈会。

内容主要是学习毛主席著作,继承主席遗志,化悲痛为力量,紧密团结在党中央周围,按主席的既定方针办。①

在“四人帮”部署下,一时间,“按既定方针办”成为全国上下宣传的中心。北京、上海两地的主要报刊《人民日报》《光明日报》《红旗》杂志以及《文汇报》《解放日报》《学习与批判》和新华社的《内部参考》,连篇累牍地宣传“按既定方针办”。据不完全统计,从 9 月 17 日至 9 月 30 日,上述报刊登载的宣扬“按既定方针办”的消息和文章有 236 篇。②《人民日报》《光明日报》都把“按既定方针办”做了通栏大标题。《光明日报》还在报眼毛主席语录栏,连续 9 天刊登“按既定方针办”这条所谓“临终嘱咐”。华国锋、叶剑英等人警觉到,“四人帮”这样进行反复宣传的目的,是要把他们自己打扮成“正统”,标榜为毛泽东的合法继承人,以便打着毛泽东的旗号夺取最高领导权。

二、决战前的紧张局势

(一)“四人帮”加紧夺权准备

“四人帮”在反复宣传“按既定方针办”以窃踞正统的同时,加紧了夺取党

---

① 录自电话记录影印件,《王洪文、张春桥、江青、姚文元反党集团罪证》(材料之一),1976 年 12 月,第 106 页。

② 王忠人:《1976 年华国锋粉碎“四人帮”伪造毛主席遗嘱的阴谋》,《炎黄春秋》2004 年第 12 期。

和国家最高权力的步伐。他们运用文武两手紧锣密鼓地进行准备。

早在 1976 年 8 月，姚文元就要正在编写世界历史长编的中共上海市委写作组提前编辑赫鲁晓夫如何上台的材料，为影射、攻击以华国锋为首的中共中央做准备。①

毛泽东逝世后，他们的重点放到"拥戴"江青、制造江青担当最高领导上面。

1976 年 9 月 12 日，迟群、谢静宜即用清华、北大两校全体师生员工和革命家属的名义，向江青写了"效忠信"。9 月 17 日，迟群在清华大学讲："光是校党委写封信还不够，可以给下边打招呼，让分党委、还有团委、学生会这样的群众组织写一些信。"10 月 4 日，迟群又在清华大学布置各系发动群众写"效忠信"。9 月 23 日，姚文元布置新华社给江青写"效忠信"。他打电话给新华社说：江青同志的信对新华社的同志们是很大的鼓舞。你们给江青同志写一信，表示你们坚决按主席指示办。信写好后经我转。②

在"四人帮"及其党羽、亲信策动下，不仅给江青的"效忠信"纷至沓来，而且还有一些"劝进书"呈送上来，"拥戴"江青当中共中央主席和中共中央军委主席，要江青"立即出来担起这副重担"，还要增加张春桥担任中共中央副主席和中共中央军委副主席，增加王洪文为中共中央军委第一副主席，大造抢班夺权的舆论。

与此同时，"四人帮"加紧了在上海进行武装夺权的准备。

在江青争夺文件保管权的 9 月 17 日，王洪文悄悄飞往上海，加紧督办"第二武装"。早在 6 月毛泽东病重后，王洪文就多次催促中共上海市委某些领导人给上海民兵发武器、弹药。8 月下旬以来，上海已经给民兵突击发枪 74220 支、炮 300 门、各种弹药 1000 多万发。③ 王洪文到上海后，即接见上海市民兵指挥部领导小组全体成员，要求总结经验，搞个编制，立足上海，说什么要准备"人家一巴掌打过来，看我们是否站得住"。妄图控制上海民兵，建立

---

① 朱永嘉（时任中共上海市委常委、写作组负责人）的交代，《王洪文、张春桥、江青、姚文元反党集团罪证》（材料之一），1976 年 12 月，第 115—117 页。

② 本段及下段事实，据《王洪文、张春桥、江青、姚文元反党集团罪证》（材料之一），1976 年 12 月，第 96—97 页。

③ 《王洪文、张春桥、江青、姚文元反党集团罪证》（材料之一），1976 年 12 月，第 112 页；《历史的审判》（上），群众出版社 2000 年版，第 42 页。

"第二武装"。①

9 月 28 日，张春桥派秘书肖木送口信给中共上海市委某些领导人，要他们"经常分析阶级斗争形势"，准备真正经受"严重考验"。肖木传达张春桥的意见说：阶级斗争形势要经常研究，一方面要提高警惕，一方面要提高信心。马克思主义刚出来时，中国这么一个大国还没有人知道；后来到了列宁，中国懂得马列的也很少。现在毛泽东思想在中国、在世界传播了，比起那时候来懂得的人不知道有多少，所以要建立信心。当然要看到曲折，看到资产阶级还有力量，问题是谁挂帅。上海的工作，转告上海不要急，不要多出头，许多事让外地去搞，我们要把工作做得扎实一些。上海不搞，别人还会拿出几条来讲你。老实说，上海还没有经受过严重考验，林彪、邓小平要搞上海，都没有搞成。林彪搞成的话，上海有大考验，要打仗。②

在北京，"四人帮"活动频繁，行动诡秘。王洪文于 9 月 23 日从上海飞回北京，即进入西山，在 25 号楼住下。25 号楼紧挨着叶剑英住的 15 号楼，这样便于跟踪监视。叶剑英为避开王洪文的视线，即搬到玉泉山 9 号楼居住。王洪文发觉后问汪东兴：为什么让叶剑英搬到那里去？汪东兴告诉他，周恩来生前交代过，剑英同志可以住那栋房子。王洪文无可奈何。

这时，"四人帮"一方面制造谣言，说叶剑英在西山有个"军人俱乐部"，图谋不轨；另一方面，亲自出马抓"枪杆子"。江青到驻北京西北郊昌平某师，王洪文到驻河北保定某军，张春桥到驻北京东郊通县某部，串联、拉拢、煽动。③北京周边的部队不跟他们走，他们只能在"第二武装"民兵身上下功夫。在北京，清华大学和"四人帮"能控制的民兵中开始了动员和戒备，更大的力气则花在上海方面。

他们还抓毛泽东著作的编辑权。围绕《毛泽东选集》编辑权由谁掌握，也进行了一番斗争。

9 月 15 日，在中央的一次会议上，姚文元要李鑫向他们报告，"毛选"第五卷中，多少篇是毛泽东的手稿，有多少篇是毛泽东讲话、谈话的整理稿，想要直

① 《王洪文、张春桥、江青、姚文元反党集团罪证》（材料之一），1976 年 12 月，第 108—109 页。

② 徐景贤当时所作的记录，据《王洪文、张春桥、江青、姚文元反党集团罪证》（材料之一），1976 年 12 月，第 110 页。

③ 范硕：《叶剑英在 1976》（修订本），中共中央党校出版社 1995 年版，第 258 页。

接插手"毛选"第五卷的编辑工作。李鑫没有认真回答。

9月23日，姚文元又写信给李鑫，要李鑫把"毛选"第五卷的文稿送他。李鑫没给。

第二天，李鑫带着姚文元的信找汪东兴面谈，说：形势愈来愈清楚，他们是要夺中央的权。事情已经迫在眉睫，非解决不可了！

9月25日，李鑫把姚文元的信转给华国锋，建议中共中央直接抓"毛选"第五卷的编辑出版工作。李鑫在给华国锋的信上写道："送上姚文元的信，我建议政治局讨论一次毛选问题。"

姚文元写信后没有几天，9月28日，张春桥把李鑫找到钓鱼台谈话，说："我是中央常委，（"毛选"第）五卷工作，我是脱不了身的。"

李鑫回来后即向汪东兴汇报，并请汪东兴转告华国锋，要求当面向华国锋汇报一次。汪东兴当天即向华国锋报告了李鑫的要求。

9月29日下午，华国锋约李鑫到国务院会议厅谈话。李鑫向华国锋汇报了张春桥、姚文元要"毛选"第五卷文稿的情况，同时向华国锋讲了"四人帮"的问题和自己的看法。谈话进行了3个多小时，华国锋一直专注地倾听。

李鑫建议：中央要采取果断措施，把他们隔离审查！

华国锋说：你的意见很好，我要再同几个同志商量一下。

华国锋又说：我很忙，没有时间看很多材料。你注意一下报纸舆论动向，有什么情况，马上报告。这件事就拜托你了。①

（二）华国锋、叶剑英等人的商议谋划

解决"四人帮"早就是党和人民的共同意志。毛泽东于1975年5月3日在中共中央政治局会议上就说过，要解决"四人帮"的问题。四五运动充分表达了人民群众的这种意志。举国上下也都意识到为了挽救党，为了保卫人民共和国，必须彻底解决"四人帮"的问题。

四五运动前后，在中央领导层中，在高级干部中，私下就有计议。

1976年九十月间，"四人帮"在上海办的刊物《学习与批判》上发表关于唐山地震的文章《山崩地裂　视若等闲》。文章说："每当出现严重自然灾害的时候，党内机会主义路线的头子就总要跳出来造谣惑众，散布悲观情绪，宣

---

① 以上情况，据纪希晨：《史无前例的年代》，人民日报出版社2006年版，第423页。

传开历史倒车,妄图取消革命,复辟资本主义。"胡乔木看到这篇文章,联系江青等人最近的活动,感到文章的矛头是针对华国锋等中央领导同志的,就到中南海汪东兴的办公室找汪东兴交谈,跟汪东兴说上海《学习与批判》杂志的文章透露了"四人帮"的野心。胡乔木送了一套《学习与批判》杂志给汪东兴看,又对汪东兴说:这是上海发出的一个信号。他们想要动手了。应该先把张春桥搞起来。汪东兴回答:搞他一个人不行。抓了他一个,还有别人呢。这次谈话对汪东兴后来考虑把"四人帮"搞起来有启发。①

王震曾当面向叶剑英提议:"为什么让他们这样猖狂? 把他们弄起来不就解决了吗?"叶剑英心中早有考虑,他没有正面回答,向王震做了一个手势:伸出左手握成拳头,竖起大拇指向上晃了两晃,然后把大拇指倒过来向下按了按。意思是说,现在毛泽东还在世,投鼠忌器,条件还不成熟,要等待时机。王震按叶剑英的嘱咐,多次到邓小平、陈云、李先念等老同志和聂荣臻、徐向前两位元帅那里去"联络",找汪东兴交谈,还同中央警卫部队 8341 部队的干部交朋友。②

鉴于"四人帮"加紧夺权准备,在为毛泽东治丧以后,华国锋、叶剑英等人在表面上"示之以缓",实际上已经紧急行动起来,共商对策了。

他们多次商谈,交换情况,在必须解决"四人帮"的问题上,认识完全一致。③ 他们分析了中共中央政治局成员的情况。十届中共中央政治局委员 22人,除了逝世的和生病的,在位的共 15 人。除"四人帮"王洪文、张春桥、江青、姚文元之外,有 11 人:华国锋、叶剑英、韦国清、许世友、纪登奎、吴德、汪东兴、陈永贵、陈锡联、李先念、李德生。中共中央政治局候补委员 4 人:吴桂贤、苏振华、倪志福、赛福鼎。中共中央政治局成员绝大多数对"四人帮"是厌恶的,即使个别人态度暧昧,也不会死心塌地与"四人帮"为伍。中共中央政治局大多数成员是会拥护解决"四人帮"的,对此,华国锋、叶剑英充满信心。

9 月 21 日,聂荣臻委托杨成武到叶剑英住地,转达他的意见和期待。聂

---

① 据《访问汪东兴同志纪要(经汪东兴本人审阅)》(1984 年 5 月 31 日、6 月 13 日、6 月 15日);范硕:《叶剑英在 1976》(修订本),中共中央党校出版社 1995 年版,第 296 页;纪希晨:《史无前例的年代》,人民日报出版社 2006 年版,第 424 页。

② 范硕:《叶剑英在 1976》(修订本),中共中央党校出版社 1995 年版,第 270—273 页。

③ 中国人民解放军军事科学院编:《叶剑英年谱(1897—1986)》(下)记载,华国锋与叶剑英于 1976 年 9 月中旬、9 月 25 日、10 月 2 日面商。见《叶剑英年谱(1897—1986)》(下),中央文献出版社 2007 年版,第 1110—1113 页。

帅对杨成武说：那几个东西，闹腾得很厉害。这伙坏人什么坏事都干得出来，要有所警惕，防止他们先下手。如果他们把小平暗害了，把叶帅软禁了，那就麻烦了。这伙坏人依靠江青的特殊身份，经常在会上耍赖，蛮不讲理。采取党内斗争的正常途径来解决他们的问题，是无济于事的。我们只能先下手，采取断然措施，才能防止意外。华国锋现在是党中央第一副主席、国务院总理，是毛主席指定的接班人，所以要争取得到华国锋的支持。现在，我们党又一次面临生死存亡的紧急关头，情况很紧张，请叶帅快拿主意，早下决心，他得挺身而出啊！杨成武连夜返回西山，把聂帅的意见向叶帅报告。叶剑英听了很激动，说：你回去报告聂老总，请他放心，他的想法跟我考虑的一样。你回去报告他，有事随时同他商量。请他保重身体。①

叶剑英还分别接见了粟裕、宋时轮、韩先楚、萧华、傅崇碧等高级将领，嘱咐他们要严密注意形势，特别是要在各自岗位上掌握好部队，提高警惕，防范万一。

9月14日下午，李先念遵华国锋之嘱，秘密上西山见叶剑英，转告华国锋的决心和重托，请叶帅考虑在什么时间、以什么方式解决"四人帮"为好。叶剑英对李先念说："我们同他们的斗争是你死我活的斗争，只有你死，才能我活，没有调和的余地。"②

这时，叶剑英经过综合分析、反复比较，已经考虑了一个既不惊动太大，又力求合法的方案。③

9月24日晚，中共中央政治局成员应江青邀请在怀仁堂小礼堂看新拍摄的国产影片。李先念利用华国锋上厕所的机会转告：叶帅同意你的看法。

9月25日，叶剑英进城，到东交民巷15号院华国锋家里，同华国锋交谈了两个多小时，分析"四人帮"的动向和情况，研究解决"四人帮"的办法。两人一致认为，王洪文、江青、张春桥、姚文元一伙是一个反革命阴谋集团。中共中央同"四人帮"的斗争，是捍卫党的团结、统一，捍卫马列主义、毛泽东思想

---

① 据范硕：《叶剑英在1976》（修订本），中共中央党校出版社1995年版，第305—306页；《叶剑英年谱（1897—1986）》（下），中央文献出版社2007年版，第1110—1111页；纪希晨：《史无前例的年代》，人民日报出版社2006年版，第425页。

② 《李先念文选》注释第157条，见该书，人民出版社1989年版，第518页；中国人民解放军军事科学院编：《叶剑英年谱（1897—1986）》（下），中央文献出版社2007年版，第1111页。

③ 范硕：《叶剑英在1976》（修订本），中共中央党校出版社1995年版，第300—301页。

的重大原则斗争。这个斗争已超出党内思想斗争的范围,不宜采取党内思想斗争的一般方式,必须在特定的历史环境下,采取特殊的手段。但是为了避免动乱,又要做到合法解决。

叶剑英说:对付他们,只能采取断然措施,先把这4个人抓起来,隔离审查,然后再开政治局会议或中央全会。特殊矛盾,只有用特殊的办法。

华国锋说:叶帅,我们的想法完全一样。他们几个犯有严重罪行,可以隔离审查!

叶剑英进一步分析形势,认为乱子可能出一点,但出不了大乱子。乱子可能出在"四人帮"控制的上海。只要方法妥当,也可以避免。至于北京,一切优势都在中共中央方面。

叶帅尽管胸有成竹,还是征询华国锋的意见:你认为有把握吗?

华国锋表示:有把握!

叶帅提醒华国锋,南口有个坦克团,听说张春桥的弟弟去过这个团。如果北京城内有行动,坦克开进城来,该怎么对付啊!

华国锋说,需要了解一下。他随即通过陈锡联、吴德对南口的坦克部队做了调查,弄清楚这支部队一直由北京军区、北京卫戍区直接掌管。"四人帮"曾想插手,一开头就碰了壁。

由此,更加明确了解决"四人帮"必须有中央警卫部队参加。叶帅建议华国锋同汪东兴谈一下。①

中共中央办公厅主任汪东兴长期在毛泽东身边做警卫工作,同江青多有矛盾。江青曾辱骂过汪东兴、张耀祠等人是"反革命""特务集团"。在毛泽东逝世后这些天同江青一伙的矛盾冲突中,汪东兴态度明朗,坚决顶住江青的无理要求,支持华国锋的领导。

华国锋向汪东兴谈了他同叶帅的决策,问:汪主任,你有把握吗?

汪东兴表示:有把握! 有军队支持就有把握!

他向华国锋明确表态:只要党中央下命令,我就干。现在只能考虑党和国家的命运,个人的命运就不考虑了!

华国锋握着汪东兴的手,连声说好,并说:我马上告诉叶帅!

① 中国人民解放军军事科学院编:《叶剑英年谱(1897—1986)》(下),中央文献出版社2007年版,第1111页。具体情节,据纪希晨:《史无前例的年代》,人民日报出版社2006年版,第428—429页。

　　华国锋在 9 月 26 日或 27 日晚上，约李先念、吴德谈话，交换解决"四人帮"问题的意见。后来，吴德回忆了这天商谈的经过情况，记录在他的《十年风雨纪事》一书之中，引录于下：①

　　　　华国锋说：现在看来，我们同"四人帮"的斗争，已经不可避免。这场斗争关系到党和国家命运。如果"四人帮"篡党夺权的阴谋得逞，就会断送我们党领导人民创建的社会主义事业，不知会有多少人头落地。我们就是党和人民的罪人。

　　　　我也察觉到"四人帮"近来的一些活动不正常，表示支持华国锋同志的意见和所下的决心，并说解决的办法无非两种，一是抓起来，二是召开中央政治局会议用投票的办法解除他们担任的职务。我偏重主张用开会的办法来解决，说我们会有多数同志的支持。在政治局投票，我们是绝对多数，过去他们假借毛主席的名义压我们，现在他们没有这个条件了。

　　　　李先念插话说：你知道赫鲁晓夫是怎么上台的吗？

　　　　我说：当然知道。赫鲁晓夫在苏共中央主席团是少数，莫洛托夫、马林科夫是多数。赫鲁晓夫借助朱可夫的支持，用军用飞机把中央委员从各地接来开中央全会。在中央全会上，赫鲁晓夫的人占了多数，莫洛托夫、马林科夫遭到失败，被打成反党集团。

　　　　随后，华国锋、李先念和我分析和估计了当时党中央委员会成员的情况。我们认识到：在政治局开会投票解决"四人帮"的问题，我们有把握；但在中央委员会投票解决"四人帮"的问题，我们没有把握。（中共）十大选举中央委员时，"四人帮"利用他们手中的权力，把许多属于他们帮派的人和造反派的头头塞进了中央委员会。如果召开中央委员会，在会上投票解决"四人帮"的问题是要冒风险的，采取隔离审查的办法才是上策。

　　　　我们还分析了全国的形势，认为"四人帮"在群众中是孤立的，在军队里是没有力量的。

　　　　我们还讨论了解决"四人帮"的时间问题。毛主席逝世不久，江青又是毛主席的夫人，要考虑到他们利用散布"毛主席尸骨未寒"来

---

　　① 吴德：《十年风雨纪事》，当代中国出版社 2008 年版，第 178—180 页。

造舆论,但是也要认清"四人帮"的活动在加剧,不知道他们会有什么动作。我和李先念都同意华国锋提出的"早比晚好,愈早愈好"解决"四人帮"的提议。

我们一直讨论到第二天早晨5点,认识一致了。

粉碎"四人帮"后,华国锋和李先念都对我说过,通过这次商量后,华国锋下了把"四人帮"抓起来进行隔离审查的最后决心。

华国锋还要吴德同北京卫戍区司令员吴忠联系,确保北京卫戍区的4个师听从指挥。

9月底至10月初,华国锋、叶剑英从不同渠道相继获得"四人帮"活动的一些重要信息:上海市民兵指挥部向民兵紧急下发了武器、弹药;"四人帮"的骨干到北京郊区某装甲部队活动;上海一些群众到商店抢购红纸、鞭炮,准备开庆祝大会。这些动向引起华国锋、叶剑英的高度警觉。①

叶剑英从华国锋那里得知汪东兴的态度后,于10月2日下午到中南海南船坞(亦称南楼)的汪东兴住地同他交谈。

叶帅提出,现在形势很紧张。"四人帮"不除,党和国家就没有出路。要立即找华国锋谈,加速采取果断措施。叶帅把自己考虑的解决"四人帮"的具体行动设想告诉汪东兴。汪东兴听后说:我完全同意,按照你的办法办。

汪东兴对叶帅说:事情非常紧迫。据我了解,张春桥最近两次到江青家里,每次都是几十分钟。

叶帅说:不能再等了! 再推迟,不是我们解决他们,而是他们解决我们了!

叶帅果决地说:我们要快打慢,快打慢!②

叶帅在汪东兴处吃过晚饭后,即到华国锋住地同华国锋商谈解决"四人帮"的具体行动设想。华国锋听完后说,我完全同意你的办法。叶帅说,好,请你再告诉东兴同志。③

10月3日,汪东兴向华国锋汇报解决"四人帮"的行动方案。华国锋听后

---

① 中国人民解放军军事科学院编:《叶剑英年谱(1897—1986)》(下),中央文献出版社2007年版,第1112页。

② 据中国人民解放军军事科学院编:《叶剑英年谱(1897—1986)》(下),中央文献出版社2007年版,第1111页。具体情节,据纪希晨:《史无前例的年代》,人民日报出版社2006年版,第429页。

③ 此处及后续行动,均据中国人民解放军军事科学院编:《叶剑英年谱(1897—1986)》(下),中央文献出版社2007年版,第1113页。

认为可行,要汪东兴再向叶帅汇报。

10月4日,汪东兴向叶帅汇报,叶帅表示同意。至此,华国锋、叶剑英、汪东兴三人的意见完全一致,确定采取"先动手,后开口"的办法解决"四人帮"。由汪东兴考虑具体方案,作出周密安排,组织实施。为防止出大乱子,对上海方面,叶剑英通知东海舰队和第六十军做好应急准备;要第一军由镇江向无锡、第六十军从浙江向上海拉练,形成对上海的钳形进攻态势。① 北京方面,叶帅同粟裕、宋时轮打过招呼,要他们加强戒备。叶帅还通过苏振华要北京卫戍区司令员吴忠保持首都的稳定。

10月3日、4日间,叶剑英得知陈云提出要来同他交谈,即派侄儿叶选基去接陈云。陈云没有坐来接他的叶帅的公务车。还是坐自己的"红旗"轿车跟着叶选基的车到了后海边小翔凤胡同5号叶帅家里。② 陈云出门之前,把保险柜的钥匙,还有一些重要文件交给儿子陈元,还跟陈元交代了一些重要的事情,说他万一回不来……③

陈云后来回顾会见叶帅时的情景,写道:

> 我到叶帅那里,见到邓大姐谈完话出来。叶帅首先给我看了毛主席的一次谈话记录,其中有讲到党内有帮派的字样,然后问我怎么办? 我说:这场斗争不可避免。在叶帅和先念同志推动下,当时的中央下了决心,一举粉碎了"四人帮",使我们国家进入了新的历史发展时期。④

(三)决战前的正面交锋

9月29日夜,华国锋主持中共中央政治局会议,听取毛泽东医疗专家组对毛泽东病情及抢救治疗情况的汇报,讨论怎样过国庆节和毛泽东生前联络员毛远新是否回辽宁的问题。江青一伙接连发动进攻,华国锋、叶剑英、李先念等多数中共中央政治局成员针锋相对、寸步不让,挫败了江青及其同伙的

---

① 访问廖汉生的谈话记录,访问者:程中原、刘志男。廖汉生时任南京军区政委。

② 据中国人民解放军军事科学院编:《叶剑英年谱(1897—1986)》(下),中央文献出版社2007年版,第1113页。一些著作、文章,把西山和小翔凤连用,误当作一个地名。

③ 文献纪录片《共和国元帅——叶剑英》第六集中陈元的忆述,中央电视台1998年8月6日晚播出。

④ 陈云:《悼念李先念同志》(1992年7月21日),原载于《人民日报》1992年7月23日;引文见《陈云文选》第3卷,人民出版社1995年版,第379页。

进攻。

江青在会上提出一个与国庆节活动安排没有关系的问题:"毛主席逝世了,党中央的领导怎么办?"她肆无忌惮地攻击华国锋,说华国锋处理"保定问题"优柔寡断,没有能力。王洪文、张春桥跟着唱和,要求加强集体领导、安排江青工作。"四人帮"的用意很清楚,就是要逼华国锋下台,捧江青当中共中央主席。此议受到叶剑英、李先念等多数中共中央政治局委员的抵制,"四人帮"的野心没有得逞。

讨论毛远新回辽宁的问题时,江青大吵大闹,要毛远新留在北京,整理毛泽东的文件、档案,起草中共十届三中全会的报告。华国锋当面顶了江青,说她出尔反尔。

华国锋断然决定:毛远新回辽宁工作;中共中央领导问题、中共十届三中全会政治报告问题,交中共中央政治局专门研究讨论。

对当天会议的主要议题——国庆节怎么过,中共中央政治局讨论决定:不举行游行、联欢等庆祝活动,9月30日在天安门城楼举行首都工农兵学商代表国庆座谈会。中共中央政治局的同志在节日期间可分头到工厂、农村去看望工人、农民。①

9月29日夜间的这次中共中央政治局会议,实际是一次夺权与反夺权的正面交锋。华国锋、叶剑英、汪东兴、李先念等多数中共中央政治局成员,坚决地挫败了江青一伙抢班夺权的图谋。但是,"四人帮"丝毫没有收敛,继续进行篡夺党和国家最高领导权的罪恶活动。

围绕所谓毛泽东"临终嘱咐"的再较量　9月30日晚,首都工农兵学商群众代表400多人在天安门城楼上举行国庆座谈会。在各界群众代表发言后,华国锋代表中共中央讲话。这篇讲话全文仅200字,没有提"批邓",也没有提所谓"按既定方针办"的"嘱咐"。华国锋说:"同志们,今天,在伟大的领袖和导师毛主席创建的中华人民共和国成立二十七周年的前夕,我们参加首都工农兵学商代表举行的座谈会。我们向同志们学习,向同志们致敬。在庆祝中华人民共和国成立二十七周年的时候,我们更加怀念伟大的领袖和导师毛主席。我们要化悲痛为力量,继承毛主席的遗志,把毛主席开创的无产阶级革

---

① 纪希晨:《十月风雷》;范硕《叶剑英在1976》(修订本),中共中央党校出版社1995年版,第330—334页。

命事业进行到底。毛主席永远活在我们心中！马克思主义、列宁主义、毛泽东思想万岁！中国共产党万岁！中华人民共和国万岁！"

可是，在新华社发的报道和第二天《人民日报》的版面上，"四人帮"强调毛泽东的"临终嘱咐"——"按既定方针办"和"批邓、反击右倾翻案风"，蓄意将他们的图谋与野心暴露在公众面前。

新华社9月30日的报道中，加进了华国锋讲话中所没有的"按既定方针办"的"嘱咐"和没有提及的"批邓、反击右倾翻案风"，说：大家"决心化悲痛为力量……遵照毛主席的嘱咐'按既定方针办'，坚持以阶级斗争为纲，坚持党的基本路线，坚持无产阶级专政下继续革命，坚持无产阶级国际主义，深入批邓、反击右倾翻案风，把毛主席开创的无产阶级革命事业进行到底。"

10月1日，《人民日报》发表新华社关于这次座谈会的报道，在头版毛泽东大幅照片旁边，以"毛主席教导我们"为引语，刊登6条毛泽东语录，"按既定方针办"的所谓"临终嘱咐"和毛泽东"批邓"的语录"什么'三项指示为纲'，安定团结不是不要阶级斗争，阶级斗争是纲，其余都是目"，都列在其中，非常醒目。

当天的《人民日报》社论《学习毛泽东思想　继承毛主席遗志》，突出强调"按既定方针办"，并把"批邓"作为当时最重要的任务，说："当前，要联系各条战线的实际，抓住修正主义的思想政治路线这个要害，深入批判邓小平授意炮制的《论总纲》《汇报提纲》和《条例》三株大毒草，把批邓、反击右倾翻案风的斗争进行到底，巩固和发展文化大革命的胜利成果，巩固无产阶级专政。"

《人民日报》第三版发表两篇通讯，分别报道边、海防战士和北京部队某部八连悼念毛泽东逝世。在通讯的导语中，都突出"一定牢记毛主席'按既定方针办'的嘱咐""遵循毛主席关于'按既定方针办'的嘱咐；两篇通讯都强调"继续深入批邓"，提倡"批出了新的水平"，"刻苦攻读马列著作和毛主席著作，挥笔写批判文章，深入批判邓小平授意炮制的《论总纲》《汇报提纲》《条例》等三株大毒草"。

非常明显，"四人帮"控制的舆论工具有意发出同党和国家最高领导人华国锋不一样的声音。

当天《人民日报》第四版选登了6位在座谈会上发言的群众代表的照片，却唯独不登华国锋讲话的照片，显然是有意贬低华国锋作为党和国家最高领导人的地位。

更为严重的是,此后"四人帮"继续宣传他们伪造的所谓毛泽东的"临终嘱咐"。有的文章,竟企图将"篡改""背叛"以及"修正主义头子"的帽子扣到华国锋的头上。

前面已经说到,毛泽东追悼大会前,"四人帮"在9月16日的"两报一刊"社论中抛出了一个"临终嘱咐":"按既定方针办";随后,即连篇累牍反复宣传。他们企图用这个伪造的"临终嘱咐"制造他们才是"正统"、才是毛泽东的合法继承人,并用它打击别人、抬高自己。

10月2日,华国锋审阅《中国代表团团长在联合国大会第三十一届会议上的发言》修改稿,看到稿中又引用了所谓"毛主席'按既定方针办'的嘱咐",立即警觉起来。十分明显,在此紧要关头,是"照过去方针办",还是"按既定方针办",已经不仅仅是文字的差别,而成了区分真伪的标志、确定合法与非法的焦点。华国锋这时已无可退让,提起笔来,把发言稿中"遵照毛主席'按既定方针办'的嘱咐"这14个字删去,并在眉头"现送请在京政治局同志审阅"处写下批注,说明为什么把这14个字删除:"其中引用毛主席的嘱咐我查对了一下,与毛主席亲笔写的,错了三个字。毛主席写的和我在政治局传达的都是'照过去方针办',为了避免再错传下去,我把它删去了。"华国锋还注明已查了他的讲话记录,记成"还是按过去方针办"。华国锋要其他领导传阅后退外交部。①

张春桥、江青心怀鬼胎,他们无法否定华国锋的批注。张春桥写批语:"国锋同志的批注,建议不下达,免得引起不必要的纠纷。"江青在自己的名字上画圈,批"同意",画一条直线指到张春桥的批语上面,表示同意张春桥"不下达"的意见。② 他们企图就此把他们的劣迹遮掩过去。姚文元吩咐人民日报社负责人鲁瑛,从次日起在报纸上逐渐减少"按既定方针办"的提法。10月3日,姚文元同鲁瑛密谋,"要想个办法,采取措施"来对付华国锋批注所作的揭露;同时,继续写《按毛主席的既定方针勇往直前》的文章。文中叫嚷"篡改毛主席的既定方针,就是背叛马克思主义,背叛社会主义,背叛无产阶级专政下继续革命的伟大学说",要防止"邓小平一类走资派""重演反革命的故伎","不管是什么人物,用什么方式搞修正主义,刮多大的阴风,我们都要造他的

---

① 据档案部门保存的原件;参见《人民日报》编辑部:《灭亡前的猖狂一跳——戳穿"四人帮"伪造"临终嘱咐"的大阴谋》,《人民日报》1976年12月17日。

② 据档案部门保存的原件。

反"，还叫嚷"任何修正主义头子胆敢篡改毛主席的既定方针，是决然没有好下场的"。① 与《光明日报》10月4日的文章如出一辙。

华国锋当时担心的是，出席第31届联合国大会的中国代表团团长乔冠华已于9月30日带着这份发言稿飞赴纽约，发言稿中的错误怎么纠正。10月2日晚上，华国锋即找中联部部长耿飚，外交部副部长韩念龙、刘振华，商量解决问题的办法。

耿飚回忆那天晚上解决此事的经过说：

> 国庆节过后，10月2日晚上，华国锋同志突然打电话要我去国务院会议厅东厢房会议室商量事情。我到他那里时，外交部的韩念龙、刘振华两位副部长已经先到了。华国锋让我们坐下来，开门见山地说："你们都来了，好！想和你们商量解决一个问题。乔冠华在联合国大会的发言稿上，提到了'毛主席的临终嘱咐'、'按既定方针办'。我昨天见到这个送审稿时，在稿子上批了几句话。我说发言稿中引用毛主席的话，经我查对，与毛主席亲笔写的错了三个字。毛主席写的和我在政治局传达的都是'照过去方针办'，为了避免再错下去，我把它删去了。但是，乔冠华9月30日已去联合国，10月4日要发言，他带去的稿子上并未删去那句话。你们看用什么办法把发言稿上'按既定方针办'那句话去掉，时间还来不来得及？"
>
> 我说："因为时差的关系，北京比纽约早12小时，离发言还有两天时间。"
>
> 研究结果，由韩念龙、刘振华回外交部打电话，通知乔冠华在发言稿中删去这句话。②

韩念龙、刘振华回外交部后，即令值班室发电报给乔冠华，要他在发言稿中删去这句话。乔冠华在发言的前一天晚上收到电报后即照删。10月5日乔冠华在联大的发言，10月6日《人民日报》刊登的发表稿，都没有"四人帮"伪造的"临终嘱咐""按既定方针办"这句话。

---

① 据《人民日报》编辑部：《灭亡前的猖狂一跳——戳穿"四人帮"伪造"临终嘱咐"的大阴谋》，《人民日报》1976年12月17日。此文揭露，姚文元后来把《按毛主席的既定方针勇往直前》送审稿上的"按既定方针办"改成"按照毛主席过去既定的无产阶级革命路线和各项方针政策办"，以便既保存他们伪造的"临终嘱咐"的原意，又可以对付华国锋的揭露。

② 《耿飚回忆录（1949—1992）》，江苏人民出版社1998年版，第287—288页。

　　笔者在这里需要补充说明的是,华国锋说的乔冠华在 10 月 4 日要发言,是纽约时间即美国东部时间。按时区的划分,纽约时间是在西五区,北京时间是在东八区,相差 12 小时。美国自 3 月 11 日至 10 月 29 日实行夏令时制,实际相差 13 小时。所以,按北京时间,乔冠华在联大发言是 10 月 5 日。据乔冠华夫人章含之写的书中说:乔冠华在 9 月 30 日启程时,等不及中央批复,随身带走了这份修改稿。他给中央主要领导人留的便条说:如中央没有修改意见,就以此定稿。如果中央还有修改意见,请在 10 月 5 日上午之前通知他,因为他的发言定在这天下午。①

　　关于 10 月 2 日晚上的谈话,耿飚还回忆了以下重要情况:韩念龙、刘振华走后,耿飚问华国锋:从字面上看,"照过去方针办"和"按既定方针办"差别并不大,为什么要去掉这句话? 华国锋作了解释,耿飚谈了他听华国锋解释后的认识。这些内容对理解这一段斗争历史很有启发,现引述于下:

　　　　华国锋说:"毛主席没有什么'临终嘱咐',不应该这么说。4 月 30 日晚上,毛主席会见外宾。等外宾走后,我向他汇报了各省的情况。当时毛主席讲话时发音已不太清楚,他怕我听不清,就用铅笔写了几张纸条给我看,其中有一张写的是'照过去方针办'。这根本不是什么临终时的嘱咐,而是针对我汇报的具体问题,对我个人的指示。现在他们把六个字改了三个字,把对我讲的变成了'毛主席的临终嘱咐'。他们这样做,就可以把他们干的许多毛主席不同意的事情,都说成是按毛主席的既定方针办了。他们就有了大政治资本了嘛!"

　　　　我听了这番解释,明白了"四人帮"搞这种变戏法的险恶用心:是想在广大干部和群众中造成一种印象,似乎毛主席对他们有"临终嘱咐",这样他们既可以捞到政治资本,又可以把所谓按既定方针办当成"尚方宝剑",今后他们不论搞什么阴谋诡计,都可以说成是按毛主席既定方针办的;如果有谁反对他们胡作非为,阻挠他们实施阴谋,他们还可以用这把"尚方宝剑"来打击之,反诬别人反对毛主席的既定方针。这样,就给他们篡党夺权开了方便之门。同时,我对"四人帮"

<hr>

　　① 转引自阎长贵、王广宇:《问史求信集》,红旗出版社 2009 年版,第 127 页。该书所说,据章含之(乔冠华夫人)写的两本书:《我与乔冠华》(中国青年出版社 1994 年版)、《跨过厚厚的大红门》(文汇出版社 2004 年版)中《虔诚与毁灭》一节。

控制舆论工具的这一段时间内为什么如此大张旗鼓地宣传所谓"毛主席的临终嘱咐：按既定方针办"的背景和用意，就更加清楚了。①

10月2日晚上，华国锋与耿飚谈完话临走时，华国锋对耿飚说："近日有事要找你，你在家里等着。"②

10月2日，华国锋还到中共北京市委第一书记吴德的住处，同吴德商议解决"四人帮"的问题。吴德回忆：

> 华国锋要我深思：把"四人帮"抓起来后，全国党政军民会有什么反应，应采取什么对策；北京市如何配合中央解决"四人帮"问题。
>
> 华国锋当时还问我："四人帮"在北京市有哪些爪牙？
>
> 我说：有迟群、谢静宜、金祖敏等人，也该隔离。
>
> 华国锋表示同意，说：首都不能乱。首都一乱，全国就有可能发生大问题。稳定首都的问题，由你负全责。③

当天，吴德即向中共北京市委第二书记倪志福、北京市委常务书记丁国钰打招呼，告诉他们，中央要解决"四人帮"的问题，对他们隔离审查。④

（四）"四人帮"的如意算盘和猖狂进攻

9月30日国庆座谈会以后，"四人帮"沉浸在夺权"胜利"的迷梦之中。

江青在10月1日跑到北京南郊的大兴县，对清华大学大兴分校师生讲话。江青说："我在主席逝世后的第一次中央会上，就控诉了邓小平，要开除他的党籍，没有开除，要以观后效。还会有人要为他翻案。""我也要向你们年轻人宣誓，一定要锻炼好身体，和他们斗。阶级斗争、路线斗争，还长着呢。形势是好的，你们看形势好不好？但是要警惕。"⑤

10月2日，"四人帮"再次一起密谋，并照了彩色合影。王洪文让新华社记者给他照了"标准像"，为上台做准备。⑥

---

① 《耿飚回忆录（1949—1992）》，江苏人民出版社1998年版，第288—289页。
② 《耿飚回忆录（1949—1992）》，江苏人民出版社1998年版，第289页。
③ 吴德：《十年风雨纪事》，当代中国出版社2008年版，第182页。
④ 吴德：《十年风雨纪事》，当代中国出版社2008年版，第182页。
⑤ 《王洪文、张春桥、江青、姚文元反党集团罪证》（材料之一），1976年12月，第100页。
⑥ 《王洪文、张春桥、江青、姚文元反党集团罪证》（材料之一），1976年12月，第98页；中国人民解放军军事科学院编：《叶剑英年谱（1897—1986）》（下），中央文献出版社2007年版，第1113页。

张春桥已经写好了"怎样巩固政权"的纲领,他要一手拉大旗:"编书"(1 著作集,2 专集《论教育革命》,3 发表文章,4 委员会专人),"纪念"(陵,故居, 纪要);一手搞"革命与专政"(怎样革、怎样巩固政权):"批邓"(三株大毒草。 对邓的斗争,报告。什么叫转好弯子?)、"镇反"(反对毛主席就是现行反革 命),"杀人"。①

10 月 3 日,王洪文跑到北京东北郊的平谷县讲话,煽动反对以华国锋为 首的中共中央。王洪文说:"中央出了修正主义,你们怎么办? 打倒……建国 以来,中国就出了高岗、饶漱石、彭德怀、刘少奇、林彪、邓小平,不出是不可能 的。今后还可能出什么唐小平、王小平之类,要警惕! 不只是邓小平搞修正主 义,出是可能的,不出是奇怪的。要把眼睛睁得大大的看着修正主义。"②

同一天,江青带着一帮人到景山公园摘苹果,边摘边说:"苹果留着吧,过 盛大节日再吃!"

北京的民兵指挥部昼夜值班,上海的"第二武装"也开始行动。社会上有 传闻,10 月 8、9、10 日有"特大喜讯",要准备庆祝。上海一些商店的红纸、鞭 炮卖空。③

10 月 4 日,《光明日报》登出"梁效"的《永远按毛主席既定方针办》的长 文。文章称:"按既定方针办"的"嘱咐""金光闪闪,字字万钧","在整个社会 主义历史时期,永远是前进的指南,赢得胜利的保证"。文章说:"篡改毛主席 的既定方针,就是背叛马克思主义,背叛社会主义,背叛无产阶级专政下继续 革命的伟大学说","任何修正主义头子胆敢篡改毛主席的既定方针,是决然 没有好下场的"。这就是说,"按既定方针办"才是毛泽东临终前给江青一伙 的"嘱咐";"正统""合法继承人"是江青及其同伙,而不是华国锋。华国锋批 六个字"错了三个字"就是"篡改"。"篡改"就是"背叛",就是"修正主义头 子"。尽管这篇文章是《光明日报》约稿,于 9 月 24 日写出初稿、9 月 30 日签 发定稿版面的,并非"四人帮"那时针对华国锋批语授意所写,但确实传递了 "四人帮"的旨意和动向。在当时的背景下,身处斗争旋涡中的人们,把它看

---

① 《王洪文、张春桥、江青、姚文元反党集团罪证》(材料之一),1976 年 12 月,第 102—103 页载张春桥亲笔写的原件影印件。

② 《王洪文、张春桥、江青、姚文元反党集团罪证》(材料之一),1976 年 12 月,第 98— 99 页。

③ 《叶剑英传》,当代中国出版社 1995 年版,第 652 页。

作是"四人帮"针对华国锋批语发出的全面进攻、篡党夺权的信号，是很自然的。

当天晚上，李鑫就带着这天的《光明日报》，在这篇社论要害处画上了粗杠，赶到汪东兴的办公室，要汪东兴火速送给华国锋，并转告他的看法：这是"四人帮"向中共中央发起夺权的信号，建议中共中央赶快行动，采取果断措施！①

（五）华国锋、叶剑英与汪东兴的决策、部署

这时，中共中央政治局多数委员与"四人帮"的斗争已经到了你死我活的决战关头。人民共和国的历史走到了一个决定命运的十字路口。

叶剑英看了 10 月 4 日《光明日报》头版发表的"梁效"文章，认为这是"四人帮"要篡夺最高领导权的信号，感到事不宜迟，要当机立断。当天傍晚，他赶到东交民巷 15 号院华国锋住所紧急磋商。

叶剑英说：现在，解决他们的问题已经到了刻不容缓的时候啦，他们就要下手了，不能再等啦！他提出，改变原定国庆节后准备 10 天，视情况再定动手的部署，提前采取行动，"先发制人，以快打慢"，在 10 月 6 号或者 7 号下决心"一破一立除四害"。② 华国锋决定"至迟后天动手"，请叶剑英同汪东兴落实行动计划。

叶剑英即到汪东兴处，详细商决一切，使汪东兴提出的行动方案更加周密、完善、可行，保证决战全胜。

汪东兴紧急行动起来，布置进行各种"临战"准备。

汪东兴同张耀祠（中共中央办公厅副主任）、武健华（中央警卫局副局长、8341 部队政委）一起商量，从中央警卫局机关局、处、科级干部和中央警卫部队（8341 部队）师、团、营级干部中，挑选政治素质、军事技术、身体都好，又熟悉情况的人员，执行这一特殊任务。执行任务的人员分为 5 个行动小组，明确分工：第一行动小组解决王洪文，组长李广银，队员：吴兴禄、霍际龙、王志民；第二行动小组解决张春桥，组长纪和富，队员：蒋廷贵、徐金升、任子超；第三行

---

① 据纪希晨：《史无前例的年代》，人民日报出版社 2006 年版，第 423 页。

② 据《叶剑英传》转引的叶剑英 1976 年 10 月 8 日在中共中央召集的武汉、南京、济南部队和山东、湖北、江苏、上海有关负责人打招呼会上的讲话。见《叶剑英传》，当代中国出版社 1995 年版，第 652 页。

动小组解决江青,组长高云江,队员:黄介元、马盼秋、马晓先(女);第四行动小组解决姚文元,组长滕和松,队员:康海群、张云生、高风利;第五行动小组解决毛远新,组长李连庆。现场警戒为:丁志友、东方、叶桂新、赵汝信。参加行动的其他人员有:黄昌泰(8341部队副参谋长),廉洁(工程管理中队教导员),孙洪起、孙振发(服务科正、副科长),曹志秀、李合(交通科正、副科长);还有6位司机:史友令、俞桂兴、尚占良、王明臣、吴增彬、张中臣。

他们还选定离中南海很近的前毛家湾一处城防地下工事做隔离室。

10月3日深夜,汪东兴把李鑫找到中南海自己家里,告知将对"四人帮"实行隔离审查的决定,要他为中央起草文件。李鑫建议中央要起草三个文件:第一,关于隔离审查"四人帮"的决定;第二,关于出版《毛泽东选集》第五卷的决定;第三,关于建立毛主席纪念堂的决定。

汪东兴报告华国锋同意后,即请李鑫在他家的一个小房间里住下来,外面把门反锁了,从10月4号到6号,专心一意起草这三个文件。

汪东兴还同李鑫、武健华一起商议具体的行动方案。李鑫提出:现在,张春桥、姚文元想抓《毛泽东选集》第五卷,要《毛泽东选集》第五卷的材料要得很急。因此,用中共中央政治局常委讨论《毛泽东选集》第五卷的名义在中南海怀仁堂召开会议,调他们来开会,他们一定会来。过去中央讨论《毛泽东选集》工作的会议,都是在中南海怀仁堂召开的。他们肯定不会怀疑,一定会上钩的。

这个行动方案报给华国锋、叶剑英,得到批准。

与此同时,华国锋又同吴德进一步商议确保首都安全、稳定等事。①

吴德回忆:

> 10月3日或4日,我到华国锋处商量事情时,华国锋提出,叶帅告诉他,北京军区在昌平有个坦克六师,张春桥的弟弟张秋桥常去那里活动,叶帅对这个师的情况不放心。
>
> 华国锋问我,如果这个部队违抗中央的决定,支持"四人帮",把部队开进北京市区来,北京市有没有力量把它拦住。
>
> 我对华国锋说:有无把握,我得问一问北京卫戍区。

---

① 以下吴德的回忆,均见他的《十年风雨纪事》,当代中国出版社2008年版,第182—183页。

华国锋问：北京卫戍区靠得住靠不住？

我说：卫戍区司令员吴忠对"批邓"是不满的，对"四人帮"很反感。我是卫戍区的政委，了解吴忠的思想情况。在解决"四人帮"的问题上，我相信吴忠是会听从党中央的指挥，和我们一致行动的。

吴德同华国锋谈完话，立即去找吴忠，向他谈了中央解决"四人帮"的考虑和决心。吴德回忆说：

吴忠向我保证说：北京的卫戍部队有能力保卫首都安全，请中央放心。

吴忠告诉我，在坦克六师旁边，北京卫戍区驻有一个坦克团，如有情况，可以起作用。

与吴忠谈话后，我立即将情况向华国锋作了汇报。

华国锋说：新华社、（中央）人民广播电台、人民日报社、飞机场、邮电局等单位，要由卫戍区控制起来。

华国锋说卫戍区的部队要交由我负责，让我去找主持军委日常工作并任北京军区司令员的陈锡联解决北京卫戍区部队调动的问题。华国锋说，陈锡联是比较好的同志，他支持解决"四人帮"的问题。

接着，吴德回忆了去找陈锡联的情况和随后同吴忠商谈的情况——

我马上就找到陈锡联。陈锡联说情况他已知道。陈锡联随即打电话，向吴忠交代：卫戍区部队一切听从吴德的指挥。并要吴忠立即到我的住处具体商量。

我踏进家门，见吴忠已在我家中等候。我与吴忠在1971年执行中央指示，共同处理过"九一三"林彪叛逃事件。我们根据1971年稳定首都的经验，商量了具体措施，共同部署了北京市内紧外松的戒严工作。叶剑英当时担心的事情，一件是前面说的坦克六师的问题（后来实际表明，这个师毫无问题），另一件是要防备学生、造反派从清华、北大等学校冲出来，造成混乱。为此，我在清华、北大附近都部署了相当兵力。如果有人往外冲，无论如何要把他们堵回去。10月6日那天晚上，北京实际上实行了暗中戒严，外地进京的所有路口都被监视，防止外地的部队进北京。

我把与陈锡联、吴忠商谈的情况和部署报告了华国锋。华国锋又亲自同吴忠谈过一次话。

在这一触即发的紧张时刻，双方都密切注视着对方的一言一行、一举一动。10月4日，江青突然提出要去石家庄。华国锋迅速作出判断，妥善应对。吴德亲历这一幕，记下了紧张时刻的这一插曲：

可能是10月4日，华国锋又找我到他住处。正谈着，汪东兴打电话来说，江青提出要到石家庄去，指定列车的车头要用二七车辆厂生产的内燃机车头，还要请二七厂的一些工人陪同她去。汪东兴请示华国锋是否同意她去。

华国锋拿着电话，既问又答地同我说：江青到石家庄要干什么？她可能是试探，还是稳住她，同意她去。

我点点头，同意华国锋的意见。

华国锋当即答复汪东兴说：允许她去，关于调车头及找工人陪同的问题由吴德去安排。

后来我们知道，其实专列没有到石家庄，开到保定的一个道岔上就停了下来。江青下火车扭扭摆摆采了一些野花，待了一段时间就上车了。在车上又和陪同的工人、干部讲了一些"文化大革命"的情况，就回北京了。江青没有找当地造反派或三十八军进行活动。看来这次江青外出活动，正如我们所料，完全是个试探。

10月4日凌晨5点多钟，吴德刚从华国锋那里回到家中，电话铃声又响起来，华国锋要吴德马上到他那里去。吴德急忙赶去，见汪东兴已在那里。三人当场商定：

第一，按华国锋、叶剑英、汪东兴已议定的方案，抓"四人帮"由汪东兴负责。

第二，对迟群、谢静宜、金祖敏等人的隔离审查，由吴德和北京卫戍区司令员吴忠负责解决。

第三，中南海内如果出现意料不到的问题，由吴德组织北京卫戍区的部队支援。

第四，由北京卫戍区把人民日报社、新华社、中央人民广播电台、中央机关以及由迟群、谢静宜控制的清华、北大等单位，用内紧外松的方式戒备起来，要再检查一遍落实的情况。

华国锋要求吴德守在电话机旁，随时与他保持联系。①

10月5日当天，华国锋还派车把耿飚接到东交民巷15号院华国锋的住处，交谈，布置。

华国锋接着10月2日同耿飚个别交谈的话题，要耿飚谈谈对最近事态的看法。

耿飚讲了对《光明日报》10月4日长文的看法，说：人家在下战表了！耿飚认为这篇宣言书式的文章，是"四人帮"要动手篡夺最高领导权的一颗信号弹。

华国锋点头同意，不慌不忙地拿出毛泽东亲笔写给他的那几张纸条来，给耿飚看，对耿飚解释了这几张纸条的来由。接着，华国锋说："我也感觉到了，他们几个在跟中央、跟政治局的多数同志作对。随便抓件事就大吵大闹，胡搅蛮缠。主席去世后，政治局晚上开会，一吵就是大半夜。每个晚上，江青都要打电话给我，乱叫乱嚷，吵得我无法睡觉。她晚上吵闹白天睡大觉，可是我白天还要工作……"

华国锋问耿飚："你认为他们还会有什么动作？"

耿飚说："据我推测，三五天内，他们可能会有行动。"

华国锋问："你有何根据？"

耿飚答："他们在上海搞了个功率很大的电台，增加了民兵，增发了武器、弹药，那是他们的根据地。在北京，我数了数，大概有十来个部门，甚至不止这个数目，要跟他们走。还有一种说法，他们计划10月8日在长沙开始搞游行，9日在上海搞游行，假借'人民群众'的名义提出由王洪文（或江青）为党的主席、张春桥为总理。接着向国外广播，同时北京也搞游行庆祝。北京有'两校'还有几个部带头游行，逼着那些他们尚未控制的部门跟着参加。到那时，形势就严峻了。"

华国锋问："你们中联部怎么样？"

耿飚答："中联部不沾边。部内有人想整我，但大多数干部和群众跟我是一致的。当然，少数人也可能会跟着他们跑。"

华国锋欣慰地笑了，接着，郑重地对耿飚说："中央决定，有一项任务要交给你去完成，是叶帅提名的。"

---

① 吴德：《十年风雨纪事》，当代中国出版社2008年版，第186页。

耿飚听华国锋这么说,不由自主地站了起来,答道:"坚决完成任务!"

华国锋拉耿飚坐下,郑重地说:"具体任务到时会向你交代。你在家里等我的电话。要我亲自打的电话才算数。秘书打的不算。"①

华国锋、叶剑英与汪东兴已经给"四人帮"布下了天罗地网。

决定中国前途和命运的决战就要开始了!

---

① 以上谈话经过,据《耿飚回忆录(1949—1992)》,江苏人民出版社 1998 年版,第290—291 页;访问耿飚的谈话记录(访问者:有林、程中原)。

第七章
粉碎"四人帮"

一、当机立断

按照"先动手,后开口"的办法,华国锋、叶剑英同汪东兴多次个别商量,确定了行动方案。1976年10月5日下午,华国锋、叶剑英、汪东兴三人一起商议确定:明天动手![①]

叶剑英说:这是一步险棋,是关系党和国家命运的决战。行动要果断,更要周密,必须万无一失!

华国锋完全同意叶剑英的意见。华国锋还讲了他联络、安排的情况:我已经同陈锡联、吴德做了部署。我告诉陈锡联,北京卫戍区的部队由吴德指挥,负责维持北京的社会秩序,负责解决"四人帮"在北京的几个死党。陈锡联在我家里,当场打电话通知了吴忠。

汪东兴谈了他最终拟定的具体行动方案:事先以召开中共中央政治局常委会的名义,由中共中央办公厅通知王洪文、张春桥到中南海怀仁堂正厅出席常委会。会议有两个议题:一是审议《毛泽东选集》第五卷清样;二是研究毛主席纪念堂的方案和中南海毛主席故居的安排。姚文元不是中央政治局常委,在解决王洪文、张春桥、江青以后,以要他处理《毛泽东选集》第五卷文字工作为名,通知他列席;万一不来,再由北京卫戍区派人到姚文元的住地拘捕。对江青以及毛远新,也制定了可靠的处置方案。待全部解决以后,立即召开中

---

① 1976年10月5日下午,华国锋、叶剑英、汪东兴的商决情况,据纪希晨:《史无前例的年代》,人民日报出版社2006年版,第431—432页。

共中央政治局会议作出决定。至于迟群、谢静宜、金祖敏等"四人帮"的党羽，由吴德负责，用通知他们到中共北京市委开会的方式解决。汪东兴还汇报了执行人员的挑选，隔离审查的地点、时间以及每个细节的安排。他说：这件事，要绝对保密，行动要越快越好。时间拖得越久，越危险！

华国锋、叶剑英同意照汪东兴的具体行动方案实施。

二、实施经过

（一）动员和准备

1976 年 10 月 6 日下午 3 点多钟，武健华按行动小组编组陆续通知参加行动的人员到中南海南楼汪东兴住处开会。出于保密，各组错开，参加行动的人员互不见面。

汪东兴亲自一个组一个组谈话，传达中共中央的指示，进行动员。他郑重地宣布了三条纪律：第一，要绝对保守机密。万一泄密，败坏了党的大业，那就非同小可，要给以最严厉的制裁。第二，要坚决服从命令、听从指挥。任何人不得擅自开枪。我们要争取不响枪、不流血解决问题。这是上策。第三，明确任务，严守纪律。从现在起，以行动小组为单位活动，组长负责，任何人不得擅自对外联系，包括家人、亲人在内，随时做好战斗准备。汪东兴最后说，今晚的具体集结时间、地点，车辆配备，以及互相协同的问题，由武健华同志向你们安排部署。

武健华分别给各组作了布置，并要他们准备好武器、弹药，还有手铐、毛巾，一旦"四人帮"吵嚷喊叫，就把嘴堵上；对各组的不同任务也分别作了说明、交代。他向一、二、四组的同志说明，准备采取通知王洪文、张春桥、姚文元到怀仁堂开会的形式当场解决；对第三组的同志说，江青在她的住地万字廊二〇一楼解决。①

下午 5 时，武健华在中南海东八所小会议室，紧急召开当晚参加行动的其

---

① 以上叙述，据《"四人帮"被抓捕看押过程揭秘》。口述者：蒋廷贵（时任中央警卫团二大队大队长，负责解决张春桥的第二行动组组员）、徐金升（时任中央警卫团一大队三中队中队长，负责解决张春桥的第二行动组组员）、黄介元（时任中央警卫团警卫科副科长，负责解决江青的第三行动组组员）、滕和松（时任中央警卫局警卫值班室一科科长，负责解决姚文元的第四行动组组长）、张云生（时任中央警卫团警卫科警卫参谋，负责解决姚文元的第四行动组组员）；整理者：辛恕翰（退休前任中央警卫团副政委）、姜晓（北京昆玉军休所工作人员）。以下引自此件者简称《揭秘》。

他一些同志的会议。

下午6时，接受行动任务的同志，都照常到东八所食堂就餐，沉着自然，一点儿不露声色。

晚上6时半，汪东兴乘车到达怀仁堂门前。行动小组准时分别到达指定位置。怀仁堂前，公开可见处的警戒部署一律照常。工作用车及机动应急车辆，大部隐蔽在中南海西门内北侧广场。怀仁堂大门口停放与会者的几辆车子。看起来整齐有序，宁静如常。

依照过去重要会议的规矩，随身警卫人员一律不准进入怀仁堂，都安排在怀仁堂斜对过的五间房值班室休息。警卫处处长丁志友奉汪东兴之命，在怀仁堂前厅警卫值班处执勤，严格把关。

在怀仁堂正厅执行任务的人员，已经把这里重新布置。正厅中原来摆放的沙发、桌椅都搬走了，只在正面立一个大屏风。屏风前摆一张长条桌，后面放两把椅子。这是为华国锋、叶剑英准备的座位。布置就绪以后，行动小组的人员就在怀仁堂大礼堂舞台帷幕后进行临战前的演练准备。他们有的在进一步检查和擦拭随身携带的手枪和械具，以及在车上应急用的速射武器；有的在活动腿脚，熟悉擒拿解脱的动作。汪东兴巡视检查一番，鼓励突击队员们说：这是一场你死我活的战斗，只能取胜，不能失误。党中央的决心要靠你们去实现，千斤重担落在你们的肩上。大家齐声回答：决不辜负党和人民的重托。

10月6日下午3点半，玉泉山9号楼值班室的红机子铃声响起，中共中央办公厅通知：今天晚上8点，在中南海怀仁堂召开中央政治局常委会，请叶帅提前一个小时到达。

傍晚，夕阳还没有隐进西山。将近80高龄的叶剑英就提前吃饭，只带上警卫参谋马西金，从容不迫地出发了。临走时，他告诉办公室主任王守江，今晚开会，可能不回来了。

叶剑英的"红旗"轿车在西郊的柏油路上奔驰。叶剑英嘱咐警卫参谋和司机，要放慢速度，一路上用心观察，防止发生意外。

马西金和司机赵绍贤感到有点异常，格外小心。马西金回忆那个特殊的傍晚，经过情形历历在目：

> 到了5点多钟，我们就从玉泉山向人民大会堂方向去了。
>
> 一到三角地那个地方，首长就特意提出，赵师傅，今天你去的话
>
> 呢，不要离车。

快到木樨地的时候,他又跟我说:"马头",你再看看,注意钓鱼台方向,有没有"红旗"车过来。

快到六部口的时候,他又提出来:"马头",你对中南海熟吗?对怀仁堂熟不熟哇?我说:熟哇。他说:怀仁堂有没有后门?我说:有后门。能进车吗?我说,能进车。这时,我心里想,叶帅今天怎么啦,怎么连续提出这么多问题来呀?

马西金当时不知道,他的首长正要去坐镇指挥一件惊天动地的大事!

晚上7点一刻,车进中南海西门,在怀仁堂前停下。

这天是农历闰八月十三,一轮明月,已经悬在中天。月光如水,中南海宁静如常,没有一点紧张的气氛。

就在这时,一场决定中国命运的决战就要打响,粉碎"四人帮"的时刻就要到了。

(二)拘捕王洪文

晚7时20分,叶剑英稳步进入怀仁堂。

随后,晚7时40分,华国锋健步走进怀仁堂正厅。

华国锋见叶剑英、汪东兴都在,没有寒暄,径直问道:"东兴同志,一切都就绪了吧?"

汪东兴说:"可以说是万事俱备!"

华国锋、叶剑英、汪东兴三人站成一个品字形,倾心交谈。他们镇静自若,只等决战的时刻到来。

这时,怀仁堂灯火辉煌。华国锋、叶剑英在屏风前的长条桌后并肩端坐,表情威严。汪东兴隐蔽在正厅南门屏风后现场指挥。武健华负责现场联络,具体组织实施。警卫战士们事先检查了武器、装备,分别进行了行动路线和解决办法的实地演练。此时,他们都隐蔽在正厅东南门后面,屏住呼吸,静静等候。

7点55分,王洪文第一个跨进怀仁堂大厅。他望了望华国锋、叶剑英,未及说话,就被第一行动组的队员扑过来钳住双臂,形成低头弯腰的"喷气式"。王洪文嘴里嘀咕着"你们干什么",竭力挣扎。突击队员不容他动弹,把他押到离华国锋、叶剑英大约5米的地方站住。华国锋逼视着他,大声宣读对王洪文、张春桥、江青、姚文元隔离审查的决定:

最近一个时期,王洪文、张春桥、江青、姚文元趁毛主席逝世之

机,相互勾结,秘密串联,阴谋篡党夺权,犯下一系列反党、反社会主

义的罪行,中央决定对以上四人进行隔离审查。

中共中央

一九七六年十月六日

华国锋读完,警卫战士就把王洪文押离现场,在正厅东饮水处反背铐上手铐;出小门,送上早已备好的轿车,押到中南海附近前毛家湾一处城防地下工事(临时用来做隔离室),监管起来。①

（三）拘捕张春桥

接着来的是张春桥。他到达怀仁堂门口后,他的随员被引领到值班室,张春桥独自进去。他走进怀仁堂正厅东南门时,早就埋伏好的徐金升、纪和富从左右两侧立即扑上去,把他的两臂扭住,将头按下。蒋廷贵、任子超也上前帮忙。张春桥一见这势头,没有反抗,也没有大叫,只是浑身哆嗦了一下,有气无力地说了句"干什么",就被行动小组的4名同志扭送到华国锋、叶剑英面前弯腰低头站立。华国锋义词严地对张春桥宣布:张春桥,你不顾中央的一再警告,继续结帮拉派,进行非法活动,阴谋篡党夺权,对党、对人民犯下了不可饶恕的罪行。中共中央决定:对你实行隔离审查,立即执行! 行动小组成员立即把他押到东饮水处,蒋廷贵给他戴上手铐,出东门上了"红旗"轿车,押送去地下工事的隔离室。②

解决王洪文、张春桥前后只花了不到10分钟,真是顺利之极。③

---

① 以上对王洪文实施隔离审查的经过,主要依据武健华:《粉碎"四人帮"的实施过程》,《中华儿女》2001年第11期。《揭秘》说:"大约晚上7点50多分,王洪文第一个到场。因为此行动小组的四名同志有三人已去世,另一人是中央派来的,所以对解决王洪文的具体情况我们不甚了解。"

② 据蒋廷贵等人口述的《揭秘》。

③ 关于对"四人帮"实施隔离审查的过程,当事人的叙述略有不同。这里附录汪东兴的叙述于下,供读者参阅。汪东兴回忆说:关于行动的情况是这样的:1976年10月6日下午8时,我们在怀仁堂正厅召开政治局常委会。当时,华国锋、叶剑英同志就坐在那里,事先我已写好一个对他们进行"隔离审查"的决定,由华国锋宣布。我负责组织执行。张春桥先到,宣布决定就顺利解决了。接着来的是王洪文,他有一点挣扎。当行动组的几个卫士在走廊里把他扭住时,他一边大声喊叫:"我是来开会的! 你们要干什么?"一边拳打脚踢,拼命反抗。但很快就被行动组的同志制服了,扭着双臂押到大厅里。华国锋同志把"决定"又念了一遍。还没等他念完,王洪文突然大吼一声,挣脱开警卫人员扭绑,像头发怒的狮子伸开双手,由五六米远的地方向叶帅猛扑过去,企图卡住叶帅的脖子。因为双方距离太近,我也不能开枪。就在他离叶帅只有一两米远时,我们的警卫猛冲上去把他扑倒,死死地摁住,给他戴上手铐。随后,几个人连揪带架把他抬出门,塞进汽车拉走了。

（四）拘捕江青

解决王洪文、张春桥之后,汪东兴即让张耀祠、武健华带人速去中南海春藕斋拘捕江青。

江青在中南海的住地,位于中南海春藕斋西侧新建的二〇一号楼。第三行动组事先隐蔽在春藕斋后院东门外。晚8点刚过,张耀祠、武健华来了。武健华低声下令:出发! 高云江、黄介元、马盼秋三人立即跟上,直奔江青住地二〇一号楼。

进入二〇一号楼东廊,只见卫士周金铭(警卫科派去的警卫参谋)迎上前来,并叫来护士马晓先(中央警卫局保健处派去)。周金铭、马晓先二人已经知道10月6日晚的行动。说来真巧,江青打算在10月7日去天津,让周金铭备车。10月6日晚饭后,周金铭就到南楼去向汪东兴报告,遇到汪东兴的秘书孙守明。孙守明告诉周金铭,汪主任正要找他。周金铭见到汪东兴后,汪东兴即把当晚要隔离审查江青的决定告诉他,让他配合行动,注意江青的动向;同时让他告知马晓先,并严加保密。所以,张耀祠、武健华带行动组来,早在他们的企盼之中。

张耀祠问:"在不在?"

周金铭、马晓先说:"在。"

武健华让周金铭带路,叫马晓先一起进去。

大家进了江青的房间,见江青正坐在沙发上看文件,腿上盖了一条小方毛毯,面前桌子上有文件、文具等物。张耀祠、武健华等人呈半圆形围在江青面前。

江青见这阵势,先是一脸怒气,后又平静下来。她扭头问:"你们要干什么?"

张耀祠马上威严地向江青宣布:"江青,你不听中央的警告,继续拉帮结派,进行分裂党的活动,阴谋篡党夺权。中共中央决定,对你实行隔离审查,立即执行。"

江青听后,一脸惊恐,问道:"中共中央是什么人决定?"张耀祠立即严肃地说:"我们是奉华总理、叶帅的命令,来执行中央决定的!"

江青嗫嚅地说:"主席尸骨未寒,你们就对我这样。"

张耀祠又命江青:"现在把你送到另一个地方。你要遵守纪律,老实向党坦白交代你的罪行。"

武健华催促江青马上走。江青提出：她这里的文件怎么办？张耀祠说，会派人来接管。张耀祠让她交出保险柜的钥匙。江青提出，钥匙要交给华国锋。张耀祠就让她把钥匙封在信封里，代她转交。江青写了张条子，连钥匙一起封在信封里，贴上专用的密封签，写上"华总理亲启"，交给张耀祠。江青这时站起身来，整理了一下衣服，又慢步上了一趟卫生间。马晓先给她披上一件深灰色风衣。江青服服帖帖地跟随大家离开了二〇一号楼大院。因为她没有撒泼耍赖，手铐和堵嘴用的毛巾都没派上用场。

出了二〇一号楼大院，江青上了"红旗"车，前、后卫车是警备车。行动组的人加上马晓先，把江青限制在主车中间的座位上。车离开中南海，一路绿灯，一会儿就到了隔离地点。进了地下隔离室，江青见到押送她的黄介元，误认为是原来保卫过毛泽东的中央警卫团一大队一中队中队长陈长江，就问黄介元：你是长江啊？黄介元没好气地回答：我是黄河！①

（五）拘捕姚文元

顺利拘押江青的经过报到怀仁堂正厅，华国锋、叶剑英和汪东兴都很高兴。华国锋随即按预定方案，亲自打电话通知姚文元立即前来开会。

等了一会儿，不见姚文元来。汪东兴即给吴德打电话。

北京市这边，10月6日晚上，吴德与倪志福、丁国钰、吴忠一起，按照华国锋事先的要求，一直守在电话机旁，以便随时联系。吴德接到汪东兴的电话，汪东兴说一切顺利，王洪文、张春桥均已隔离起来，江青也由张耀祠带人解决。现在只有姚文元还没有来，请即令北京卫戍区派人去抓。

姚文元不住在中南海，他住西城太平桥畔的按院胡同。这里向来由北京卫戍区负责警卫。为了解决姚文元，制定了两套方案：第一方案是，解决王洪文、张春桥、江青后，通知姚文元来开会，在怀仁堂现场解决；第二方案是，如姚文元不来怀仁堂，就由吴忠带领行动小组到他的住地抓捕。

吴德接了汪东兴的电话，当即执行第二方案，要吴忠亲自前往。

吴忠带人来到按院胡同，只见姚文元正乘车出来，车行方向是中南海。吴忠便没有惊动姚文元，相机尾随姚文元的车子进了中南海。

姚文元进了怀仁堂，行动组组长滕和松示意他进东虎廊的休息室。

---

① 以上拘捕江青的经过，据蒋廷贵等人口述的《揭秘》。

姚文元刚一进门,早已埋伏在门两侧的张云生和高凤利立即上前把他扭住,架在武健华面前。武健华向他高声宣读了华国锋刚写的手令。姚文元听罢,一面挣扎,一面喊叫:"谁让你们干的?谁让你们这样做?"武健华大声命令:"带走!"行动小组人员架着他向北门走去。姚文元仍大喊大叫:"我有话要说,我有话要说!"又喊他的警卫员:"小朱快来呀!"殊不知,小朱已经到怀仁堂外面的五间房值班室,交了武器,正静坐待命。姚文元即被戴上手铐,押上"红旗"轿车,送往地下工事隔离室。姚文元一路高喊:"你们是哪个部队的?""谁指使你们干的?""你们为邓小平翻案!"高凤利即用手帕堵住了他的嘴巴。①

就这样,前后只用了35分钟,没有放一枪,没有流一滴血,就粉碎了"四人帮"。

（六）拘捕毛远新和"四人帮"在北京的死党

在拘捕江青之前,张耀祠、武健华他们顺路先到丰泽园内的颐年堂后院去抓毛远新。进门以后,张耀祠便向毛远新宣布,根据中央决定,对他实行"保护审查",并要他当场交出手枪。毛远新一听,大声说:"主席尸骨未寒,你们就……"他拒绝交出手枪。张耀祠身后的警卫们当即上去,收缴了毛远新的手枪,把他押走。

对"四人帮"实施隔离后,北京卫戍区部队将迟群、谢静宜、金祖敏等人也隔离审查了。当时,由中共北京市委办公室主任陈一夫以吴德的名义通知他们到市委开会。吴忠派部队在那里执行。他们一到,就被隔离了起来。②

三、接管新闻机构

（一）耿飚接管中央人民广播电台

这时9点刚过,华国锋、叶剑英立即按原定计划召来耿飚、邱巍高等人,布置他们分别前去接管中央人民广播电台、中央电视台、新华社等新闻机构。

耿飚叙述事情经过甚为具体,引录于下:

---

① 关于对姚文元实施隔离审查的情节,据吴德:《十年风雨纪事》,当代中国出版社2008年版,第186—187页;蒋廷贵等人口述的《揭秘》。

② 吴德:《十年风雨纪事》,当代中国出版社2008年版,第186—187页。

（1976年10月）6日晚上8点来钟，我家中的红机子电话铃响了。我拿起话筒，听得很真切，是华国锋本人的声音。他要我坐自己的汽车，迅速赶到中南海怀仁堂。

一进中南海西门，我感到岗哨比平时增多了，感到有一种紧张的气氛。走进怀仁堂，看见华国锋正与邱巍高（北京卫戍区副司令员）谈话、叶剑英同志正与吴忠（北京卫戍区司令员）谈话。这时我才知道，华国锋和叶剑英在征得中央政治局多数同志同意后，已在今晚执行党和人民的意志，对江青、张春桥、王洪文、姚文元及其在北京的帮派骨干实行隔离审查，一举粉碎了祸国殃民的"四人帮"。

华国锋同志立即向我交代任务："你和邱巍高到中央广播事业局去，要迅速控制住电台和电视台，不能出任何差错，否则后果不堪设想。"

叶帅郑重嘱咐我："要防止发生混乱，防止泄密，注意安全。"

华国锋同志问我："你要不要带支手枪？"

"手枪不必带了"，我说，"但是需要有你的手令。"

他说："好！"当即提笔在一张白纸上给当时的广播事业局局长邓岗写了一道手令：

邓岗同志：

为了加强对广播、电视的领导，中央决定，派耿飚、邱巍高同志去，请你们接受他俩的领导，有事直接向他们请示。

华国锋
十月六日

我接过手令之后问邱巍高："广播事业局是哪个警备师守卫的？"

他答道："是警备一师。"

"光我们两个去不行"，我说，"请你把这个师的副师长找来，和我们一起去。"

出发前，华国锋同志对我说："究竟怎样搞法，如何控制住电台、电视台，来不及细想，一切交给你去办了。总的原则是可以采取处理林彪事件的办法(指林彪自我爆炸后,中央暂不对外公布此事),内部已发生了变化,但外面不要让人看出异常来。"

我们领受完任务后,立即驱车去中央广播事业局。后来有的文章说,耿飚带了多少军队去占领电台。这是误传。当时广播事业局虽然和其他新闻单位一样被"四人帮"所控制,但是广大干部群众是听从党的领导的,而且守卫中央人民广播电台和中央电视台的警备部队有很高的政治觉悟,因此,根本不需要我带领部队去进行军事占领,也不必用别的部队去替换原来的部队。守卫电台、电视台的还是原来那班人马。虽然在我去之前,警备一师已增派了一些战士去电台,但这是他们为加强警卫力量而作的内部兵力调配,与"带领军队去占领电台"完全是两码事。事实上我只是同邱巍高和警备一师副师长王甫三个人前往中央广播事业局去进行一场特殊的战斗。

我们到达广播大楼时已将近晚上十点钟了。我们在警备部队中挑选了 20 名战士。我带着 10 名战士直奔局长邓岗的办公室。他还没有下班,但像是准备睡一会儿的样子,因为他来时衣服扣子没有扣好。他大概是因为这么晚了,忽然来了这些不速之客,显得有些紧张。为了说明来意,我把华国锋的手令拿给他看。他看完手令,好久不说话。我见他在思索犹豫,就对他说:"你如果要想给姚文元打电话请示,也可以。"他似乎明白了我话中的含义,连忙说:"没必要了。"我接着说:"那好,请你把领导班子的人统统找到你办公室来,就说有事要商量。"

在邓岗打电话召集人的同时,我请邱巍高和王甫带着另外 10 名战士去掌握电台的播音室。他们立即在直播室和机房门前加强了岗哨。

邓岗召集来的广播事业局核心小组成员有 11 位。在这个会议上,我把华国锋手令念了一遍,要求大家遵照党中央的指示,把工作做好。23 点 04 分,邓岗又召集各部门领导的紧急会议,传达了中央的指示。

接着,我给华国锋同志打电话报告:"已经控制住了,领导人都在我这里,你放心。"华国锋听了很高兴,说:"好! 干得漂亮!"①

① 《耿飚回忆录(1949—1992)》,江苏人民出版社 1998 年版,第 291—294 页。

这时,耿飚想到,控制中央人民广播电台以后,还得按新的要求正常运转啊！他对邱巍高和王甫说:"光靠我们三个人是不行的,还必须加人！"邱巍高说:"要找人,我们只有武的,没有文的。还是从中联部找人吧！"耿飚立即打电话,把张香山和冯铉两位副部长请来,后来又找了一些同志来。进驻的这些同志,按耿飚的布置,主要任务是与电台的同志们一道,审查节目录音带。播音内容绝对不能泄密,同时也不能让"按既定方针办"之类的提法再出现。①

（二）迟浩田接管人民日报社

负责接管人民日报社的是北京军区副政委迟浩田。他当时正带领部队在唐山抗震救灾第一线,1976 年 10 月 6 日深夜,接到中共中央办公厅通知,要他第二天赶回北京,中央将派飞机接。他一时迷惑不解,不知等待他的是凶是吉。10 月 7 日上午,他回到北京,一下飞机,就被一辆黑色轿车从东郊通县机场接进了中南海西楼会议室。他在这里接受了接管人民日报社的任务。关于事情经过,他也有比较详细的回忆:

> 一进门,就看到了耿飚、孙轶青(《北京日报》总编辑——引者)同志。耿飚同志一见我,呼地站了起来,迎着问:"你是迟浩田同志吗？"
>
> 我说:"是。"他一把握紧了我的手,大声地说:"你来了,我真高兴啊！告诉你一个好消息,'四人帮'被我们抓起来了！"
>
> 耿飚同志伸开双臂就要拥抱我。我对这位长期从事外事工作的耿大使所用的西方礼节虽不习惯,但又毫不迟疑,也张开双臂迎了上去。我们终于胜利了！一种解放了的轻松感、胜利了的幸福感,顿时充溢了周身的每一个细胞。我们的双臂久久地相抱,我们的泪眼久久地对视,总觉得有千言万语,一时难以启口。
>
> 不一会儿,耿飚同志的脸色严峻起来,猛地一拍桌子,说:"我们要去夺权,我们要把'四人帮'抢去的舆论阵地夺回来！"
>
> 正说着,纪登奎同志走了进来,热情地与我握手,他说:"浩田同志,这次叫你来,是想给你个任务。"稍顿了一下又说:"上次你在军报,落了个'复辟'的罪名,把你搞得好苦。那是'四人帮'搞的。这

---

① 肖枫:《耿飚在粉碎"四人帮"的日子里》,《百年潮》2009 年第 8 期。

次让你到人民日报去,再搞一次'复辟',把权从'四人帮'的手中夺回来。我们研究了一下,觉得你有工作经验,是最合适的人选。"

人民日报?! 一听说又是到报社去,我不由得犹豫了一下,同时也意识到这个任务十分重大,不由自主地站了起来,表示"坚决完成任务"。

这时纪登奎同志说:"时间紧迫,任务很重。中央决定由耿飚同志牵头,主管宣传口。你们研究研究吧,我等着你们的好消息。"说罢就走了。

耿飚说:"浩田同志,你既然在解放军报干过,咱们就有经验了。我们先分分工吧,我到广播电台,刘西尧到光明日报,你和孙轶青到人民日报去。究竟怎么办好,大家先研究一下。"

鉴于"四人帮"被抓起来还处于保密阶段,我建议:兵贵神速,马上进驻。用句军事术语,就是赶快抢占阵地。

他们都同意我的意见。耿飚同志让我和孙轶青商量个进驻人民日报的办法,给大家做个示范。

我和孙轶青同志商定,首先和"四人帮"的亲信,也就是当时人民日报的那个负责人谈话,把我们商量的三条意见公布给他,看他的态度如何。同时请中央给我们写封到人民日报工作的介绍信。

耿飚同志很赞成我们的方案,说:"事不宜迟,马上通知他来。"

他们几个坐到里间屋内,我和孙轶青在外间屋里等那个负责人。

中央的介绍信很快就拿来了。

不一会儿,那个负责人坐着"红旗"车来了。他稍高的个儿,长长的面庞,大摇大摆地走了进来。进门后一声不吭,看了我们一眼,就坐下了,背往椅子上一靠,二郎腿一翘,摆出一种莫名其妙的威风。

我强压了压火气,极力用缓和的语气说:"你是鲁瑛吗?"他"嗯"了一声。我说:"你认识我吧?"他眼皮也没翻,慢腾腾地说:"你不就是那个在解放军报干过的迟浩田吗? 听说你到北京军区当副政委去了。"

我没再理他的话茬,该谈正事了。我说:"既然认识,那就不用介绍了。我受中央的委托给你谈一谈,先请你看看这封信。"我把中央的那封信放到他的跟前。

他满不在乎地展开信纸，看着看着，脸上的肌肉开始收缩了。

信的内容大体是介绍迟浩田、孙轶青等三同志到人民日报社参加核心小组的领导工作，有重要事情要向他们报告。

落款是中共中央组织部和华国锋的亲笔批示。

看过信后，鲁瑛的二郎腿就放下了，背也不靠在椅子上了，眼神一个劲地打愣。我严肃地对他说："我告诉你，中央里经常插手人民日报的那几个人已经倒台了。现在我向你宣布三个问题：一、中央决定，过去管人民日报的那几个人，从现在起不能再领导人民日报了；二、我们受中央的委托到人民日报工作，报社的重要事情都要请示我们，不得擅自做主；三、你要服从中央的命令，听从中央的指挥，不能搞小动作，不能泄露机密。在关键时刻你要接受考验。等会儿我们坐你的车走，回去马上召开报社领导小组成员会议，宣布中央的决定。"

鲁瑛呆呆地看着我。我问他："听明白了没有？"

鲁瑛赶忙站起来，答非所问："是，是。"

到了人民日报，立刻通知报社领导小组开会，我对鲁瑛说："你先给大家念念中央的通知吧。"

鲁瑛说"是"。他站了起来，一本正经地念了一遍。中央的决定和华国锋的批示对与会者显然是个很大的震动。

我开门见山："先告诉大家一个大快人心的好消息，过去经常插手人民日报的那几个人，现在不行了。他们在人民日报犯下了一系列严重罪行，党和人民是不能容忍的，是要清算的。人民日报是党中央机关报，决不是那几个人的舆论工具，从现在起要听党中央的。这是第一点。第二，我们到人民日报工作，愿意和大家通力合作，把人民日报办好，希望大家同心协力，把应该干的工作干好，让全党全国人民放心。第三，在关键时刻，每个同志都在经受着考验。在座的有的同志可能会不高兴，感到突然。这也不奇怪。不过，谁唱反调，谁逆潮流而动，谁就没有好下场。"

为了使新生的人民日报更好地传播党中央的声音，就在这天夜里，我们又组织了另一场战斗——突击写社论。当时大家多么想利用夺回来的这块阵地，首先把粉碎"四人帮"的特大喜讯，告诉给全国人民啊！可是由于种种原因,当时还不能这样做。怎么办呢？我们和大家一起议论了一阵,终于想出了一个绝妙的命题,确定社论的题目为：《亿万人民的共同心愿》,写的是筹建毛主席纪念堂和出版毛泽东选集的事,同时也把大家对粉碎"四人帮"的喜悦心情融合进去了。①

（三）刘西尧等人接管光明日报社

与接管人民日报社同时,华国锋等人还决定派刘西尧(时任国务院教科组组长)和王维澄(时在国务院值班室工作)、孙中范(时在中共中央组织部工作)进驻光明日报社。10月7日下午,王维澄、孙中范接通知后到了中南海紫光阁。纪登奎、苏振华两位中央政治局委员同他们谈话。纪登奎说：在毛主席逝世后,"四人帮"抓紧篡党夺权活动,昨晚中央采取措施将"四人帮"隔离审查。中央政治局昨晚开会,一致推举华国锋担任党中央主席。说着,他给王维澄、孙中范二人看了毛泽东亲笔写的"你办事,我放心"的复印件。接着,纪登奎又说,由于宣传口长期被"四人帮"把持,为防止意外,中央决定对宣传口各单位采取特殊措施。耿飚已于昨晚进驻中央人民广播电台。中央决定派迟浩田、孙轶青进驻人民日报社,郑屏年进驻新华社,刘西尧和你们两位进驻光明日报社。刘西尧现在出差在外地,已通知他迅速回京,你们俩先进驻。由于目前的情况比较复杂,粉碎"四人帮"的消息还不能马上公布,还有许多工作要做。你们进驻报社后的任务有三项：一是把住报纸的关口,从今天起再不能有宣传"四人帮"的字样;二是把报社的队伍稳定住;三是在中央正式公布粉碎"四人帮"后,领导报社揭批"四人帮"的运动,报社原领导小组在你们领导下工作。

纪登奎谈话后,交给王维澄、孙中范一份由华国锋事先亲笔签署的文件。文件写道："中央决定：派刘西尧、王维澄、孙中范三同志为中央派驻光明日报临时领导小组成员,刘西尧同志任组长,报社的一切工作都要由临时领导小组决定。"

纪登奎等人同王维澄、孙中范谈话后,又分别向鲁瑛(人民日报社)、解力夫(新华社)、莫艾(光明日报社)宣布中央的决定。随后,王维澄、孙中范即坐

① 转引自纪希晨：《史无前例的年代》,人民日报出版社2006年版,第439—441页。

莫艾的车到光明日报社，立即召开报社领导小组会议，宣读华国锋签署的文件。王维澄、孙中范二人即审读第二天出版的报纸大样。就这样，接管了光明日报社。刘西尧于 10 月 9 日赶回北京，面见华国锋后，即到光明日报社领导工作。①

四、玉泉山会议

（一）中共中央政治局紧急会议前的准备

顺利粉碎"四人帮"以后，按原定方案在西郊玉泉山召开中共中央政治局紧急会议。1976 年 10 月 6 日晚 9 点左右，汪东兴要秘书给中办秘书局打电话，要秘书局立即选派四名工作人员，快速到怀仁堂集合开会，参加清理文件工作。副局长陈恩惠接到电话，即向局长周启才报告。周启才当即决定由陈恩惠带队，从档案处抽三名干部，速去怀仁堂接受任务。②

陈恩惠等四人刚走，周启才办公桌上的红机子又响起来，这时是晚 9 点一刻左右，是汪东兴亲自打来的电话。

汪东兴对周启才说：那四个人的事，今晚已经解决了，进行得很顺利。中央决定，今晚 10 时在玉泉山 9 号楼叶帅住地，召开中央政治局紧急会议。现在国锋同志和叶帅已离开怀仁堂，一同去了玉泉山。我正在通知在京的政治局成员去那里开会。你马上去玉泉山 9 号楼安排布置好会场，做好各项会务工作。

汪东兴又交代周启才：还有一件事。你走前要安排好，指定秘书局收发处一个负责人，坐镇中南海西门收发室，对京内外所有送给那四个人的文电、信件、资料、报刊等，全部由他扣住和保管，不送文电处处理；秘书局文电处发给那四个人的文电、资料等，送到收发室后，也由他全部扣住，不发不送。

汪东兴问周启才听清楚没有，并说：时间很紧，你赶快去办吧。

周启才立即快步下楼，先到收发处向处长王永年交代有关"四人帮"文件、资料的事，强调目前此事还属绝密，要他表情如常，不露声色，去完成任务。说过，周启才即急速上车，奔赴玉泉山。一路上，他催促司机加快车速，生怕迟

---

① 本节情节，据孙中范口述、孙劲松整理：《粉碎"四人帮"时接管光明日报社的经过》。

② 本节情节，据周启才：《中央政治局玉泉山紧急会议》，《世纪》2006 年第 2 期。

到误事。

周启才赶到玉泉山9号楼叶帅住地时,大约是晚上9时40分。叶帅的警卫、秘书立即把周启才引进叶帅卧室。

这时,华国锋、叶剑英二人正并肩坐在叶帅床沿商议事情。

见周启才进来,华国锋问:老周,情况你知道了吧?

周启才说:东兴同志在电话中向我讲了,知道一些。他让我来向您和叶帅报到,听候指示。

华国锋说:中央政治局紧急会议,就在叶帅的会客厅召开,你去安排布置一下。

周启才说:好。

周启才到会客厅,同叶帅的秘书、警卫和服务人员一起动手,把会客厅布置成中共中央政治局会议的形式。因减少了"四人帮"的四个座位,会客厅原有的沙发也够用了。按照新的情况,面向会场并排摆了两张沙发,每个沙发前放一个茶几,供华国锋和叶帅用。

一切布置就绪,离开会的时间还有七八分钟。周启才站到9号楼门前,迎候前来开会的中共中央政治局成员。

这9号楼南面是一片湖水,湖中倒映两座宝塔:主峰上的玉泉塔和后山上的白塔。环湖小路,一圈100多米。岸边垂柳婆娑,路旁苍松翠竹,真是秀色可餐。车辆进出9号楼的大门朝北,前面是一条七八米宽的通道,停不下几辆车。加以考虑到安全、保密,中共中央政治局成员到达玉泉山以后,都在安排好的停车场下车。与会者要走一段路才能到达九号楼。他们下车后,都步履匆匆地于晚10时前到达会场。中共中央政治局候补委员吴桂贤自言自语地说:沙发座位不够啊!周启才说:座位够,除两个主座外,随便坐。

将近10时,周启才向汪东兴报告,出席会议的政治局成员已全部到齐,原定的开会时间已到。汪东兴指示周启才去叶帅卧室报告一下,请示华国锋、叶剑英是否按时开会。

周启才向华国锋、叶剑英报告后,华国锋看看叶帅,叶帅说:人到齐了,就按时开会。咱们去会场吧!没有谈完的事,还可以在会上谈。

华国锋先从床沿上站起,并伸手搀扶叶帅慢慢站起来。

出卧室门时,华国锋请叶帅先走,叶帅让华国锋先走。最后是两人手挽着手,肩并着肩,同步走出卧室,面带微笑,进入会客厅,分别在正中并排摆放的沙发上就座。面对会场，华国锋居左，叶剑英居右。

出席会议的有华国锋、叶剑英、李先念、汪东兴、陈锡联、苏振华、纪登奎、吴德、倪志福、陈永贵、吴桂贤，共11人。中共中央政治局委员刘伯承，因病重无法出席。许世友、韦国清、李德生、赛福鼎四位在外地，未能与会。负责文件起草的李鑫和负责会务安排的周启才列席会议。

（二）通报粉碎"四人帮"经过，中共中央政治局作出决议

会议开始后，华国锋请叶帅主持会议并讲话。叶帅说："这次会议应该由你主持。你是毛主席提议、中央政治局讨论批准的党中央第一副主席，一直主持中央的日常工作，责无旁贷。你就主持开会吧！"

华国锋遂主持会议。他说：

那我就先讲几句，再请叶帅主讲。

这次中央政治局紧急会议，这样晚的时间，在玉泉山九号楼叶帅住地召开，是由于事关重大，形势非常，为了有利于高度保密，确保中央安全。决定采取这样的措施，这是十分必要的。

我现在向大家宣布：今天晚上八时，中央已在中南海怀仁堂正厅以召开政治局常委会，讨论《毛泽东选集》第五卷的出版和建造毛主席纪念堂选址问题为由，在中南海怀仁堂正厅拘捕了王洪文、张春桥。姚文元不是常委，通知他来怀仁堂列席会议，做些"毛选"文字的修改工作。他来后，在怀仁堂东休息室拘捕了。江青是在中南海她的住地拘捕的。根据他们篡党夺权的严重罪行，分别向他们宣布了由我签署的中央对他们实行隔离审查的决定。对王洪文、张春桥的拘捕是在怀仁堂正厅，叶帅坐镇，我分别向他们宣布的。江青和姚文元是由执行任务的有关负责人员向他们宣读的。对毛远新实行了保护审查。"四人帮"在北京的几个骨干分子，由北京市委、北京卫戍区根据中央指示解决的。

华国锋接着介绍了实施这一重大行动的过程。他说：

叶帅亲临怀仁堂正厅现场，同我一起坐镇指挥。东兴同志按照预定方案，组织指挥参战人员具体实施。由于决策正确，精心组织，高度保密，措施得当，整个行动过程进行得很顺利。对中央新闻单位，我们选派了耿飚同志带领精干的工作组进驻，掌控情况，把好关。

华国锋又简要地介绍了与"四人帮"斗争的历程,以及在当时那种特殊情况下采取非常手段粉碎"四人帮"的必要性。华国锋说:

"四人帮"篡党夺权的野心由来已久。毛主席在世时,他们不敢轻举妄动。毛主席逝世后,他们认为时机到了,变本加厉、肆无忌惮、急不可待地进行篡党夺权的反革命活动。他们利用控制在他们手上的宣传工具,大造篡党夺权的反革命舆论。他们篡改毛主席的亲笔指示,伪造所谓毛主席临终嘱咐。他们在上海建立由他们控制、指挥的武装力量,并发放了大量枪支弹药。种种迹象表明,我们党和国家的命运处于生死存亡的关键时刻。为了保证党和国家的领导权不被他们篡夺,不让他们的罪恶阴谋得逞,中央采取了坚决、果断的措施,非常的手段,稳妥、快速地粉碎了"四人帮"反革命集团,取得了重大的历史性胜利,为党为国为民除了一大害。

华国锋话音刚落,叶剑英紧接着讲话。他强调,粉碎"四人帮"是解决毛泽东生前提出而没有来得及解决的问题,又是当前不能不解决的问题。他介绍了粉碎"四人帮"的决策和实施经过,表达了胜利的喜悦。叶剑英说:

这次粉碎"四人帮"反革命集团,是在毛主席逝世后,党和国家处在危难时刻进行的。毛主席生前就提出要解决"四人帮"的问题,而未来得及解决。毛主席逝世后,"四人帮"篡党夺权的反革命活动和嚣张气焰更加猖狂,他们正在准备动手了。

我们党同"四人帮"的斗争是一场势不两立、你死我活的斗争。在毛主席逝世不久的情况下,采取什么样的斗争策略、措施和方法,做到既要把这个反革命集团打掉,又要保证首都北京和全国局势稳定。这是一步险棋。怎样走好这步险棋,非同小可,要慎之又慎,做到万无一失。经过我和国锋同志及东兴同志几次个别交谈,统一思想认识,决定采取"以快打慢"的方针,用在怀仁堂召开中央(政治局)常委会的方式,对"四人帮"采取行动,实行隔离审查。在决策和实施这一重大行动过程中,保密问题重之又重,知密人员范围很小,参与人员十分精干。实战证明,这样做是正确的,未放一枪一弹,即迅速粉碎了这个反革命集团,取得了预期的胜利。

叶剑英又着重指出,中央采取粉碎"四人帮"的非常措施,体现了全党、全军、全国人民的愿望和意志。他说:

粉碎"四人帮"反革命集团,是全党全军全国各族人民的共同愿望。中央采取这样的措施,也体现了党、军队和人民的意志。许多老同志、老领导特别是聂帅和徐帅等在毛主席病重期间和逝世以后,曾通过各种方式向我表达这种强烈愿望,提出要采取坚决措施打掉这个反革命集团,绝不能让他们的篡党夺权阴谋得逞。这次粉碎"四人帮"的胜利,必将得到全党全军和全国人民的衷心拥护。军队完全拥护和支持党中央的这一重大决策。

叶剑英说到这里,华国锋插话说:"这场粉碎'四人帮'斗争的胜利,我们的叶帅起了最为重要的作用。"

叶剑英连忙说:"不能这样讲。解决'四人帮'的问题,是毛主席的遗愿。毛主席逝世后,你是党中央第一副主席,主持中央的日常工作,又是国务院总理。这件大事,如果你不下决心,你不拍板,做起来就难啊! 正是因为你下了决心,你拍了板,做起来就相对容易了。"

叶剑英又说:"在这场同'四人帮'的斗争中,东兴同志具体对行动方案组织实施,胜利完成,是出了大力、立了大功的。8341 部队的参战人员也为党、为人民作出了很大贡献。"

汪东兴插话说:"叶帅过奖了。在这场同'四人帮'的决战中,我是在国锋同志和叶帅的直接领导和指挥下,做了应该做的一些事情。一个老共产党员,长期从事保卫毛主席、保卫党中央的领导干部,为了党、国家和人民的根本利益,完成中央交给我的政治任务,是完全应该的。"

叶剑英最后说:"在中央,我们从政治上、组织上解决了'四人帮'的问题,这是第一步,是初战的胜利。地方上还有些'四人帮'的骨干分子要清理。更艰巨的任务是彻底从思想上肃清'四人帮'的余毒和影响,这需要相当长的时间和多方面的努力。"

出席中共中央政治局紧急会议的同志,完全赞同处置"四人帮"所采取的果敢行动。会议一致通过对王洪文、张春桥、江青、姚文元实行隔离审查的决定。对当时不在北京的中共中央政治局成员韦国清、许世友、李德生、赛福鼎,会后由汪东兴一一打电话通告,征求意见。

（三）决定华国锋任中共中央主席、中共中央军委主席

中共中央政治局玉泉山紧急会议继续进行,讨论中共中央主席、中共中央

军委主席人选问题。

华国锋提议由叶剑英担任。他说：

> 毛主席离开我们快一个月了。乱党、乱军、乱国，妄图夺取党和
> 国家最高领导权的"四人帮"反革命集团，被党中央及时地粉碎了。
> 在此新的形势下，我向中央政治局提议，请我们叶帅担任党中央的主
> 席，主持中央的工作。叶帅德高望重，长期在中央协助毛主席、周总
> 理、朱老总，处理国际、国内重大问题，多谋善断，有多方面丰富的实
> 践经验，思想政治理论水平很高，在危难时刻，两次挽救了党。

叶剑英站起来，说：

> 国锋同志这个提议不妥。我年事已高，今年已 79 岁了，且长期
> 从事军事工作，工作面窄。经过慎重考虑，我提议由华国锋同志担任
> 党中央主席、中央军委主席。他年龄比我小 20 多岁，有实际工作经
> 验，为人实在，民主作风好，能团结同志，尊重老同志。他现在是党中
> 央第一副主席，主持中央的日常工作。我认为他是比较合适的人选。
> 这个担子是不轻，我们大家可以协助。请大家考虑。

经过认真讨论，与会的中共中央政治局成员都赞成叶剑英的提议，一致通
过决议：

> 根据伟大的领袖和导师毛泽东主席生前的安排，中共中央政治
> 局一致通过，华国锋同志任中国共产党中央委员会主席、中国共产党
> 中央军事委员会主席，将来提请中央全会追认。

中共中央

一九七六年十月七日

当天，中共中央即向全国县团以上党组织发出 1976 年第 15 号文件：《中
共中央关于华国锋同志任中国共产党中央委员会主席、中国共产党中央军事
委员会主席的通知》。《通知》说："现将中共中央关于华国锋同志任中国共产
党中央委员会主席、中国共产党中央军事委员会主席的决议发给你们，请你们
立即在党内传达。"

（四）讨论中共中央 1976 年第 16 号文件

玉泉山会议，还讨论了向全党、全军和全国各族人民通报中共中央对"四
人帮"实行隔离审查这一重大事件的中共中央 1976 年第 16 号文件。

在讨论第 16 号文件时,有的中共中央政治局委员说,毛主席曾讲过对"文化大革命"作三七开的评价。文件是否应指出"文化大革命"的错误。叶剑英即说:这个文件不可能解决对"文化大革命"的评价问题。他做了一个手势,竖起大拇指说,毛主席还是这个。在以后数次中共中央政治局会议上,叶帅都讲要更高地举起毛主席的旗帜,不能损害毛主席的形象。①

叶剑英的意见非常高明。刚刚粉碎"四人帮",局势尚未稳定,就来议论"文化大革命"的错误,必然涉及毛泽东,也就要议论毛泽东的错误,显然不合时宜。这时,必须高举毛泽东和毛泽东思想的旗帜,才能稳定局势,不致给"四人帮"的帮派势力以可乘之机。叶帅的这个思想成为稳定局势的一个重要指导思想。

第 16 号文件在 10 月 7 日至 14 日举行的一系列"打招呼"会议后,于 10 月 18 日最终形成,10 月 19 日由中共中央办公厅印发。

(五)叶剑英的重要讲话

叶帅在这次中共中央政治局紧急会议上作了重要的、带有总结性的讲话。他说:

> 1976 年 10 月 6 日至 7 日,在我们中国共产党的历史上是很有意义的日子。我们中央政治局办了两件大事:第一件大事,从组织上打垮了"四人帮"反党集团;第二件大事,一致通过了华国锋同志任中国共产党中央委员会主席、中国共产党中央军事委员会主席的决定。这是全党全军全国人民的大事。"四人帮"是毛主席 1974 年 7 月 17 日在政治局会议上讲的。我们清除"四害",这不是政治局少数人的想法,也不是我们临时的决定,而是毛主席生前想解决而没有来得及解决的问题,我们是继承毛主席的遗志。以国锋同志为首的党中央采取非常果断的措施,揭露和粉碎了"四人帮"篡党夺权的阴谋活动,挽救了革命,挽救了党。随之而来的,将会产生一个新的作风、新的局面,真正达到像毛主席所说的"造成一个又有集中又有民主,又有纪律又有自由,又有统一意志、又有个人心情舒畅、生动活

---

① 关于中共中央 1976 年第 16 号文件及其讨论,据吴德:《十年风雨纪事》,当代中国出版社 2008 年版,第 188 页。

泼，那样一种政治局面"。"四人帮"被清除以后，世界各国，全国各省、市、自治区都在看着我们。毛主席常讲，一个好汉三个帮，一个篱笆三个桩。我们要紧密团结在党中央周围，把我们的工作做好。这次胜利是初战的胜利，是从组织上打垮了"四人帮"，至于从思想上肃清"四人帮"的余毒，还要长时间的努力。我们还要继续革命，继续前进。我们党经过这次重大变革，以后的责任就更大了，担子更重了，还有很多艰苦的工作摆在我们面前，需要我们努力去做，所以任重道远。我们要继承毛主席的遗志，把毛泽东思想一代一代地传下去。毛主席逝世以后，我们很悲痛，要化悲痛为力量，要把各省、市、自治区的工作搞好。今后在党中央领导下，一定会把国际、国内的事情办得更好。还是毛主席讲的两句话，"前途是光明的，道路是曲折的"。在揭发和批判"四人帮"反党集团的斗争中，国锋同志讲到要注意政策。这个问题很重要。我们要有步骤地、稳妥地实行扩大教育面、缩小打击面和有反必肃的正确政策，集中揭发批判"四人帮"。在这次斗争中，不要打倒一切，要坚定地相信干部和群众的大多数，切实执行毛主席的方针："惩前毖后，治病救人"，"扩大教育面，缩小打击面"，团结一切可能团结的人。各级党委、各级领导人，一定要以身作则，坚持毛主席提出的"三要三不要"的基本原则，要搞马克思主义，反对修正主义；要搞团结，反对分裂；要搞光明正大，反对阴谋诡计。只有这样的党，才能团结全国人民，把毛主席开创的无产阶级革命事业进行到底。

叶剑英的这篇讲话，对 10 月 6 日夜至 10 月 7 日晨的这次中共中央政治局紧急会议作了一个简要而完满的总结，为粉碎"四人帮"以后的工作指明了方向。

玉泉山会议开了一个通宵，直到 10 月 7 日凌晨 4 点多钟才告一段落。

中共中央政治局委员们开了一夜的会，都很疲劳了。虽然还有许多重大、紧急的事情需要商讨决定，也只能休息以后再继续进行了。中共中央办公厅的工作人员已经给与会者安排好了住地。散会以后，中央警卫局副局长李钊等人，即引领中央政治局成员及其随行人员到各所楼里小睡。

这玉泉山是北京西山东麓支脉上的一座小山，高出地面 50 多米，因山间泉水丰沛、泉眼遍布而出名。自金、元以来即开辟为景区。清康熙、乾隆两朝加以扩建,经过 100 多年经营,成为一座优美、宏大的皇家园林。新中国成立后,逐渐建设成党和国家领导人工作与休息的一个处所。先后建了一些房屋。当时已具规模,大多是平房,有 10 所,统称为楼,依次编号。1 号楼至 4 号楼,先前分别是毛泽东、刘少奇、周恩来、朱德办公和休养的地方。5 号楼是会议楼,开会和起草文件都在那里,临时来此工作的人员也住此楼。后盖的 6、7、8、9 号楼,供中共中央政治局常委使用。10 号楼机动,也用来接待贵宾。现在,中共第一代领导人毛泽东、刘少奇、周恩来、朱德均已故去,房子都空着。这次中共中央政治局紧急会议在这里召开,并确定中共中央政治局在玉泉山集体办公,空着的房子都派上了用场。

（六）华国锋谈中共中央政治局玉泉山紧急会议

关于粉碎"四人帮"后当天晚上至第二天凌晨中共中央政治局在玉泉山召开紧急会议的情况,华国锋后来同他的一位老朋友张根生谈过。要言不烦,提纲挈领。引录于此,作为对本章以上叙述的总括。

华国锋说:

> 在完成对"四人帮"一伙的逮捕任务之后,便立即通知政治局委员到玉泉山开会。我请叶帅主持,他要我主持先讲。我宣布了"四人帮"已被隔离审查,并着重讲了"四人帮"阴谋反党夺权、疯狂活动的罪行。叶帅介绍了对"四人帮"逮捕的经过,而且着重讲了全党全军都坚决反对他们的反党罪行,在这种特殊情况下,对他们采取非常手段是非常必要的。经过讨论,政治局一致表示拥护。
>
> 我先提议请叶帅担任党中央主席,他德高望重,两次挽救了党。叶帅则起来提议要我担任中央主席、军委主席。他说,这是毛主席指定你当接班人的,我已经 79 岁了,你年纪比我小 20 多岁,你有实际工作经验,为人实在,讲民主,尊重老同志,你应该担起这个重任。经过大家认真讨论后,一致通过叶帅的提议。这也是临危受命吧。①

---

① 张根生:《华国锋谈粉碎"四人帮"》,《炎黄春秋》2004 年第 7 期。

第 八 章
稳 定 局 势

一、确定稳定局势的主要措施

1976 年 10 月 6 日夜至 10 月 7 日晨的中共中央政治局紧急会议,还讨论了当时极其重要和紧迫的问题——稳定局势。会议确定的主要措施是:第一,分期分批召开"打招呼"、直辖市会议,向各省、自治区、直辖市和各大军区负责人,首先是上海的党政军负责人,传达中共中央粉碎"四人帮"和中共中央政治局紧急会议作出的各项重大决定。中央党政军各部门,除外交部外,由在京中共中央政治局委员,按原先分工,分头传达。第二,高举毛泽东的伟大旗帜,作出建立毛泽东主席纪念堂与出版《毛泽东选集》第五卷和筹备出版《毛泽东全集》的决定,立即公布。第三,清查"四人帮"的罪行,开展揭发批判"四人帮"运动。

同时,会议还决定采取一些应急措施。

会议要求,中共北京市委一定要控制和稳定首都局势,北京不能乱,出事由吴德负责任。

会议分析研究了稳定上海局势的问题,确定立即召中共上海市委书记马天水和上海警备区司令员周纯麟前来北京,向他们"打招呼"。

会议决定,成立"宣传口",由耿飚(中共中央联络部)、朱穆之(中共中央宣传部)、李鑫(毛泽东著作编辑办公室)、华楠(解放军报社)、王殊(《红旗》杂志社)组成,耿飚负责,协助中央管理全国宣传工作。

华国锋等人还确定,在此非常时期,所有中共中央政治局成员都住在玉泉山,在 5 号楼集体办公。

10月7日清晨，中共中央政治局紧急会议散会以后，汪东兴没有休息，找中办秘书局局长周启才谈话，交办几件急事：

第一，给中共上海市委书记马天水和上海警备区司令员周纯麟打电话，通知他们今天上午来京，中央领导同志有事找他们谈。通知后，安排专机去接他们。他们到京后住京西宾馆。

第二，从今天开始，中共中央政治局开会，或集体办公，或找人谈话，或其他活动，都在5号楼会议厅进行。领导决定，你（指周启才）列席中共中央政治局会议、集体办公会议，做好各项会务工作和中央领导同志临时交办的各项任务。

第三，叶帅年事已高，行动不太方便。在此非常时期，中央会议频繁，开会时秘书或警卫又不能进入会场随侍左右。给你一项任务，叶帅在会场起坐和去卫生间时，你要进行必要的搀扶，特别去卫生间要注意防滑，保证安全。周启才问："是否事先要向叶帅讲一下？"汪东兴说："今天上午政治局开会时，我向叶帅讲一下。"

周启才随即到5号楼查看，会场、休息室、电话间、卫生间等，都一一落实，务求达到安全、保密、卫生、适用的要求。周启才查看布置完毕，即要5号楼总机值班人员接上海马天水、周纯麟的保密电话。

马天水的电话先接通了，周启才作自我介绍后说："中央领导指示我给你打个电话，请你今天上午来北京，有事找你谈。"

马天水问："周局长，谈什么事啊，中央领导同志讲了吗？"

周启才说："没讲。"

马天水又问："徐景贤、王秀珍去吗？"

周启才说："没说要他们二位来。"

马天水又问："上海还有别人去吗？"

周启才说："还有警备区周纯麟司令员。"

马天水连忙说："我通知周司令。"

周启才说："不麻烦你了，总机正在给我接周司令员的电话。"

周启才告诉马天水，中共中央办公厅上午将派专机去接，专机到上海后，会同你们联系具体登机时间。

周纯麟是受"四人帮"及其在上海的骨干分子排挤的。周启才跟他讲了请他来京开会的事，并告诉他马天水跟他同机前来。周纯麟说："好的，我等机场通知。"

周启才跟上海的两人打完电话,即同中央主管专机的部门联系,安排好去上海的专机;又同京西宾馆联系,安排好马天水、周纯麟两人的住房。

10月7日上午8时30分,华国锋在5号楼主持召开中共中央政治局会议。

叶帅到达会场时,汪东兴同他讲了拟由周启才照顾叶帅的安排。叶帅说:好哇,谢谢!给他再加一项任务:咬耳朵。

汪东兴跟周启才解释"咬耳朵"的意思,说:叶帅年事已高,耳朵有点背,会上别人讲话声音小时,有时听不清楚。叶帅问你,你要贴近叶帅耳朵,小声讲给叶帅听。叶帅听后笑了。

这样,叶帅不坐正中的沙发了,就坐在周启才的身旁,紧靠中共中央政治局成员座位外边一张长条桌跟前的扶手高背软椅上。

华国锋见了,赶紧招呼叶帅坐到正中他身旁的沙发上去。

叶帅说:我坐这里好,起坐方便,听不清楚的发言还可以同小周"咬耳朵"。

会议开始后,先由汪东兴汇报当天清晨他给外地四位中共中央政治局成员通电话的情况。汪东兴说:

> 根据华主席、叶副主席的指示,中央政治局紧急会议散会后,我分别给许世友、韦国清、李德生、赛福鼎同志打了电话,向他们通报了昨晚中央粉碎"四人帮"反革命集团的情况和中央政治局紧急会议做出的几项重要决定,征求他们的意见。他们都表示赞同中央对"四人帮"采取隔离审查的措施,同意国锋同志任党中央主席、中央军委主席的决定。

汪东兴还讲了周启才给马天水、周纯麟打电话,通知他们当天上午中央派专机接他们来京的情况和住地安排。

会议研究决定,召开"打招呼"会议,宣布粉碎"四人帮"的胜利,传达贯彻中央的两个决定。华国锋说:

> 从今天开始,在京中央政治局委员,按照原来分工,要分头迅速召集中央在京党、政、军各部门主要负责人开会,向他们传达党中央粉碎"四人帮"和政治局紧急会议做出的各项重大决定。而后开始分期分批召开各省、市、自治区和各大军区负责人参加的"打招呼"

会议。会议地点在玉泉山 5 号楼,来京与会人员住京西宾馆。①

10 月 7 日上午会后,即把外交部的一些主要负责人召到玉泉山 5 号楼,向他们"打招呼"。华国锋、叶剑英亲自向他们讲述粉碎"四人帮"的经过和中共中央政治局紧急会议作出的重要决定。李先念、汪东兴等人在会上也讲了话。外交部有的负责人听后高兴得泪流满面。根据新的形势,会上研究、部署了外事工作。②

中共中央还在西山召开中央军委常委和解放军三总部负责干部"打招呼"会议,通报了粉碎"四人帮"的情况,传达了玉泉山中央政治局紧急会议作出的一重要决定。大家都表示热烈拥护。

耿飚在接管中央广播事业局和中央人民广播电台以后,就按华国锋交代的精神,对当时的宣传工作作出指示,要求主要掌握两点:一是严格保密,播音中不能泄露有关粉碎"四人帮"的消息;二是凡节目中提到"按既定方针办"的一律删去,还要撤换一些不妥的节目。

当时在中央人民广播电台主管宣传工作的副台长杨正泉后来回忆说:这段时间的宣传有一定的影射、暗示,而又不能操之过急,主要是稳定局势、争取群众。我们的宣传报道是虚虚实实。例如,对于过去与"四人帮"联系密切的一些单位和人,在没有弄清以前,采取回避的办法,暂不宣传,但又偶尔提到;对上海等地的来稿则严格掌握、慎重处理,可又不是完全不用;对"四人帮"插手的戏剧、电影、歌曲等文艺作品,原则上停播,但又有计划、有选择地播放一点儿。这一阶段宣传的政策性和策略性非常强,我们必须严格遵守宣传纪律,听从中央的安排和指挥。要做到恰如其分,却又十分困难。

二、稳定局势的关键：解决上海问题

当时,稳定局势的关键是稳定上海;因为"四人帮"在上海经营多年,党羽颇多,且有相当可观的"第二武装"——民兵。

早在 1971 年中共九届二中全会期间,江青、张春桥就对中共上海市委书记马天水、王秀珍、徐景贤讲:我们是笔杆子,没有枪杆子。王洪文也说:我最

---

① 以上 1976 年 10 月 7 日上午中共中央政治局会议的情况,据周启才:《中央政治局玉泉山紧急会议》,《世纪》2006 年第 2 期。

② 周启才:《中央政治局玉泉山紧急会议》,《世纪》2006 年第 2 期。

担心的是军队不在我们手里,军队没有我们的人。1975 年 6 月,王洪文借到浙江、上海工作之机,在上海住了 105 天,主要抓了加强"第二武装"这件事。他要上海市民兵指挥部的头头抓住指挥权,准备将来打仗。

从 1974 年到 1975 年 9 月,上海民兵在上海、湖南、安徽等地制造、购置枪支 8482 支、指挥车 10 辆、雷达指挥仪 10 套,以及 40 多万步枪、机枪的零部件。他们打算装备 30 个步兵团、10 个高炮师、3 个地炮师、1 个坦克师、1 个摩托团,配备一三〇火箭筒 108 具、高射炮 782 门。

1976 年八九月间,马天水就说:"真正打起仗来,上海主要依靠民兵这支力量。"

1976 年 9 月 20 日,张春桥在北京听了徐景贤(时任中共上海市委书记)的汇报后说:"要谨慎小心,要注意阶级斗争的动向。"点拨他们要抓好民兵,注意行动的时间和方式。

9 月 23 日,王洪文在电话中对王秀珍(时任中共上海市委书记)说:"你们要提高警惕,斗争并未结束,党内资产阶级是不会甘心失败的,总有人要抬出邓小平来。"

9 月 28 日,张春桥派王洪文的秘书肖木到上海向"四人帮"的骨干传达他的意见:"阶级斗争形势要经常分析,一方面要提高警惕,一方面要提高信心"。"上海还没有真正经受过严重考验","上海有大考验,要打仗"。实际上发出了要准备打仗的动员令。①

显而易见,解决上海问题、稳定上海局势,是粉碎"四人帮"后最为关键的一着。

10 月 7 日,一架专机把马天水和周纯麟以及上海周边江苏、浙江两省党、政负责人和南京军区负责人一起接到北京,入住京西宾馆。当天让他们休息。山东省和济南军区负责人、湖北省和武汉军区负责人,也在同一天到京。

10 月 8 日上午,华国锋、叶剑英、李先念、汪东兴等人在玉泉山 5 号楼会议厅接见江浙两省和南京军区负责人,向他们传达中央粉碎"四人帮"和中共中央政治局紧急会议作出的重大决定,同他们一起着重研究了如何稳定两省局势和解决上海问题,要他们密切关注上海动态。

----

① 本节以上叙述参考了陈锦华所著《国事忆述》第二章的相关内容。该书由中共党史出版社于 2005 年 7 月出版。

10月8日下午,华国锋、叶剑英、李先念、汪东兴等人在玉泉山5号楼同马天水谈话,周纯麟参加。①

马天水是1931年在河北家乡当小学教师时入党的老干部,“文化大革命”前是中共上海市委抓工业的书记。1967年上海“一月风暴”后,他投靠张春桥、姚文元,写信给他们表示“今后愿做一匹好马,在两位书记不断鞭策之下,拉革命之车,走革命道路”。以后,马天水死心塌地追随“四人帮”,不遗余力为“四人帮”效命,成为“四人帮”在上海的忠实代理人。

1975年6月12日下午,邓小平乘陪同菲律宾总统马科斯和夫人到上海参观访问的机会,同马天水谈话。邓小平说:(毛)主席最近对经验主义和教条主义有新的指示,听到了吧?你们这里批经验主义很凶哟。你想想,经验主义在中央的代表人物是谁?省市代表人物是谁?发展下去就要找代表人物哟。春桥同志在政工会议上的讲话看过吗?里面有批经验主义的啊。老干部刚开始敢抓一点工作,这样一批,谁还敢抓呀?中国这么多人口,国民经济搞不上去怎么行?我们一定要搞上去。批“唯生产力论”,谁还敢抓生产?现在把什么都说成资产阶级法权。多劳多得是应该的嘛,也叫资产阶级法权吗?搞生产究竟应该以什么东西作为动力?马天水立即把邓小平这番话告诉了王洪文、姚文元。以后,他还应王洪文的要求,把这次谈话整理成文报给王洪文。②

1976年10月8日下午,马天水听华国锋讲了“四人帮”篡党夺权的罪行、中央对他们实行隔离审查的决定后,公然对抗中央,几次提出“四人帮”的问题应作为党内问题处理。马天水的错误言行,当即受到中央领导同志的严肃批评,对他进行耐心的帮助教育。周纯麟也对他批评、劝告。但马天水毫无悔改之意。华国锋说,今天就谈到这里吧!要马天水回京西宾馆后立即给徐景贤、王秀珍打电话,通知他们第二天来京开会。

---

① 据周启才:《中央政治局玉泉山紧急会议》,《世纪》2006年第2期。另据廖汉生回忆,1976年10月7日当晚和8日下午5时至9日凌晨2时,中央召集奉命到京的上海、江苏、浙江、安徽、山东、湖北等省市和南京、济南、武汉三个军区的负责同志开会,其中有上海的马天水、周纯麟,江苏的彭冲、许家屯,山东的白如冰,湖北的赵辛初、赵修,南京军区的丁盛、廖汉生,济南军区的曾思玉,武汉军区的杨得志、王平等人。华国锋神情庄重地宣布:王洪文、张春桥、江青、姚文元阴谋篡党夺权,党中央对“四人帮”采取了坚决措施,将他们隔离审查,除去了隐患。会场顿时爆发出热烈的掌声。录此以备查考。

② 《邓小平年谱(1975—1997)》(上),中央文献出版社2004年版,第56页。

周启才送马天水到京西宾馆,跟上楼,看着他给上海的徐景贤打电话。马天水在电话中对徐景贤说:"我是老马,中央叫你和秀珍明天来京开会,有飞机接你们。"对方问了一句话,马天水说了声"很好"。对方又问了什么话,马天水说:"来京见面再谈吧!"①

徐景贤、王秀珍应召于 10 月 9 日到达北京。这样,"四人帮"在上海的势力陷入群魔无首的境地。

徐景贤、王秀珍与马天水、周纯麟一起,参加了中央在玉泉山 5 号楼召开的"打招呼"会议。

进入会场,马天水、徐景贤、王秀珍等人就接到一页张春桥的手迹复印件。那是 1976 年 2 月 3 日中共中央任命华国锋为国务院代总理的 1 号文件发出当天,张春桥写的《有感》手迹。从中表露了张春桥对华国锋的深刻仇恨,也暴露了他们一伙"总把新桃换旧符"的篡权野心。马天水、徐景贤、王秀珍一看,都傻了眼。

"打招呼"会议由华国锋主持,华国锋、叶剑英主讲,李先念、汪东兴和其他与会的中共中央政治局成员也时有插话。会议通报了"四人帮"反党集团事件,提出了既要解决问题,又要稳定局势的方针。

华国锋在讲话中用大量事实,列举"四人帮"在毛泽东病重期间和逝世以后进行篡党夺权的反革命罪行;讲了为了不让"四人帮"的阴谋得逞,中共中央执行全党、全军和全国人民的意志,周密策划,采取坚决果断措施、非常手段,粉碎"四人帮"反革命集团的过程;讲了中共中央政治局紧急会议作出的几项重要决定;讲了各级党政军领导机关要加强领导,集中力量,深入揭批"四人帮"的反革命罪行;讲了要清查"四人帮"的帮派体系,在清查、处理过程中要注意掌握政策;讲了稳定全国局势的方针和重要性;也讲了要继续"批邓、反击右倾翻案风"。

华国锋讲话时,手上拿着三份毛泽东的手稿:一份是毛泽东在 1976 年 4 月 30 日晚上听华国锋汇报时写给华国锋的三张纸条:"慢慢来,不要招(着)急","照过去方针办","你办事,我放心"。一份是毛泽东对江青在 1976 年 3 月 2 日中央召集的第三批打招呼会议期间单独召集 12 个省、自治区负责人会议的批评:"江青干涉太多了。单独召集十二省讲话。"另一份是江青要求把

---

① 周启才:《中央政治局玉泉山紧急会议》,《世纪》2006 年第 2 期。

她讲话的部分内容印发全国，华国锋请示毛泽东，毛泽东所作的批示："不应该印发。此事是不妥的。"①

华国锋把这三份手稿的背景、来由作了介绍，着重讲了围绕第一份三句话手稿中"照过去方针办"激烈斗争的情况。华国锋在说明毛泽东写这句话的经过后指出：

> 毛主席逝世后，"四人帮"急于篡党夺权。他们密谋策划，把毛主席写的"照过去方针办"的工作指示，篡改、伪造成"按既定方针办"的毛主席临终嘱咐，在报纸上大造反革命舆论。由于当时全力忙于毛主席的治丧活动，对此没有及时处理。10 月 2 日，外交部报送的乔冠华出席联合国 31 届大会上的发言稿中也写上了这句话，引起我的警觉。我找出毛主席写的原件对了一下，六个字他们篡改了三个字。我把乔冠华发言稿中的这段话删掉了，写了几句话，批给中央常委传阅。张春桥看后，为了掩盖他们的阴谋罪行，提出不要向下传达。

接着，叶剑英讲话。他着重讲了五个方面的问题：第一，揭露"四人帮"反党集团的罪行；第二，阐述粉碎"四人帮"的伟大意义；第三，维护以华国锋为首的中共中央的领导，加强团结，做好工作，稳定局势；第四，要深入揭批"四人帮"的罪行，清除其帮派骨干分子和余党，从思想上肃清"四人帮"的余毒；第五，加强战备，特别是东北、华北、西北"三北"地区的战备工作，防止外敌入侵。②

马天水、徐景贤、王秀珍听了华国锋、叶剑英等中央领导同志的讲话，感到大势已去，不敢以卵击石。

为控制上海局势，中共中央政治局于 10 月 12 日上午在玉泉山 9 号楼叶剑英住处开会，讨论决定派工作组接管上海。工作组由苏振华、倪志福、彭冲带领，一批领导干部参加。确定工作组的三位负责人是经过慎重考虑的。苏振华是中共中央政治局候补委员、海军政委，可以指挥东海舰队；倪志福是上海人、全国劳动模范、"群钻"的发明者，在上海有威望；彭冲是中共江苏省委

---

① 第二、三份材料，据《王洪文、张春桥、江青、姚文元反党集团罪证》（材料之一），1976 年 12 月，第 45 页。

② 中国人民解放军军事科学院编：《叶剑英年谱（1897—1986）》（下），中央文献出版社 2007 年版，第 1116 页。

书记,江苏是上海的外围,便于呼应。会议明确工作组到上海后的方针是:"既要解决问题,又要稳定局势。"

当天晚上,华国锋、叶剑英和中共中央政治局其他成员,在玉泉山5号楼集体接见上海的马天水、徐景贤、王秀珍和周纯麟。马天水、徐景贤、王秀珍和周纯麟预定在第二天返回上海。华国锋、叶剑英在讲话中,严肃指明上海问题的严重性,向马天水、徐景贤、王秀珍交代了政策,进行了耐心的教育,劝导三人同"四人帮"划清界限,站到正确的立场上来,把上海的事情办好。

叶帅语重心长地说:

> 上海是大革命开始的地方。上海的人民、工人觉悟高。对"四人帮"的问题,如果说你们来北京以前不清楚,受蒙蔽,也难怪。现在清楚了,不能站在少数人的立场上,站在"四人帮"立场上没有前途,要站在多数人方面,把上海的事情办好。要和全国人民一起,把上海的革命、生产、战备工作促上去。①

马天水、徐景贤、王秀珍当场表态:回上海后,一定传达、贯彻好中央粉碎"四人帮"和中央政治局玉泉山紧急会议的各项重大决定,以及这次"打招呼"会议的精神,做好稳定上海局势的工作。王秀珍还哭了起来,说上了"四人帮"的当,受了"四人帮"的骗,并当场揭发了王洪文、张春桥的问题。②

"四人帮"在上海的死党和帮派骨干,一直注视着北京的事态,做进行武装暴动的准备。

10月8日,徐景贤、王秀珍通过各种渠道刺探消息,最终从马天水的秘书那里听说马天水讲:他身体不好,老胃病又犯了。而马天水有糖尿病而无胃病,这才得知"四人帮"真的出事了。

10月8日下午,徐景贤、王秀珍接连召集了四个会议。

两点时开的是中共上海市委常委会。张敬标(市委办公室主任)、王少庸(管政法)、冯柱国(管外事)三名常委,还有上海警备区两人参加。经过对形势的分析、议论,他们认为不能坐以待毙,要对抗。上海警备区的人表示,部队人员有限,真正要动,还得动民兵。

下午3点多,徐景贤、王秀珍还有王少庸,找民兵指挥部负责人施尚英、钟

<hr>

① 中国人民解放军军事科学院编:《叶剑英年谱(1897—1986)》(下),中央文献出版社2007年版,第1117页。

② 周启才:《中央政治局玉泉山紧急会议》,《世纪》2006年第2期。

定栋和公安局的薛干青、徐成虎开第二个会，决定以检查战备部署的名义着手叛乱的准备，并专门研究了民兵的指挥问题。

第三个会在下午4点召开。徐景贤找来《解放日报》《文汇报》和广播电台负责人，说北京发生了政变，人被抓起来了。他要新闻单位按"毛主席既定方针"办，并提出如果新华社播发有关王洪文、张春桥、姚文元的消息，要先报告市委，报纸不能登，电台不准播。

第四个会是中共上海市委常委会紧急会议，在康平路市委办公室召开，策划反革命武装叛乱，妄图作灭亡前的猖狂一跳。会议从下午5点以后开始，"列席常委"——上海写作组历史组负责人朱永嘉，工人造反派头头陈阿大、叶昌明也参加。徐景贤通报了情况，说种种迹象表明，上海要提高警惕。

晚上7点多钟，徐景贤在会场上先后接到"四人帮"的亲信从北京用暗语打来的电话。中华全国总工会金祖敏的秘书说"我娘心肌梗塞"；公安部的祝家耀说"人员集中了，门上加锁了，不能动了"；文化部的刘庆棠说，文化部"有病情，我们都病了"。

会议即讨论发动武装叛乱的部署。肖木说，中央上头的问题已经解决，北京已经开始对下头动手。朱永嘉说，中央肯定发生了军事政变，肯定是华国锋、汪东兴一起搞的。徐景贤问大家究竟怎么办。朱永嘉提出："我们要干，要拉出民兵来，打一个礼拜不行，打三天、五天也好，让全世界都知道。"这个孤注一掷、发动武装叛乱的主张，得到与会者的赞同。当场决定，撤出康平路，组成两套指挥班子，设置两个秘密指挥点。一号点设在丁香花园，是文的一路，由徐景贤率领，有王少庸、朱永嘉等人，负责抓总和武装叛乱的舆论准备；二号点设在东湖路招待所的市民兵指挥部，是武的一路，由王秀珍率领，有冯桂国、廖祖康等人，直接指挥武装叛乱。徐景贤当场写了调集33500名民兵"加强战备"的手令，交王秀珍执行。随后，文武两路人马进入各自的指挥点，准备行动。

10月12日晚，"四人帮"在上海的党羽得到了王洪文、张春桥、江青、姚文元被捕的确信。8点多，他们又在康平路市委办公室开会。会上，朱永嘉等人为"四人帮"的覆灭放声痛哭。朱永嘉提出要马上干，说再拖下去就全完了。陈阿大、叶昌明，还有肖木、王知常都叫嚷要干就大干。黄涛表示要坚决干。王少庸说，要把全市搞瘫痪。他们策划要发动群众，停产罢工，用钢锭堵塞机场跑道，用沉船封锁吴淞口，切断电网，控制要害部门，破坏铁路桥梁。叶昌明在会上打电话给钟定栋，要他连夜拟定发动武装叛乱的方案。

会议进行时，马天水、徐景贤、王秀珍从北京打来电话，说他们三人第二天即可回上海，务必等他们回来。朱永嘉、王知常认为不能再等，主张天亮前就派民兵进驻报社、电台，发"告全国、全市人民书"，放手大干，并提出"还我江青，还我春桥，还我文元，还我洪文"的口号。对朱永嘉、王知常的提议，因群凶无首，无人来作决断。与会的王少庸、冯柱国、张敬标等，资历深，有政治斗争经验，他们主张等马天水、徐景贤、王秀珍回来再说。这样，武装叛乱的行动就拖了下来。

10月14日，一方面，"四人帮"在上海的党羽还跃跃欲试；另一方面，群众开始起来了。这时，粉碎"四人帮"的消息通过各种途径传到上海。马路上出现"彻底砸烂四人帮""打倒王洪文、张春桥、江青、姚文元"的大标语。10月18日，中共中央向全体党员发出通知，宣布粉碎了王洪文、张春桥、江青、姚文元反党集团。在庆祝胜利的鞭炮声中，上海武装叛乱的阴谋顷刻瓦解。

从10月7日至10月14日，中共中央政治局分批召集各省、自治区、直辖市及各大军区主要负责人"打招呼"会议。每次会议都由华国锋亲自主持，华国锋、叶剑英作主要讲话，李先念、汪东兴等人时有插话，宣布粉碎了"四人帮"，揭露"四人帮"篡党夺权的阴谋罪行。通过"打招呼"会议，达到了统一思想、稳定局势、解决问题的目的。

三、高举毛泽东旗帜，公布两项决定

按照叶剑英关于稳定局势要高举毛泽东伟大旗帜的指导思想，10月7日，中共中央政治局确定要建立毛泽东主席纪念堂、出版《毛泽东选集》。前面已经说到，早在确定粉碎"四人帮"的方案时，汪东兴就把李鑫找去，起草关于这两件事的决定。决定文本早已写就，10月8日经中共中央政治局会议讨论后正式通过。当天即由新华社播发，10月9日出版的《人民日报》就登了出来。

《关于建立伟大的领袖和导师毛泽东主席纪念堂的决定》（1976年10月8日），是由中共中央、全国人大常委会、国务院、中共中央军委作出的。全文如下：

为了永远纪念我党我军和我国各族人民的伟大领袖、国际无产阶级和被压迫民族被压迫人民的伟大导师毛泽东主席,教育和鼓舞工农兵和其他劳动群众继承毛主席的遗志,坚持马克思主义、列宁主义、毛泽东思想,把无产阶级革命事业进行到底,决定:

（一）在首都北京建立伟大的领袖和导师毛泽东主席纪念堂。

（二）在纪念堂建成以后,即将安放毛泽东主席遗体的水晶棺移入堂内,让广大人民群众瞻仰遗容。

关于出版《毛泽东选集》第五卷和筹备出版《毛泽东全集》的决定,由中共中央作出。全文为:

半个多世纪以来,伟大领袖和导师毛泽东主席根据马克思列宁主义的普遍真理和革命具体实践相结合的原则,在领导我国完成新民主主义革命和进行社会主义革命和社会主义建设的伟大斗争中,在反对党内右的和"左"的机会主义路线的伟大斗争中,在反对帝国主义、以苏修叛徒集团为中心的现代修正主义和各国反动派的伟大斗争中,在各个方面继承、捍卫和发展了马克思列宁主义,丰富了马克思主义的理论宝库。毛主席的著作,是马克思列宁主义的不朽文献。出版毛主席的著作,对于我国各族人民继承毛主席的遗志,把无产阶级革命事业进行到底,对于全世界无产阶级和被压迫民族被压迫人民的解放事业,都具有伟大的现实意义和深远的历史意义。这是马克思主义发展史上的一件大事,一定要严肃认真地抓紧做好。中共中央决定:

（一）尽快出版《毛泽东选集》第五卷,并陆续出版以后各卷。在出版选集的同时,积极地筹备出版《毛泽东全集》。

（二）出版《毛泽东选集》和《毛泽东全集》的工作,由以华国锋同志为首的中共中央政治局直接领导,下设一个毛泽东主席著作编辑委员会,负责整理、编辑和出版的具体工作。

（三）毛主席著作的所有原件,由中共中央办公厅负责收集、保存。

中央责成各级党委将本地区、本单位保存的毛主席的一切手稿,包括文章、文件、电报、批示、书信、诗词、题词的原件,以及讲话的原始记录稿,尽快送交中央办公厅。中央办公厅应作出复制件,交提供原件的单位或个人保存。

中共中央号召全党、全军和全国各族人民，掀起一个学习马列著作和毛主席著作的新高潮，并且大力帮助收集毛主席著作原件。中共中央希望各国马列主义政党、组织和进步团体、友好人士协助做好毛主席著作原件的收集工作。

10月10日，《人民日报》《红旗》杂志、《解放军报》为这两项重要决定联合发表社论：《亿万人民的共同心愿》。社论简要论述了这两项重要决定的重大意义，要求全国上下积极响应中共中央的号召，掀起一个学习马列著作和毛泽东著作的新高潮。

这篇社论的第四段特别引人注目。社论写道：

毛泽东思想是在同国内外阶级敌人的斗争中，同党内右的和"左"的机会主义路线的斗争中发展起来的。要深刻理解和掌握毛泽东思想，就必须在斗争中学，在斗争中用。当前，我们要认真学习毛主席关于无产阶级专政下继续革命的理论，学习毛主席在批邓、反击右倾翻案风斗争中的一系列重要指示，深入批邓，继续反击右倾翻案风。要学习毛主席"要搞马克思主义，不要搞修正主义；要团结，不要分裂；要光明正大，不要搞阴谋诡计"的教导，同一切违背这三项基本原则的言论和行动作坚决的斗争。我们的党是毛主席亲手缔造的、久经阶级斗争和两条路线斗争烈火锻炼的党，是伟大的、光荣的、正确的党。历史的经验证明，要搞垮我们的党是不容易的。任何背叛马克思主义、列宁主义、毛泽东思想，篡改毛主席指示的人，任何搞修正主义、搞分裂、搞阴谋诡计的人，是注定要失败的。

主持撰写这篇重要社论的迟浩田，对这篇社论的写作背景作过回顾。他说，10月7日接管人民日报社以后，为了使新生的《人民日报》更好地传播中共中央的声音，当天夜里，就组织突击写社论。当时，还不能把粉碎"四人帮"的喜讯通过报纸告诉全国人民。他和大家一起议论，想出一个办法，就筹建毛主席纪念堂和出版《毛泽东选集》这两件事，写一篇社论，把大家对粉碎"四人帮"这件事的喜悦心情溶化进去。实际上，也就把粉碎"四人帮"的喜讯隐隐约约地透露出来。

从这篇社论中强调毛泽东"三要三不要"的原则，并说"任何背叛马克思主义、列宁主义、毛泽东思想，篡改毛主席指示的人，任何搞修正主义、搞分裂、搞阴谋诡计的人，是注定要失败的"，联系到这几天来，报纸上再也不见"按既定方针办"的所谓"毛主席临终嘱咐"，电台也不播"按既定方针办"的语录歌了，富有政治敏感性的人们，包括那些专门从报纸的字里行间研究、观察中国政治动态的外国新闻记者，从中可以悟出"四人帮"被粉碎的信息。

四、组织对"四人帮"的揭发批判和专案审查，公布罪证材料

稳定局势的再一个重要措施是深入揭批"四人帮"。

中共中央把揭发批判"四人帮"作为一场政治大革命予以高度重视，规定了揭批"四人帮"运动的指导方针和具体步骤。指导方针是：高举毛泽东思想伟大红旗，继承毛泽东的遗志，把毛泽东批判"四人帮"的一系列重要指示公布出来，揭露"四人帮"搞修正主义，搞分裂，搞阴谋诡计，妄图篡夺党和国家最高领导权。具体步骤为：首先揭批"四人帮"的篡党夺权阴谋，随后深入揭批他们的反革命面目和罪恶历史，最后清算他们的反革命修正主义路线的极右实质及其在各方面的表现，并从哲学、政治经济学、科学社会主义理论上把他们批倒批臭。

10月19日，《中共中央关于王洪文、张春桥、江青、姚文元反党集团事件的通知》由中共中央办公厅发出。这个文件揭露了"四人帮"进行反党篡权活动的严重罪行，公布了毛泽东自1974年2月至1975年5月期间对"四人帮"的多次批评、教育，简要叙述了中共中央同"四人帮"斗争的经过，阐明了揭发批判"四人帮"斗争的政策和领导。《通知》规定"此件发至县团级，传达到全体党员"，及时、有力地指导了揭批"四人帮"运动的展开。

10月20日，中共中央政治局讨论决定，成立以华国锋为领导、全体中共中央政治局成员参加的中央专案组，负责清查"四人帮"的罪行。专案组下设办公室，汪东兴兼办公室主任。

12月10日，经中共中央政治局讨论同意，中共中央向全党、全军各级党组织下发了《王洪文、张春桥、江青、姚文元反党集团罪证（材料之一）》。这份罪证材料共分四部分：（一）王洪文、张春桥、江青、姚文元"四人帮"在中共十届二中全会和四届全国人大前后分裂党、篡党夺权的罪证；（二）"四人帮"篡改毛泽东指示，篡改中共九大、十大路线，大肆宣扬经验主义是当前主要危险的罪证；（三）"四人帮"疯狂反对毛泽东亲自提议华国锋任代总理、总理、中共

中央第一副主席,妄图取而代之,妄图打倒一大批中央和地方党政军负责同志的罪证;(四)毛泽东病重期间和逝世以后,王张江姚反党集团更加猖狂地向党进攻,迫不及待地妄图篡夺党和国家的最高领导权的罪证。

这份罪证材料用证据确凿的大量事实,揭发批判了"四人帮"篡党夺权的阴谋,真是罪恶滔滔、天理难容。

中共中央于 12 月 14 日决定恢复邓小平阅读中央文件的政治权利。其时,邓小平因患前列腺炎在解放军总医院进行手术治疗。他接到这份罪证材料,很高兴,看完后说:这就够了。不需要之二、之三了。可以定罪了。①

---

① 《邓小平年谱(1975—1997)》(上),中央文献出版社 2004 年版,第 153 页。

第 九 章
普 天 同 庆

一、粉碎"四人帮"的特大喜讯迅速传开

中共中央于 1976 年 10 月 6 日晚一举粉碎"四人帮"的特大喜讯,很快就通过大道、小道等各种渠道传播开去。人们得知这个消息,从高层领导到普通百姓,稍感震惊之后,无不欢欣鼓舞、精神振奋。

(一)喜讯首先在高层传开

在中共中央政治局玉泉山紧急会议之后,中共中央政治局成员即于 10 月 7 日开始分头召开中央党政军机关负责人"打招呼"会议,把粉碎"四人帮"和华国锋任中共中央主席、中共中央军委主席两件喜事,向大家通报。同时,中央领导人把这个胜利的喜讯个别告知了一些老干部。如:李先念约邓颖超谈话,叶剑英派儿子叶选宁去看望胡耀邦。这样,消息就在高层领导和老干部中传开。大家欢欣鼓舞,热烈拥护,并献计献策。胡耀邦听到喜讯后,就说:"大乱之后要顺从民心。民心为上……我以为当前有三件大事特别重要:一、停止批邓,人心大顺。二、冤狱一理,人心大喜。三、生产狠狠抓,人心乐开花。"

邓小平是女婿贺平赶来向他报的信。在粉碎"四人帮"之后的第二天,10 月 7 日,邓小平的亲家、毛毛(邓榕)的公公贺彪得知这个消息后,立即告诉了正在单位上班的儿子贺平,并要他立即去通知邓家。毛毛回忆说:"贺平骑着自行车,飞也似的回到宽街。他一进屋,就连声说:'快来!快来!'全家人一看他满头大汗、兴奋不已的样子,就知道一定有大事发生。"

邓小平、卓琳夫妇和邓林、邓楠、邓榕,是在紧闭房门的卫生间里,又特意

放开自来水的状态下,听贺平"传达"的。毛毛记述:"父亲耳朵不好,流水声又太大,经常因为没听清而再问一句,'四人帮'被粉碎了! 这是真的吗? 我们简直不敢相信这是事实……震惊,疑惑,紧张,狂喜,一时之间,喜怒哀乐之情全都涌上心头。父亲十分激动,他手中拿着的烟头轻微地颤动着。"他们在哗哗作响的流水声中,问着,说着,议论着,轻声地欢呼着……①

　　10 月 10 日,邓小平致信汪东兴转华国锋并中共中央,表示坚决拥护中共中央一举粉碎"四人帮"的果断行动,拥护中共中央关于由华国锋担任中共中央主席和中共中央军委主席的决定。信中写道:"最近这场反对野心家、阴谋家篡党夺权的斗争,是在伟大领袖毛主席逝世后这样一个关键时刻紧接着发生的,以国锋同志为首的党中央,战胜了这批坏蛋,取得了伟大的胜利。""这是巩固党的伟大事业的胜利,这是毛泽东思想和毛主席革命路线的胜利。""我同全国人民一样,对这个伟大斗争的胜利,由衷地感到万分的喜悦"。信末欢呼:"党和社会主义事业的伟大胜利万岁!"②

　　徐向前得知粉碎"四人帮"的喜讯后,连说:"好得很! 好得很!"

　　聂荣臻说:"中国得救了!"

　　杨勇说:"真是大快人心!"

　　余秋里说:"我的病好了,可以上班了!"

　　谭震林兴奋得彻夜未眠,拂晓时才睡去,后来从床上掉到地板上也不知道。

　　邓颖超立即去看蔡畅、康克清等老同志,和他们同享欢乐。

　　姚依林当时在友谊医院住院,10 月 7 日清晨 6 时,从匆匆赶来报信的女儿口中得知把"四人帮"抓了起来的消息,兴奋不已。他立即出院,赶到陈云家报喜。

　　邓力群得到消息是在 10 月 8 日,先后到他那里报信的,是王震的儿子王军和叶剑英的女婿刘诗昆。他们说,江青、张春桥这几个人的问题已经解决了。同一天,中央人民广播电台的余宗彦也来报信。余宗彦说,耿飚带着一批干部接收了广播电台。粉碎"四人帮"以后,邓力群还在紫光阁挨批。10 月 20 日,收到中央通报粉碎"四人帮"事件的第 16 号文件,当时正开着批判邓力

---

　　① 据毛毛:《我的父亲邓小平:"文革"岁月》,中央文献出版社 2000 年版,第 523 页;参见《邓小平年谱(1975—1997)》(上),中央文献出版社 2004 年版,第 152 页。

　　② 《邓小平年谱(1975—1997)》(上),中央文献出版社 2004 年版,第 152 页。

群的会呢。大家立即散会,参加北京市的游行。接连三天,邓力群都参加了。他说:对我来说,这是第二次解放,1976 年 10 月的解放!

郭沫若听到喜讯,张开双臂同许德珩拥抱,连说“大快人心事”,“大快人心事”。他的那首《水调歌头·粉碎“四人帮”》已经在心中酝酿了。许德珩回忆说:“当时我们高兴的心情,不啻于第二次获得解放,绝非语言文字所能形容。”于树德说:“这叫善有善报,恶有恶报,时候一到,一定要报。”程思远说:“多行不义必自毙! 他们应了这句中国古老的格言,罪有应得!”

茅盾是 10 月 8 日从在解放军政治学院工作的儿子韦韬那里听说的。韦韬也是偶然知道的。10 月 8 日早晨,他在动物园附近等班车,遇到一位同校的熟人,她父亲是军队高干。她悄悄地对韦韬说:“告诉你一个好消息,‘四人帮’被抓起来了!”“你说什么?”他不相信自己的耳朵。“千真万确,都抓起来了,是在前天夜里。”“消息真的可靠吗?”“绝对可靠,是我爸爸亲口说的。毛远新也被抓起来了!”韦韬回到家就把这个“特大喜讯”告诉了家人:“‘四人帮’已经抓起来了! 他们完蛋了!”

住在万寿路干休所的陶铸夫人曾志,在 10 月 7 日早晨 7 点多钟,接到罗荣桓夫人林月琴打来的电话:“告诉你一个好消息,那四个人昨晚被抓起来了!”曾志明白那“四个人”就是江青、张春桥、王洪文、姚文元之后,兴奋得手直发抖,说:“谢天谢地,谢谢你告诉我世界上最好的消息!”她放下电话,赶紧把消息告诉给女儿、女婿。

张爱萍得知华国锋、叶剑英代表中共中央一举粉碎了“四人帮”,兴奋不已,当即作诗一首:

> 忽报一夜阴霾散,
>
> 扭转乾坤安国邦。
>
> 白骨授首张正义,
>
> 伟哉壮举永流芳。

临时住在中组部招待所的老干部们,奔走相告,饮酒庆贺,觉得国家有了希望,党有了希望,个人也有出头之日了。

(二)喜讯在知名人士中传开

10 月 6 日晚 10 时,中央人民广播电台就被接管。虽然强调保密,但人们还是忍不住把喜讯告诉亲近的、可以信赖的人。这样一传十、十传百,喜讯迅速在一些知名人士中传开。

驻中南海的摄影记者杜修贤，是较早获悉的一个。他回忆说："半夜，床头的电话震碎了我的苦梦：'江青抓起来了，还有张春桥、王洪文、姚文元……真的，我不骗你！'"

当晚，由唐山返京的于光远，从妻子孟苏处听到消息，不敢随便相信。他约了黎澍，黎澍又约了李新，共同在大街上散步。四人分析了一番，确认消息是可靠的。于光远回到家已是午夜12时，他打电话给国务院政研室的同事李昌、冯兰瑞夫妇，要他们马上到他那里来。于光远见到他俩就说："五个人都抓起来了。"接着，于光远讲了一些他听到的事情经过。李昌、冯兰瑞夫妇回到家后，兴奋得许久没睡。

10月7日，新华社的朱穆之、穆青、李琴三人，在不同时刻，分别得知消息。他们三人从10月4日起就被停职反省，原因是向邓小平反映了江青在大寨说评《水浒》的要害是"宋江架空晁盖"、要抓现代投降派，邓小平向毛泽东汇报，毛泽东斥责江青"放屁，文不对题"。10月7日早晨，李琴从电话里听到王海容的声音："那四个人抓了！"电话随即挂断了，李琴一下子想到"那四个人"是谁。穆青的妻子周萝接到一个不知姓名的女人的电话："祝贺你们了！"晚上，友人刘回年悄悄走进朱穆之的家说："那四个人都被抓了！"

10月7日早晨，在革命年代长期帮助中共上海地下党的董竹君（上海锦江饭店创始人），正在室内打扫卫生，接到老朋友李又兰（张爱萍夫人）的电话，告诉她：夜里零点，"四人帮"都被抓了起来。董竹君回忆当时的感受：这真是爆炸性的大好消息、天大的好事……我抬头深深地呼了两口气，身体上下立刻都畅通了，天哪，真舒服、真开心啊！犹如27年前上海解放，顿时一切都明亮了。董竹君全家高高兴兴地去莫斯科餐厅会餐。她发现，那天排队的人比往常多几倍，而且都面带一种神秘的笑容。两个身着半旧军服的年轻人大声说："今天这个日子里，不多喝两杯，对得起谁呢？"又说："这事使人太高兴了！"

10月7日下午，从"文化大革命"开始不久就靠边站的《人民日报》副总编辑李庄，当时正在看书，电话铃响了。对方未通姓名，只说了一句话："你不是还有半瓶茅台吗？喝了吧！"李庄再也无心读书，挨到下班，一溜烟儿跑回宿舍，拿出茅台，一饮而尽。李庄回忆说："电话是一位穿军装的老战友打来的，这是我们两人在特殊情况下为了避祸定的一种隐语，表示'四人帮'覆灭了。"

当年 82 岁的叶圣陶在日记上写道："临睡时听到可惊消息，今暂不记之。"隐约记下而不明写，反映了老人当时的心态。

诗人艾青致信友人徐勇奇："把'四人帮'砸烂，真是从心眼里叫人高兴。这些人无恶不作，在这些人统治下，过的是白色恐怖的日子。现在，把这些妖魔暴露在光天化日之下，值得庆祝一百天。"

在"文化大革命"初期就"几次都想死去"的曹禺，在听到女儿告诉他"四人帮"垮台的消息以后，他当时的感受是："我不信，我也不敢信。我怕，怕这不是真的，还怕很多很多……我记得那一夜我久久地在街上走，我看到每一个窗口，整座整座的楼都亮着灯，都像过年时一样。我走着，然而感到难以支持而站住了，我觉得我的心脏的承受力已经到了极限！人生，历史，中国以及我自己的生命，在那时都化成了一个字眼，我不知道我的声音有多大，或者究竟出没出声，我喊道：'天哪！'没有经历过'文化大革命'的人，他们是不可能明白的，那种深重的绝望，把人箍得有多么紧！后来，我又听到第二个、第三个人告诉我。虽然仍然是关着门，压低了声音才敢说的，可是我终于已经有了相信的勇气和力量。我相信我已从大地狱里逃出来了。"

《黄河大合唱》的词作者张光年是在 10 月 8 号这天知道的，但他不敢相信。他回忆说："8 日下午，老友李孔嘉同志来报喜，连说'三个公的、一个母的都抓住了'。我心知其意，心想哪有这样'全捉'的好事，不敢插嘴。当晚，史会同志来报喜，坐下只是笑，未明说，以为我已知晓。"

那时还在苏州访友的沈从文，于 10 月 19 日致信上海友人程流金："这么几天中，北京传来的新消息，和苏州市几条大街上的反映，对这次初听来如'突然'，其实却是'必然'的新问题，把我们所想象的几乎在一夜之间便变成事实。使得每个成年人都像年轻了十岁。我们的国家或许正应和了《易经》上提到的'否极泰来'。"

严寄洲袒露他当时的复杂心情：我听说后，心想："不对，是不是'钓鱼'？对，'钓鱼'，一定是'钓鱼'！""我害怕，我确实被整怕了，生怕再三进宫四进宫。那些天，我很想找人聊聊，又不敢和任何人'互通情报'，'憋'得我就一个人到院子里转。平时倒头就睡，那几天我天天睡不好，吃不好。希望是真的，又怕不小心露出来，出什么事情。能看得出来，有人知道，兴奋得要命，但谁都紧闭着嘴不说。在公开宣布前七八天，院子里来了个卖小百货的，推车上装着手纸、肥皂什么的。他大声喊：快来呀，三公一母，全抓起来。我正在院子里转，他敢讲？我一下愣住，他怎么知道？他都知道了，这一定是真的。那时在饭馆里，谁也不认识，就互相碰杯，人心所向啊。从来不喝酒的我回去就大碗喝酒，接连几天睡不着觉。不过，这回是太高兴了。"

钟灵曾经编了不少对"四人帮"大不敬的谜语，结果被人告发入狱。又由于"四人帮"被捕，他只关了 8 天就被释放。钟灵提着一瓶酒兴冲冲地跑回家，方成等好友正在他家里等着呢。他一边打招呼，一边找围裙，一下子钻进了厨房，边走边喊："有话回头咱们就着酒说！"那天，他们乐了半宿。

搜集和编辑出版《天安门诗抄》的汪文风（北京外国语学院汉语教研室主任，即"童怀周"小组的负责人），回忆他听到消息的经过，写道："1976 年 10 月初的一天，写《请示》那首诗的同志从城里来到学院，悄悄告诉我们两三个人，广播电台被接管了，负责接管的主要领导人是耿飚同志。这可是杨、罗、耿兵团的主要领导人之一啊。听他讲了这个情况后，我们感到整个形势发生了有利于人民的变化。我无法平静下来，赶忙向宣传部的陈明灿借了一辆自行车，蹬车进城，到我曾经工作过的光明日报、最高人民检察院，以及有老同志、老朋友在的新华社、人民日报、公安部到处打听，终于得到了确实消息：王洪文、张春桥、江青、姚文元，全部被逮起来了。我买了卤猪头肉、二锅头、鞭炮，邀约了几个互相信得过的同志，晚上在我家喝酒放鞭炮，以示庆贺。这时，学院军、工宣队和院、系、大组革委会的领导同志们，还蒙在鼓里。第二天，院革委会主任碰到我，问我昨晚为什么闹腾。我只笑笑，未做回答。"①

（三）喜讯传播到全国城乡

10 月 9 日，中央决定，从当天至 10 月 14 日，在北京市部分单位，包括文化部、人民日报社，及全国各地党政军领导干部中，分批传达关于华国锋任中共中央主席、中共中央军委主席的中央第 15 号文件。消息传播的面就更广了。

10 月 10 日，消息在北京市民中传开了。人们按捺不住喜悦的心情，胆子大的就议论开了。北京市场上，白酒的销售量突然猛增。许多人去买三公一母一串的螃蟹，有人还敲打螃蟹："看你还横行霸道不！"

---

① 汪文风：《从"童怀周"到审江青》，当代中国出版社 2004 年版，第 38—40 页。

喜讯很快也在全国各大城市传开。

在上海。10月7日当天，上海市南京西路等处贴出了大标语："打倒江青、王洪文、张春桥、姚文元！""江青、王洪文、张春桥、姚文元'四人帮'已被捕了！"警察把标语撕了，对围观的群众说："这都是谣言，快走开，不许乱说！"10月14日，中央"打招呼"会议的精神开始传达到上海一般群众。从10月15日开始，上海群众自发地连日举行游行集会，络绎不绝。数以万计的群众拥进康平路中共上海市委大院，质问中共上海市委为什么不传达中央关于上海是"四人帮"基地的指示。老报人徐铸成回忆，就在"四人帮"在上海的同伙准备发动"巴黎公社式"暴动的紧急关头，各机关、各团体乃至各里弄的妇孺老幼，一齐出去上街游行，敲锣打鼓。"打倒万恶的'四人帮'""清算王洪文、张春桥、江青、姚文元'四人帮'的滔天罪行"等口号，响彻云霄。

在武汉。10月8日，黄昏时分，周而复正在修改《上海的早晨》。王淑耘闯进来，迫不及待地说："'四人帮'给抓起来了！"又说："中央昨天找少数省市委负责同志到北京，开了'打招呼'会议。上海市委书记马天水去了，湖北省委书记也去了。叶剑英在会上宣布，王洪文、张春桥、江青和姚文元已经给抓了起来，没打一枪，没费一弹，就把反革命'四人帮'粉碎了……"她接着说，湖北省委今天下午召开了紧急会议，厅局长一级干部参加，传达了中央"打招呼"会议的好消息。周而复说："这一天终于来到了。"周而复回忆："我向市中心方向走去，走到武汉市委附近的丁字形马路上，我看到一条从未见过的大标语：打倒王洪文、张春桥、江青、姚文元反革命'四人帮'！标语吸引了如梭的行人，有的伫立注视，有的一望而过，带着怀疑的心情踽踽而去。"

在成都。时任中共四川省委宣传部部长的马识途，10月上旬出差到北京，得知"四人帮"被捕的消息。回到成都，他立即作了宣传。有人还据此写了一份材料《马识途同志从北京回来讲抓"四人帮"的情况》，广为传播，后又以手抄本和油印本形式传到全省各地甚至北京、上海等地，复又传回成都。

在福州。华东地区血液病会议正在福州举行，忽然会议室外边的马路上人声鼎沸，声浪由远而近，越来越大。有人忍耐不住，走近窗口探望，原来是游行队伍通过。在得知是庆祝"四人帮"被捕以后，与会专家个个兴奋得跳起来，会也不开了，大家自动加入游行队伍。到了晚上，福州街上灯火通明，鞭炮声震耳欲聋，如同狂欢节一样。

被监管在长江下游某地的江苏省副省长管文蔚，举着一只酒杯送到在附近洗米的蚕种场徐姓职工的嘴边,要他喝。小徐说:"管爷爷,这一不过年、二不过节,喝什么酒啊?""你先别问,喝下去再说! 真香啊! 这可是地道的茅台……"

洪学智当时担任吉林省石化局局长,听到粉碎"四人帮"的消息,感到有一种说不出来的激动、喜悦。他组织全局职工,敲锣打鼓,上街游行。时任武汉市革委会生产组副组长的王健激动得手都颤抖起来,立即找消息灵通的负责同志打听。经核实后,他就不断地打电话,将这个喜讯转告给其他战友和同志。

时任中共牡丹江地委书记的谭云鹤回忆说:"虽然尚未正式传达,但消息一个接一个传来,好像是真的了。大家都喜笑颜开,三三五五比较要好的同志,纷纷相约,喝酒庆贺,一时真是闹得有点'全国酒贵'的样子。听说有的小店,酒都卖光了。"

在农村,消息也迅速传开。在北京延庆县插队落户的季思聪回忆说:"这一天,老党员宋长有来知青点串门。不记得是怎么开始的,他谈起了刚听完的只传达到党员的中央文件,一脸严肃地说:'中央又揪出四个人来。'他用的那个'又'字,我记得很清楚,大概他觉得和'刘邓陶''彭罗陆杨''王关戚''杨余傅'的被揪出是一回事。"在他点出的第一个名字竟是江青以后,"我脑子刷地一亮,除了震惊之外,我感到了这次可不是个'又'的问题了——这回可是要翻天了"!

广西知青钱文军在大队部和几个干部闲聊。公社广播站的崔会友闯进来,说:"北京抓住了四条大混子,江青、张春桥、王洪文、姚文元,全抓起来了!"几个人即一起喝酒庆贺。

插队福建顺昌县农村的知青施晓宇,是在 10 月 16 日得悉的。他在这天的日记中写道:"(董)丽娜(从福州)来,带来震惊人心的消息——中央王洪文、张春桥、姚文元、江青这四位华国锋以外顶天的巨头,在毛主席遗体未凉,就要对华国锋采取行动,想抢班夺权,赶华国锋下台,但被华国锋察觉镇压了,现四人已被软禁。这个事件现只传达到十级以上干部,但很多人已经听说。据说福州街头已有'用鲜血和生命保卫以华国锋为首的党中央'和'抢班夺权决没有好下场'的标语……消息听后,实在令人又惊讶又欣喜。"

在上海、武汉、成都、吉林等地也有闻讯后怀疑是"右派政变"的,甚至还有议论要"举行武装起义""上山打游击"的。

（四）文学艺术家纷纷吟诗作画

深受"文化大革命"之苦的各界人士，欣喜若狂。文学艺术家们尤其动情，纷纷吟诗作画。

画家关良特地上街买了几支毛笔，又喝了几口平时从不沾边的白酒，当晚画了一张《三打白骨精》。他热泪盈眶，说："这时我高兴啊，我还真能在有生之年作画。"后来，叶圣陶在这幅画上题了一首诗：

> 不辞反复绘三打，
> 想见兴怀玉宇清。
> 石窟飞天堪媲美，
> 如斯艺事倍精英。

上海画家唐云喝了一斤黄酒，连夜画了《捉蟹图》。画面上，一口大酒缸，三只酒杯，四只用绳子捆扎着的蟹。他还在画上题了一首七言绝句：

> 三雄捉得又擒雌，
> 不许横行放厥词；
> 揭盖劈螯除四害，
> 人心大快庆千卮。

西安画家石鲁同友人徐行连干了三杯"太白"酒。徐行写诗：

> 晨星光清夜路静，
> 情满心舒步履轻。
> 花逢时雨谁为俏，
> 西行回首见户明。

石鲁则以"花逢时雨俏"为题绘画：一枝枯萎的月季，在蒙蒙细雨中复苏。然后，石鲁又写了一幅"春到人间"的中堂。

南京女书法家萧娴从橱柜里找出一瓶好酒，斟了一杯，自己对自己说："喝了吧，愿天下从此太平！"一口干了！接着，写了一副对联：

> 明月千家满，
> 春风一夜来。

魏克明作诗：

> 欢呼四怪倒台后，
> 日月增光人增寿。
> 人活百岁不稀奇，

决心再战三十秋！

秦牧回忆："只是在这时，我的槁木死灰一样的心境才真正复苏。我和广东许多作家一样，走上广州街头游行。所到之处，看见群众纷纷绽开了笑脸，欢欣鼓舞的场面，只有抗战胜利、解放初期入城式的场面可以比拟。可以想见人们对这伙政治恶棍怨恨之深。"他在一首诗中写道："纵然历史风云恶，大笑高歌又一回！"

刘海粟从收音机里听到喜讯，顿时热泪盈眶，连唤妻子夏伊乔："伊乔，伊乔，他们落网了！"他充满激情地画了个风情万种、身穿红袍的钟馗，填《西江月》词一阕：

> 看惯千年鬼魅，
> 依然嫉恶如仇。
> 乌纱抛却更风流，
> 换起香醪一斗。
>
> ·
>
> 世上鬼多人恨，
> 环球无鬼君愁。
> 存弓忍把兔狐留，
> 怎敢皆填海口？

二、中央媒体的暗示和透露

粉碎"四人帮"的消息逐渐传开，人们欢欣鼓舞，奔走相告。时值金秋季节，菊黄蟹肥。煮螃蟹三公一母，持螯饮酒，庆贺胜利，风行一时。北京和全国各地，单位内部或街头，都刷出庆祝粉碎"四人帮"胜利的大标语，干部群众纷纷举行游行。但《人民日报》《解放军报》和中央人民广播电台、中央电视台等中央媒体都一概不作报道，地方媒体同样按中央规定办事。正如本书上一章引用的中央人民广播电台副台长杨正泉所说，当时采取的办法是适当暗示、逐步透露的办法。让干部群众从报纸、电台说什么、不说什么，强调什么、回避什么，分析国内局势的变化，估计以至认定"四人帮"被粉碎了。

10月8日，新华社播发了关于建立毛泽东主席纪念堂以及关于出版《毛泽东选集》和筹备出版《毛泽东全集》的两个决定。10月9日，《人民日报》等报纸都公开刊发。

10月10日，《人民日报》《红旗》杂志、《解放军报》就这两项重要决定联合发表社论《亿万人民的共同心愿》。社论指出："这两项重要决定，是中国人民政治生活中的大事，是马克思主义发展史和国际共产主义运动史上的大事，具有极其重大的政治意义和深远的历史意义。"社论强调，中国共产党是"伟大的、光荣的、正确的党。历史经验证明，要搞垮我们的党是不容易的。任何背叛马克思主义、列宁主义、毛泽东思想，篡改毛主席指示的人，任何搞修正主义、搞分裂、搞阴谋诡计的人，是注定要失败的"。社论关于这两种人的提法是一个全新的提法。在"文化大革命"中形成从报纸字缝里看出真相习惯的中国人，都在琢磨这两种人是谁，预感到中国政局发生了大变化。

10月11日起，《人民日报》报眼位置连续刊登毛泽东"三要三不要"的语录。

10月12日，《人民日报》头版发表的新闻报道提出："坚持还是反对毛主席提出的这三项基本原则，是区别真假马克思主义的一个试金石"，强调"最紧密地团结在以华国锋同志为首的党中央周围"。第二版发表上海江南造船厂党委的文章《坚决拥护中央两项重要决定》和北京南口机车车辆机械厂党委的文章《中央两项重要决定表达了我们的心愿》，都提出："我们一定要牢记毛主席关于'要搞马克思主义，不要搞修正主义；要团结，不要分裂；要光明正大，不要搞阴谋诡计'的教导，同一切违背三项基本原则的言论和行动作坚决的斗争。"并强调："任何背叛马克思主义、列宁主义、毛泽东思想，篡改毛主席指示的人，任何搞修正主义、搞分裂、搞阴谋诡计的人，是注定要失败的。"从这些话里，完全可以分析出来，这两种人站在华国锋的对立面。

10月14日至10月17日，《人民日报》连续报道山西昔阳人民、鞍钢党委、清华和北大师生员工、港澳爱国同胞、黄继光生前所在连队、门合生前所在连队、遵义会议纪念馆、福建建宁溪口公社、大庆、大寨、空军航空兵某师、北京卫戍区部队等热烈拥护中央两项重要决定的情况，反复宣传同一切违背"三要三不要"原则的言论和行动作坚决斗争，反复强调任何背叛马克思主义、列宁主义、毛泽东思想，篡改毛泽东指示的人，任何搞修正主义、搞分裂、搞阴谋诡计的人，是注定要失败的，决没有好下场。

10月14日，《人民日报》头版发表新华社10月13日电讯，题为《继承毛主席遗志，最紧密地团结在华国锋同志为首的党中央周围，坚决执行党的基本路线》，报道首都工人掀起学习马列著作和毛泽东著作的新高潮，出现了"誓同一切背叛马列主义、毛泽东思想，篡改毛主席的指示，搞修正主义，搞分裂，搞阴谋诡计的人斗争到底"的提法。10 月 17 日，刊登署名方歌的文章《要扫除一切害人虫》，呼吁"撕下他们披在身上的画皮，戳穿他们的狰狞面目和鬼蜮行径"。

与此同时，原来反复宣传的毛泽东临终嘱咐"按既定方针办"在报上绝迹。电台也不再播放"按既定方针办"的歌曲，而代之以三首革命歌曲——《国际歌》《三大纪律八项注意》《东方红》。特别重要的一个变化是，好多天，报纸上看不见过去几乎天天出现的王洪文、张春桥、江青、姚文元的名字。对照起来分析，肯定无疑，注定失败没有好下场的，背叛马列主义、毛泽东思想，篡改毛泽东指示的人，搞修正主义，搞分裂，搞阴谋诡计的人，就是江青、张春桥、王洪文、姚文元这一帮人！

10 月 18 日，《人民日报》以《决心最紧密地团结在华国锋同志为首的党中央周围，同搞修正主义、搞分裂、搞阴谋诡计的人斗争到底》为题，报道上海 200 万产业工人坚决拥护中央两项重要决定，指出"任何背叛马列主义、毛泽东思想，篡改毛主席的指示的人，任何搞修正主义、搞分裂、搞阴谋诡计的人，在用毛泽东思想武装起来的广大共产党员和革命人民面前，必定要遭到彻底的失败"，表示上海工人民兵一定要"最紧密地团结在以华国锋同志为首的党中央周围，坚决维护党的团结和统一，加强组织性和纪律性，一切行动听从党中央的指挥"。

在"文化大革命"中，利用学习鲁迅、纪念鲁迅整人，是"四人帮"惯用的花招。1976 年 9 月 25 日是鲁迅诞辰 95 周年纪念日，10 月 19 日是鲁迅逝世 40 周年纪念日。粉碎"四人帮"适逢其时，宣传口"即以其人之道，还治其人之身"，也用鲁迅做武器，使他们的原形毕露，揭发批判了"四人帮"，向广大干部群众透露了粉碎"四人帮"的消息。

1976 年 10 月 18 日，《鲁迅书信集》和《鲁迅日记》由人民文学出版社出版、发行。10 月 19 日，《人民日报》为纪念鲁迅逝世 40 周年发表题为《学习鲁迅永远进击》的社论，重温毛泽东对鲁迅的评价和关于"读点鲁迅"的指示，号召"紧密结合现实的阶级斗争和路线斗争，读点鲁迅，学习和发扬鲁迅的革命精神，向阶级敌人，向修正主义，永远进击，长期作战"。社论中有一大段联系实际谈论鲁迅精神的话，非常精到，很为新鲜，实际上勾画了"四人帮"的特点，揭露了他们的本相。社论写道：

> 鲁迅在激烈复杂的阶级斗争和路线斗争中，时刻注意"将营垒
> 分清"，为友为敌，了了分明。他以锋利无比的解剖刀，指向形形色
> 色的敌人，指向钻进革命营垒中的"蛀虫"，撕去他们的假面，暴露他
> 们的本相。对于那些"借革命以营私"的假马克思主义骗子，鲁迅特
> 别憎恶和鄙视。鲁迅无情戳穿他们"拉大旗作为虎皮"搞机会主义
> 的真面目，深刻揭露他们"自有一伙，狼狈为奸"，打击别人"以显其
> '正确'"，"白天里讲些冠冕堂皇的话，暗夜里进行一些离间，挑拨，
> 分裂的勾当"，向敌人"献媚或替'他们'缴械"，尖锐指出他们从"内
> 里蛀空"革命事业的严重危害性，同他们进行了针锋相对的斗争。
> 搞社会主义革命，要学习鲁迅的榜样，善于分清无产阶级和资产阶级
> 两个阶级的营垒，分清马克思主义和修正主义两条路线的营垒。毛
> 主席制定的"要搞马克思主义，不要搞修正主义；要团结，不要分裂；
> 要光明正大，不要搞阴谋诡计"的三项基本原则，是我们区别真假马
> 克思主义和识别党内走资派的标准。我们要彻底揭露和批判那些背
> 叛马克思主义、列宁主义、毛泽东思想，篡改毛主席指示，搞修正主
> 义，搞分裂，搞阴谋诡计，篡党夺权的人，同他们作坚决的斗争。

10月20日，《人民日报》登载新华社电讯，报道鲁迅生前生活、战斗过的
地方绍兴、北京、厦门、广州、上海等地群众举行鲁迅逝世40周年纪念活动的
情况。报道引用鲁迅杂文《捣鬼心传》中的话，说："各地的许多革命群众说，
正像鲁迅所指出的，'捣鬼有术，也有效，然而有限，所以以此成大事者，古来
无有'，在用马克思主义、毛泽东思想武装起来的广大革命人民群众面前，任
何背叛马克思主义、列宁主义、毛泽东思想，篡改毛主席指示，搞修正主义，搞
分裂，搞阴谋诡计，妄图篡党夺权的人，是注定要失败的。"

10月21日，《人民日报》重新发表鲁迅于1936年春天写的痛斥狄克的杂
文《三月的租界》，还同时发表了任平（即《人民日报》评论员）的文章《一个地
地道道的老投降派》。任平的文章指明："学习鲁迅这篇杂文，对于我们理解
当前的阶级斗争和路线斗争，识别和揭露那些早就混入革命队伍的假革命和
投降派，有着极为重要的现实意义。"文章揭露道："这个'狄克'是何许人也？
翻开历史一查，原来正是一个'假革命的反革命'，一条钻在革命营垒里的'蛀
虫'。就是这个'狄克'，是当时……围攻鲁迅的'英雄'之一，是'拿了鞭子，

专门鞭扑别人'的打手。这篇黑文章,就是他的反革命历史的一个重要罪证。"

熟悉历史的人知道,这个狄克就是张春桥。

文章从历史到现实,揭露张春桥"地地道道的老投降派"的真面目。文章写道:

> 鲁迅当时断言:"这件事情很快的就会得到证实。"果然,《八月的乡村》出版不久,这个"狄克"就跳出来扮演替国民党反动派效劳卖命的可耻角色。在他的"革命"、"正确"、"公正"的假面具下,实实在在地隐藏着反革命的丑恶嘴脸。四十年前向敌人"献媚"、"替'他们'缴械"的投降派,四十年后成为不肯改悔的正在走的走资派。当年充当反动统治者的帮凶,现在搞修正主义,搞分裂,搞阴谋诡计,结成一帮,狼狈为奸,妄图篡党夺权。请看他这种'假革命的反革命'生涯,几十年来,不正是一脉相承的吗?这种人,不管他怎样变色龙似地狡猾诡诈,不管他怎样豺狼般地凶残险毒,也不管他怎样从三十年代一直隐藏到今天,直至伪装"左派",爬上高位,摇唇鼓舌,欺世盗名,终究逃脱不了历史的惩罚。

这样有理有据、入木三分的解剖,真是叫张春桥原形毕露,无处逃遁。

文章末段以毛泽东的七律名句"一从大地起风雷,便有精生白骨堆"开头,读者自然会联想起在四五运动中被广大群众指为"白骨精"的江青。而文章所说"任何'狄克'之类的跳梁小丑,都只能被牢牢地钉在历史的耻辱柱上",当然也包括"白骨精"江青在内。

报纸和电台逐步的透露、内部文件的传达和消息的流传、各地自发的庆祝游行,到这时,粉碎"四人帮"的喜讯已经传遍神州,"四人帮"的鬼蜮原形已经暴露无遗,酝酿准备已经十分充分,就等公开宣传、尽情欢呼、热烈庆祝了!

三、外电披露"毛的遗孀被捕"

政治嗅觉灵敏的外国记者,从报刊文章的暗示、透露,已经看出蛛丝马迹,觉察到中国政局发生了重大变化。他们通过悉心观察,又经多方打听,得知"四人帮"被隔离审查的消息。英国路透社驻北京记者罗杰斯、英国《每日电讯报》驻北京记者韦德,都在 10 月 11 日发出电讯,报道粉碎"四人帮"的消息。韦德用了一个令人震惊的标题：毛的遗孀被捕！

英国《每日电讯报》的这位记者真是一个幸运儿。三个月前，他才从华盛顿转来北京。7月底遇上唐山大地震，波及北京。韦德和妻子住进了英国驻华使馆的防震棚。在这里，他接触了一些中国雇员。一天，他从一名中国雇员那里得到"四人帮"被粉碎的消息。10月9日，他把这一消息告诉了路透社驻北京记者罗杰斯。罗杰斯对韦德说，中国是一个政治严肃的国家，不可轻易发出这样的消息。韦德找中国有关方面核实，得到的回答是"无可奉告"。凭借新闻敏感，他从中国官员的面部表情肯定这一事件是真的。同时，他从北京大学贴出的一些与"四人帮"论调针锋相对的文章中，得到进一步证实。于是，他在10月11日发出了这一重大新闻。

韦德的同行罗杰斯，也发出了"路透社北京10月11日电"。我们分不清两人孰先孰后，只能按我国《参考消息》在10月22日以《外电外报评述　我粉碎王张江姚"四人帮"篡党夺权阴谋》为题的综合新闻的次序加以引述。

罗杰斯发出的"路透社北京10月11日电"说：

一些人士今天说，江青和中国其他三个领导人已经被捕，他们被控策划一次政变。

这些人士告诉路透社记者，已经私下向中国官员们传达江青和所谓"上海帮"的三个其他成员——王洪文、张春桥和姚文元——被捕的事。

关于激进派被清洗的传说在北京已经广泛流传两天了。

外交人士们认为，华国锋有把握在任何权力斗争中得到军队相当大的支持。

这里的分析家们说，看来中国正在经历五年前林彪事件发生以来最大的剧变。

北京街上今天早晨平静如常。从上海、南京和广州抵达北京的旅客说，这些地方没有不安的迹象。

这里的消息灵通人士对路透社记者说，中国的干部已被告知了逮捕（"四人帮"）的事情。他们又说，人民中间已在口头流传这些消息。

许多外国通讯社和广播电台都转发或转播了这条惊人的新闻。"美国之音"、英国BBC、澳洲广播电台等电台的华语节目，也立即反复广播，不少中国人从中得知这个消息。

10月12日清晨,英国伦敦《每日电讯报》以《毛的遗孀被捕》的通栏特大标题,在头版头条位置登出韦德发回来的报道。报纸还给这篇报道安上了眉题"华粉碎极左分子"和副题"四个领导人被指控发动北京政变"。韦德报道说:

> 中国政局的这一重大变化是在6天前——1976年10月6日晚上发生的。"毛的遗孀"——江青连同三个"极左分子"头目王洪文、张春桥、姚文元,也就是毛泽东生前称之为"四人帮"的那"四个领导人",在北京悄然被捕。

> 这一"粉碎极左分子"的重大行动,是在"华"领导之下进行。"华",亦即华国锋。华国锋当时的职务是中国共产党中央委员会第一副主席、国务院总理。

> "华粉碎极左分子"是在极端秘密的情况下进行的。即便在"毛的遗孀"被捕之后,对外仍严格封锁消息。

10月12、13日两天,全世界各种媒体纷纷转发,成为引起全球震惊的特大新闻。

对于这样震惊世界的事件,外界免不了有种种猜测和传言。此后几天,对粉碎"四人帮"事件,外国驻北京记者续有报道。在此,举德新社记者汉斯—于尔根·赫费尔所发"10月14日北京电"为例,以见一斑——

> 北京的外国人从收音机的短波或电传打字机上听到看到来自西方的所谓中国首都发生了把人绞死和大规模捕人事件、已到了必须围城状态的消息时,不禁愕然。

> 在北京看不到任何流血事件。全市平静,在外表上看不出几天前发生了政治事件。

> 在秋天的明亮的阳光下,天安门广场上十二个公营照相棚的摄影师在天安门前为一个个中国人拍照,忙得不亦乐乎。在任何地方都看不出一丝骚乱的迹象。

> 唯一可以明显看出的征兆是几位非常了解情况的官员的神态轻松,他们面带笑容,说说笑笑,这在以前是少见的。

> 对华国锋任中国共产党主席,成为毛泽东的接班人一事,人们一致说"很好"。

香港《明报》于10月16日发表一篇社评，题为《打垮江青，普天同庆》，道出了公众的心声。笔者以为，它可做当时舆论的代表，摘要如下：

任何国家的政治斗争，双方总是各有拥护者，但要做到江青那样"国人皆曰杀"的地步，那倒也是十分不易的事。

打垮上海帮，迄今为止以上海庆祝得最为热烈，百万人的大游行连续举行了三天，据外电报道，全无军警戒备。群众兴高采烈，敲锣打鼓地庆祝。

甚至在世界上，也没有哪一个国家会对此事不喜。美国、西欧、日本十分赞成，苏联与东欧集团也必感到窃喜，甚至阿尔巴尼亚、北韩等等相信也会觉得是一件好事。至于港澳同胞、海外华人自然人人高兴之极。

这次斗争，谁先动手，问题并不重要，重要的是，"上海帮非打倒不可"，这是全国党政军干部以及广大群众的普遍愿望。

要打倒江青，不需要什么理由，她这一伙过去已做了无数损害国家人民利益的大坏事。十年来的罪行罄竹难书。他们这一帮所犯的罪行，只需有其中的千分之一，就该杀头有余。干掉江青和上海帮，正是大大的"应天顺人"之事。

我们决不相信极左派有反攻而得胜利的任何可能。因为极左派毫无枪杆子基础、毫无群众基础，在党和政府机关中势力单薄之极。

四、中共中央 1976 年第 16 号文件通报粉碎"四人帮"

10月19日，中共中央办公厅印发第16号文件《中共中央关于王洪文、张春桥、江青、姚文元反党集团事件的通知》。其内容综合了华国锋、叶剑英10月7日在中共中央政治局玉泉山紧急会议上的讲话和10月7日至10月14日召开的"打招呼"会议上的讲话。《通知》开头说："现将王洪文、张春桥、江青、姚文元反党集团事件通知你们。"最后说："此件发至县团级，传达到全体党员，有关王、张、江、姚反党集团的罪行材料，应妥送中央。传达后有何反映，望及时报告中央。"

《通知》共分六个部分。第一部分揭露"四人帮"进行反党篡权阴谋活动

的严重罪行,说明中央决定对"四人帮"采取断然措施、实行隔离审查的必要性。《通知》写道:

一、王洪文、张春桥、江青、姚文元进行反党篡权的阴谋活动,罪行极为严重。他们不听毛主席的话,肆意篡改马克思主义、列宁主义、毛泽东思想,在国内国际一系列问题上反对毛主席的无产阶级革命路线,打着马克思主义的旗号,搞修正主义。他们结成"四人帮",进行分裂党、篡党夺权的宗派活动。一九七四年十月,"四人帮"背着中央政治局,私自派王洪文去见毛主席,告周恩来总理的状,妄图利用十届二中全会和四届(全国)人大组织他们的"内阁",遭到毛主席的痛斥。一九七六年二月三日,在中央发出一号文件的同一天,张春桥亲笔写了一个《一九七六年二月三日有感》,疯狂反对伟大领袖毛主席亲自提议华国锋同志为国务院代总理。他们对毛主席亲自提议任命华国锋同志为中共中央第一副主席、国务院总理极端不满,妄图取而代之。他们大搞阴谋诡计,私立秘密联络点,私整中央负责同志的黑"材料",到处插手,煽风点火,企图打倒一大批中央和地方的党政军负责同志,篡夺党和国家的领导权。他们利用手中控制的舆论工具,歪曲事实,颠倒是非,制造谣言,欺骗群众。在宣传报道中,突出地宣扬他们自己,为他们篡党夺权大造舆论。他们崇洋媚外,里通外国,大搞投降主义和卖国主义,在同某外国作家进行的几十小时的谈话中,出卖党和国家的重要机密。他们动不动就训人,给人戴大帽子,捏造罪名,陷害同志,顺我者昌,逆我者亡。他们破坏毛主席的战略部署,另搞一套,在党内自成体系,为所欲为,称王称霸,把自己凌驾于毛主席、党中央之上。在伟大领袖和导师毛主席病重期间和逝世以后,王、张、江、姚以为时机已到,无所顾忌,更加猖狂地向党进攻,迫不及待地妄图篡夺党和国家的最高领导权。"四人帮"加紧秘密串联,阴谋策划。他们四出游说,标榜自己是"正确路线的代表",自封为"无产阶级钢铁公司",提出蛊惑人心的口号,公然煽动反对党中央。他们有计划有预谋地伪造了一个"按既定方针办"的所谓毛主席的临终嘱咐,在 9 月 16 日的两报一刊社论中发表,并连篇累牍地加以宣扬。十月二日,华国锋同志在一个文件上的批示中指出,毛主席一九七六年四月三十日亲笔写的指示是"照过去方针办",

"按既定方针办"六个字错了三个，戳穿了他们的伪造。十月四日，他们在光明日报头版头条发表用"梁效"名义写的《永远按毛主席的既定方针办》的反党文章，肆意攻击党中央。文章说："篡改毛主席的既定方针，就是背叛马克思主义，背叛社会主义，背叛无产阶级专政下继续革命的伟大学说。""任何修正主义头子胆敢篡改毛主席的既定方针，是决然没有好下场的。"这就清楚地表明，他们加快了步伐，要推翻以华国锋同志为首的党中央，篡夺党和国家的最高领导权，颠覆无产阶级专政，复辟资本主义。

为了粉碎这个将给中国人民带来严重灾难的反革命复辟阴谋，中央不得不采取断然措施。十月六日，中央决定，对王洪文、张春桥、江青、姚文元实行隔离审查。

《通知》第二部分叙述自1974年2月至1975年5月，毛泽东对"四人帮"多次批评、教育，"四人帮"就是不肯改悔。《通知》说：

二、伟大领袖和导师毛主席对王洪文、张春桥、江青、姚文元进行了多次严肃的批评和耐心的教育，但是，他们就是不肯改悔。

一九七四年一月，他们背着毛主席，也不经中央政治局讨论，批林批孔又批走后门，三箭齐发，破坏了毛主席的战略部署。一九七四年二月十二日，毛主席批示："现在，形而上学猖獗，片面性。批林批孔，又夹着走后门，有可能冲淡批林批孔。"

一九七四年三月二十日，毛主席在答复江青的信中说："不见还好些。过去多年同你谈的，你有好些不执行，多见何益？有马列书在，有我的书在，你就是不研究。我重病在身，八十一了，也不体谅。你有特权，我死了，看你怎么办？你也是个大事不讨论，小事天天送的人。请你考虑。"

一九七四年七月十七日，毛主席在中央政治局会议上说："江青同志，你要注意呢，别人对你有意见，又不好当面对你讲，你也不知道。不要设两个工厂，一个叫钢铁工厂，一个叫帽子工厂，动不动就给人戴大帽子。不好呢，要注意呢。""你也是难改呢。"又说："你们要注意呢，不要搞成四人小宗派呢。"毛主席两次讲："她（指江青）并不代表我。她代表她自己。""总而言之，她代表她自己。"

一九七四年十一月十二日，毛主席在江青的信上指示："不要多露面,不要批文件,不要由你组阁,当后台老板,你积怨甚多,要团结多数。至嘱。""人贵有自知之明。又及。"

一九七四年十一月、十二月,在中央准备召开四届(全国)人大,酝酿国家机构的人事安排期间,江青托人向毛主席转达她的意见,要王洪文当全国人民代表大会常务委员会的副委员长。毛主席说:"江青有野心。她是想叫王洪文作委员长,她自己作党的主席。"一九七四年十二月二十三日,毛主席又说:"江青有野心,有没有,我看是有。"

一九七四年十二月二十四日,毛主席批评他们说:"不要搞宗派,搞宗派要摔跤的。"

一九七四年十二月二十六日,毛主席指示要学习无产阶级专政理论,反修防修。但是,王洪文、张春桥、江青、姚文元等人,却违背毛主席关于修正主义是主要危险的教导,公然篡改毛主席的指示,把经验主义作为当前的主要危险,大做文章。一九七五年三月一日,张春桥在全军各大单位政治部主任座谈会上,大讲经验主义是主要危险,并且要把它"当作纲,联系我们军队存在的这些问题来学习"。一九七五年四月二十三日,毛主席在姚文元送的新华社《关于报导学习无产阶级专政理论问题的请示报告》上作了批示,批判了他们的错误,指出:"提法似应提反对修正主义,包括反对经验主义和教条主义,二者都是修正马列主义的,不要只提一项,放过另一项。""我党真懂马列的不多,有些人自以为懂了,其实不大懂,自以为是,动不动就训人,这也是不懂马列的一种表现。"

一九七五年五月三日,毛主席在中央政治局会议上,批评他们只反经验主义,不反教条主义。毛主席说:"你们只恨经验主义,不恨教条主义,二十八个半布尔什维克统治了四年之久,打着共产国际的旗帜,吓唬中国党,凡不赞成的就要打"。"教育界、科学界、新闻界、文化艺术界,还有好多了,还有医学界,外国人放个屁都是香的","月亮也是外国的好,不要看低教条主义"。毛主席强调说:"要搞马列主义,不要搞修正主义;要团结,不要分裂;要光明正大,不要搞阴谋诡计。不要搞四人帮,你们不要搞了,为什么照样搞呀!为什么不和二百多的中央委员搞团结,搞少数人不好,历来不好。"在反复讲了"三要三不要"之后，毛主席说："我的看法，有的同志不信三条，也不听我的，这三条都忘记了，九大、十大都讲过三条，这三条要大家再议一下。""我看批判经验主义的人，自己就是经验主义。""不作自我批评不好，要人家作，自己不作。""不要随便，要有纪律，要谨慎，不要个人自作主张，要跟政治局讨论，有意见要在政治局讨论，印成文件发下去，要以中央的名义，不要用个人的名义，比如也不要以我的名义，我是从来不送什么材料的。"

对待毛主席、党中央的批评教育，王洪文、张春桥、江青、姚文元采取阳奉阴违的反革命两面派态度。当着毛主席的面，他们表示"按照主席的指示办"，背着毛主席，他们仍然抱成一团，继续搞他们的"四人帮"。他们不仅不作自我批评，毫无悔过之意，反而变本加厉，在错误的道路上越走越远，终于背叛马克思主义、列宁主义、毛泽东思想，堕落成为阴谋家、野心家的反党集团。王洪文、张春桥、江青、姚文元就是党内资产阶级的典型代表，是不肯改悔的正在走的走资派。他们中一些人的历史，也是极为可疑的。

有关王、张、江、姚反党集团的罪行材料，中央将陆续印发。

第三部分，阐明中共中央同"四人帮"斗争的性质及粉碎"四人帮"的意义。《通知》写道：

三、我们党同王、张、江、姚反党集团的斗争，是无产阶级同资产阶级、社会主义同资本主义、马克思主义同修正主义之间的你死我活的斗争。一九七五年五月三日，毛主席就指出：他们的问题，"上半年解决不了，下半年解决；今年解决不了，明年解决；明年解决不了，后年解决"。以华国锋同志为首的党中央，继承毛主席的遗志，代表全党全军和全国各族人民的根本利益和共同愿望，采取果断措施，解决了这个重大问题，消除了党内一大祸害。这是毛主席关于无产阶级专政下继续革命的伟大理论的一次伟大实践，是无产阶级文化大革命的伟大胜利，是毛泽东思想的伟大胜利。这对于我党今后坚持毛主席制定的党在社会主义整个历史阶段的基本路线和政策，对于反修防修，巩固我国的无产阶级专政，防止资本主义复辟，建设社会主义，都具有伟大的现实意义和深远的历史意义。粉碎王、张、江、姚反党集团篡党夺权的阴谋，证明我们党不愧为毛主席亲自缔造、锻炼和培育的党，不愧为政治上成熟的马克思列宁主义政党，不愧为伟大的、光荣的、正确的党。王、张、江、姚反党集团人心丧尽，极为孤立，极为虚弱。他们妄图分裂我们党，只不过是痴心妄想。

中共中央号召，在这场关系到我党变不变修，国家变不变色的伟大斗争中，全党同志要最紧密地团结在以华国锋同志为首的党中央周围，同王、张、江、姚反党集团进行坚决的斗争，在斗争中提高阶级斗争和路线斗争觉悟，提高识别真假马克思主义的能力，坚持无产阶级专政下的继续革命，把毛主席开创的无产阶级革命事业进行到底。
《通知》第四、五、六部分，阐明揭批"四人帮"的政策、领导等问题：

四、在揭发和批判王、张、江、姚反党集团的斗争中，要注意政策。要坚定地相信群众的大多数，要切实执行毛主席的方针，"惩前毖后，治病救人"，"要扩大教育面，缩小打击面"，团结一切可能团结的人。对犯错误的人，要区别对待。他们中的大多数人，是受了"四人帮"的影响，说了错话，做了错事；只有极少数人是跟着"四人帮"干坏事，陷得很深的。允许犯错误的同志改正错误，改了就好。不要揪住不放，不要纠缠历史的旧账，不要一棍子打死。中央热烈希望，跟王、张、江、姚反党集团犯了错误、包括犯了严重错误的同志，尽快觉悟过来，同王、张、江、姚反党集团划清界限，揭发他们的罪行，转变自己的立场，回到毛主席的无产阶级革命路线上来。

在斗争中，要巩固和发展无产阶级文化大革命的胜利成果。要坚持老、中、青三结合的原则，保护符合毛主席关于接班人五项条件的新生力量和社会主义的新生事物。要继续批邓、反击右倾翻案风。要注意正确对待文化大革命，正确对待群众，正确对待自己。对那些态度不端正的同志，要进行教育。

五、反对王、张、江、姚反党集团的斗争，一律在党委一元化领导下进行。要提高革命警惕，严防国内外阶级敌人造谣惑众，破坏捣乱。对矛头指向伟大领袖毛主席和以华国锋同志为首的党中央的政治谣言、反动标语等要坚决追查，打击制造者。对反革命，对打砸抢者，要实行镇压。要加强对人民群众的思想政治工作，采取有力的措施消除资产阶级派性。不准串联。不准成立任何形式的战斗队。

六、我们一定要继承毛主席的遗志，高举马克思主义、列宁主义、毛泽东思想的伟大红旗，掀起学习马列著作和毛主席著作的新高潮，坚持党的基本路线，以阶级斗争为纲，反修防修，"抓革命、促生产、促工作、促战备"，"深挖洞、广积粮、不称霸"，关心群众生活，限制资产阶级法权，努力把各方面的工作做好，进一步发展大好形势，巩固我国的无产阶级专政，争取对人类作出较大的贡献。

这是第一份简要揭露"四人帮"反党篡权阴谋活动严重罪行、系统叙述毛泽东多次批评"四人帮"，以及中共中央同"四人帮"斗争的性质、意义的文件，明确了揭发批判"四人帮"斗争的政策、领导等问题，指导了随后有领导的在全国展开的揭发、批判、清查"四人帮"运动。

五、举国欢庆粉碎"四人帮"的伟大胜利

（一）10月21日晚公开报道首都军民的庆祝游行

10月21日晚，中央人民广播电台广播了新华社报道当天首都150万军民举行庆祝游行的盛况的电讯，把取得一举粉碎"四人帮"伟大胜利的消息公之于世。

新华社1976年10月21日电讯写道——

今天，首都一百五十万军民欢欣鼓舞，豪情满怀，举行声势浩大的庆祝游行，热烈欢庆华国锋同志任中国共产党中央委员会主席、中国共产党中央军事委员会主席，热烈欢呼以华国锋主席为首的党中央继承毛主席的遗志，代表全党全军全国各族人民的根本利益和共同心愿，一举粉碎王洪文、张春桥、江青、姚文元反党集团篡党夺权阴谋的伟大胜利。

首都全城今天到处充满了团结、战斗、胜利的革命气氛。从清晨开始，一队又一队的工人、人民公社社员、人民解放军指战员、民兵、革命干部、革命知识分子、红卫兵、街道居民和各界人民群众，由各级党政军领导干部带队，抬着伟大的领袖和导师毛主席画像，高举红旗，敲锣打鼓，兴高采烈、斗志昂扬地从四面八方涌向天安门广场。十里长安大街上，欢庆胜利的人群如汹涌的潮水；雄伟的天安门广场，红旗如林，歌声震天，万众欢腾，锣鼓声、鞭炮声和激昂的口号声响成一片。游行群众高举的横幅大标语上写着："热烈庆祝华国锋

同志任中国共产党中央委员会主席、中国共产党中央军事委员会主席！""热烈庆祝粉碎'四人帮'篡党夺权阴谋的伟大胜利！"广大工农兵群众在天安门前仰望城楼红墙中央伟大的领袖和导师毛主席的巨幅画像，心潮澎湃，同声欢呼我们伟大的领袖毛主席生前的英明决策已得到迅速实现。他们说，华国锋同志任中共中央主席、中央军委主席，这一大喜事表达了全党全军全国各族人民的共同心愿，有力地证明了我们党的事业后继有人，兴旺发达。我们对以华国锋主席为首的党中央，完全信赖，坚决拥护。我们一定要最紧密地团结在以华国锋同志为首的党中央周围，一切行动听党中央指挥，坚决贯彻执行毛主席的无产阶级革命路线，把无产阶级革命事业进行到底！

　……

　广大军民纷纷谴责王洪文、张春桥、江青、姚文元这伙阴谋家、野心家进行反党篡权的阴谋活动，指出他们是党内资产阶级的典型代表，是不肯改悔的正在走的走资派。他们肆意篡改马克思主义、列宁主义、毛泽东思想，在国内国际一系列问题上反对毛主席的无产阶级革命路线，反对毛主席的"三要三不要"的基本原则，打着马克思主义的旗号，搞修正主义。他们结成"四人帮"，进行分裂党的宗派活动，大搞阴谋诡计，妄图篡夺党和国家最高领导权。

　参加游行的首都广大工农兵群众说，"四人帮"的罪恶活动，我们早就看在眼里，恨在心头。如果他们的复辟阴谋得逞，我们广大劳动人民就要受二遍苦。以华国锋主席为首的党中央为我们除了四害，真是大快人心，大得人心。人们不断高呼："打倒王洪文、张春桥、江青、姚文元反党集团！""伟大的、光荣的、正确的中国共产党万岁！""战无不胜的马克思主义、列宁主义、毛泽东思想万岁！"

　英雄的人民解放军八三四一部队、北京部队、北京卫戍区指战员和首都工人民兵，结成浩浩荡荡的队伍，高呼口号，威武雄壮地通过天安门广场，受到人们的热烈欢呼。广大指战员激动地说，中国人民解放军和民兵是伟大领袖毛主席亲自缔造的人民武装，是无产阶级专政的坚强柱石。"四人帮"反党集团妄图篡党夺权，颠覆无产阶级专政，复辟资本主义，我们感到无比愤怒。我们坚决拥护以华国锋主席为首的党中央对"四人帮"采取的果断措施，一定要同"四人帮"反党集团斗争到底。我们要永远为捍卫毛主席的无产阶级革命路线，为保卫以华国锋主席为首的党中央，为巩固无产阶级专政，为保卫社会主义祖国而英勇战斗！

　　首都人民的盛大庆祝游行从清晨一直持续到夜晚。入夜，天安门广场和各高大建筑物上，华灯齐放，辉耀全城。首都八百万人民沉浸在一片胜利的欢乐中。

（二）大快人心的放歌

　　人们把 1976 年 10 月粉碎"四人帮"的胜利与 1949 年 10 月新中国诞生的胜利相比，看作"第二次解放"。

　　85 岁高龄的郭沫若，于 1976 年 10 月 21 日当天以《粉碎"四人帮"》为题填《水调歌头》词。上阕谓：

　　　　大快人心事，

　　　　揪出四人帮。

　　　　政治流氓文痞，

　　　　狗头军师张，

　　　　还有精生白骨，

　　　　自比则天武后，

　　　　铁帚扫而光。

　　　　篡党夺权者，

　　　　一枕梦黄粱。

　　著名演员常香玉用豫剧曲调演唱了这首词，当即在全国传唱开来。

　　以散曲《某公三哭》闻名的赵朴初，在 1971 年曾先后作《反听曲》之一、之二，分别揭露批判陈伯达、林彪。得知粉碎"四人帮"的消息后，又他作《反听曲》之三，给江青以无情的揭露和热辣的讽刺。

　　《反听曲》之三抓住人所共知的事实，嬉笑怒骂，集中揭露和嘲讽江青的篡权野心与卑劣行径。它说江青在毛泽东逝世和治丧期间是——

　　　　耍弄花圈糊弄人，

　　　　黑头巾包藏祸心。

　　　　忙不迭，趁热丧，抓国柄，

　　　　野心赛过秃头林。

> 革命的词儿高唱入云，
>
> 反革命的事儿见不得人。
>
> 见不得人也没啥要紧，
>
> 转过脸儿不承认，
>
> 里通外国啊，
>
> 出卖机密啊，等等等等，
>
> 统统是"谣言"，"谣言"！
>
> 还硬是要"追查"追到根。

又揭露江青"再有一副看家好本领"："贼喊捉贼装正经，拿起哈哈镜子照旁人"，"拉大旗暗藏白骨精，蒙虎皮假扮齐天圣。'钢铁公司'，四人股份，日日夜夜，惨淡经营，无非是篡党夺权生意经"。

最后，以万分喜悦的心情描写举国上下万众欢腾的场面："看红旗标语彩霞明，听锣鼓喧天，爆竹春雷震，庆祝的欢呼，声讨的怒吼，遍四面八方，人海浪翻腾。玉宇喜澄清，理论光辉分外明。"由衷高呼："中国共产党万岁！"①

擅长写长篇政治抒情诗的新诗诗人，更是满怀激情，放声歌唱。其中影响最大的，是贺敬之的《中国的十月》。诗人在首都北京的大游行中酝酿成篇，用形象的诗化语言，记录了沉浸在10月胜利中的真切感受，表达了对"四人帮"的强烈憎恨和发自内心的胜利豪情。诗人写道——

> 我要唱啊，
>
> 我要写。
>
> 在这欢乐的锣鼓声中，
>
> 在这祝捷的无眠之夜……
>
> 用我止不住的欢欣的泪水啊，
>
> 用压不住的我滚滚的热血！

诗人热烈欢呼粉碎"四人帮"的伟大胜利——

> 北京的晨曦
>
> 向世界报捷。
>
> 党中央一举粉碎
>
> "四人帮"反党集团，

---

① 《反听曲》之三全文见赵朴初：《片石集》，人民文学出版社1978年版，第280—283页。

　　　　无产阶级的巨手，

　　　　终于捉住了这窝蛇蝎！

民主人士、港澳闻人，也把他们的真情实感，用诗词的形式倾泻出来。

闻家驷写诗欢呼伟大的历史性胜利，歌颂华国锋的英明：

　　　　四人黑党，恶贯满盈；

　　　　一网打尽，大快人心。

　　　　英明果断，扭转乾坤；

　　　　主席遗志，继承有人。

　　　　锣鼓喧天，红旗如林；

　　　　得道多助，天下归心。

马万祺在澳门闻讯后，挥毫作五言律诗一首，赞颂叶剑英的功勋。诗云：

　　　　电闪鬼狐惊，将军一怒平。

　　　　十年伤浩劫，今日破坚冰。

　　　　德厚人歌颂，风调物阜生。

　　　　鞠躬钦尽瘁，济济庆功成。①

在举国欢庆之时，马万祺又填《沁园春》词，遥寄叶剑英。词云：

　　　　锦绣神州，

　　　　云驱雾散，

　　　　一片光明。

　　　　看红旗漫卷，

　　　　妖氛扫尽；

　　　　人心大快，

　　　　举国欢腾。

　　　　启后承先，

　　　　指挥若定。

　　　　除四害，

　　　　深庆得人。

　　　　兴中国，

----

　　① 转引自吴跃农：《马万祺诗话祖国情》，《今日名流》1999 年第 4 期，《新华文摘》1999 年第 8 期转载。

有宏才伟略，

八亿同心。

工农秣马厉兵，

树雄心壮志把天擎。

喜老帅安康，

胸怀坦荡，

狂澜屡挽，

竭尽股肱；

放眼江山，

恩情万种，

八十年华盛誉享。

最难得

是忠心党国，

社稷苍生。

（三）10 月 22 日、23 日，首都军民继续举行庆祝游行

10 月 22 日，首都军民冒雨上街，继续举行盛大的庆祝游行。参加游行的人数比 10 月 21 日还多，约有 180 万人。新华社以《首都军民喜气洋洋继续举行盛大庆祝游行　决心在华国锋主席为首的党中央领导下乘胜前进》为题，报道这天游行的盛况。

10 月 23 日，首都军民盛大的庆祝游行活动达到高潮。3 天来，参加游行的群众达 580 万人。满怀胜利喜悦的广大军民，热烈庆祝华国锋任中共中央主席、中共中央军委主席，热烈欢呼粉碎王洪文、张春桥、江青、姚文元"四人帮"篡党夺权阴谋的伟大胜利。

新华社作了热情洋溢的报道——

今天天刚亮，游行队伍的锣鼓声、鞭炮声、口号声就响遍全城。一队队的工人、人民公社社员、人民解放军指战员、机关干部、革命知识分子、街道居民、红卫兵、红小兵，以及各界人民群众和爱国民主人士、台湾省籍同胞，源源不断地涌向天安门广场，全天共达二百五十万人。他们抬着毛主席的巨幅画像和华国锋主席的画像，高举红旗

和彩旗，不断振臂高呼："热烈庆祝华国锋同志任中国共产党中央委员会主席、中国共产党中央军事委员会主席！""打倒王洪文、张春桥、江青、姚文元反党集团！"扩音器里不断播送着《伟大的领袖毛泽东》、《大海航行靠舵手》、《歌唱伟大、光荣、正确的中国共产党》、《歌唱祖国》、《三大纪律八项注意》等歌曲。整个天安门广场和东西长安街上，成了欢乐的海洋。

……

浩浩荡荡的庆祝游行一直持续到夜晚。参加游行的首都军民坚定地表示，一定要最紧密地团结在以华国锋主席为首的党中央周围，坚持以阶级斗争为纲，坚持党的基本路线，坚持无产阶级专政下的继续革命，彻底揭发批判"四人帮"反党集团的滔天罪行，继续批邓、反击右倾翻案风，巩固和发展无产阶级文化大革命的胜利成果，抓革命，促生产，促工作，促战备，把各项工作做得更好，争取社会主义革命和社会主义建设的更大胜利。

（四）上海军民 400 多万人集会、游行

华国锋任中共中央主席、中共中央军委主席和粉碎"四人帮"这两件特大喜讯传到上海，全市群情振奋，一片欢腾。自 10 月 21 日起，连日间，上海市区和郊区有 400 多万军民走上街头，举行空前规模的庆祝集会和游行，表达了上海 1000 万军民对以华国锋为首的中共中央的无限信赖和坚决拥护，显示了全市军民誓同"四人帮"斗争到底的意志和决心。

上海街头的群众游行活动连日不绝，规模一天比一天大，10 月 22 日达到高潮。从东海之滨到淀山湖畔，从长江口到金山湾，150 万群众浩浩荡荡地举行盛大游行。沿途红旗招展，鼓乐齐鸣，口号声、欢呼声响彻云霄，鞭炮声、锣鼓声传遍浦江两岸。《国际歌》《三大纪律八项注意》《东方红》的雄壮歌声，激荡在整个城市上空。外滩、南京路、淮海路、延安路一带张灯结彩。许多高大建筑物上，悬挂着长达数十米的巨幅标语，上面写着："热烈庆祝华国锋同志任中国共产党中央委员会主席、中国共产党中央军事委员会主席！""热烈庆祝粉碎'四人帮'篡党夺权阴谋的伟大胜利！""打倒王洪文、张春桥、江青、姚文元反党集团！""最紧密地团结在以华国锋为首的中共中央周围！""一切行动听党中央指挥！"南京路上的几百家商店，张贴着鲜艳夺目的大红喜报。

许多工厂、人民公社、部队、学校、商店、机关、街道写给华国锋主席为首的党中央的致敬信和决心书,纷纷飞向北京。10月22日这天,从清晨到深夜,千千万万的工农兵和各界群众,由各级领导干部带队,抬着毛泽东的巨幅画像,高举红旗,手持花束和彩带,举着火炬,载歌载舞,纵情欢呼。聚集在街头巷尾的男女老少,喜气洋洋,热烈地向游行队伍鼓掌致意。

时在上海的杂文家曾彦修作诗记盛:"海上忽闻天声震,人间活捉四人帮。倾城出巷锣兼鼓,远胜当年日本降。"

新华社10月22日的电讯,生动具体地描述了上海工农兵学商各界游行的情景和人们的心情。事过30多年,读来仍然令人神往。这篇报道最后一段结语,讲的是上海,实际上概括地讲明了当时以华国锋为首的中共中央的政治纲领——

> 几天来,英雄的上海一直洋溢着团结战斗的革命气氛。上海工人阶级和革命人民,在欢庆胜利的时刻,决心最紧密地团结在以华国锋主席为首的党中央周围,坚持"要搞马列主义,不要搞修正主义;要团结,不要分裂;要光明正大,不要搞阴谋诡计"的基本原则,深入揭发、批判王、张、江、姚反党集团的滔天罪行,继续批邓、反击右倾翻案风,巩固和发展无产阶级文化大革命的胜利成果,抓革命、促生产、促工作、促战备,永远沿着毛主席的无产阶级革命路线胜利前进!

(五)全国各地举行声势浩大的集会游行

从10月21日起,全国29个省、自治区、直辖市,解放军各总部、各军兵种、各大军区亿万军民满怀胜利喜悦,举行声势浩大的集会游行,热烈庆祝华国锋任中共中央主席、中共中央军委主席,愤怒声讨"四人帮"阴谋篡党夺权的滔天罪行。新华社在10月23日作了长篇综合报道,把全国上下普天同庆、万众欢腾的场景呈现在读者面前。报道的导语说:"我们伟大祖国普天同庆,一片欢腾。几天来,全党全军全国各族人民普遍举行声势浩大的庆祝集会和游行,热烈欢呼华国锋同志任中共中央主席和中央军委主席,热烈欢呼我们党一举粉碎王洪文、张春桥、江青、姚文元'四人帮'篡党夺权阴谋的伟大胜利。祖国各地到处洋溢着团结、战斗、胜利的革命气氛。"

报道概述了全国喜庆的情景,满怀激情地写道:"关系着我们党和国家命运的两件振奋人心的特大喜讯传到各地以后,五洲四海齐欢唱,八亿神州笑颜开，全党全军全国各族人民立即沸腾起来。在我国中原和南方地区，人们满怀胜利的喜悦和战斗的豪情，冒着大雨举行庆祝游行。在乌鲁木齐、西宁和甘肃嘉峪关内外，人们在大雪中高歌行进。航行在远离祖国的三大洋和地中海上的我国许多远洋轮船，船员们听到喜讯后，升起满旗，举着红旗，在汽笛声中聚集在甲板上举行集会和游行。"并用具体数字加以说明："据统计，仅全国三个直辖市、二十一个省会城市、五个自治区首府，几天来参加集会和游行的人数，就达五千万人。全国城乡各族人民对华国锋同志任党中央主席、中央军委主席表示坚决拥护，对'四人帮'篡党夺权的滔天罪行表示愤怒声讨。"

报道概括而有重点地描写了全国各大城市举行欢庆胜利游行的盛况：

在全国各大城市，人们欢庆胜利的大规模游行，盛况空前。我国最大的城市上海，连日来共有六百五十多万人参加了游行。全市沉浸在节日的欢乐中，主要街道上高挂着绚丽夺目的彩灯、彩球。游行群众高兴得跳起秧歌舞、狮子舞，管弦乐队高奏《国际歌》、《三大纪律八项注意》和《东方红》等革命歌曲。上海五万造船工人连日来在建造万吨轮的船台上，在焊花飞溅的车间里欢庆胜利，今天他们又斗志昂扬地举行了游行。鲁迅纪念馆的工作人员兴奋地说，以华国锋主席为首的党中央把"四人帮"挖了出来，把受到鲁迅痛斥的化名"狄克"的张春桥这条长期隐伏的"蛀虫"挖了出来，使他们在马列主义、毛泽东思想的照妖镜下显出了原形，真是大快人心。在天津市，三天来有四百五十多万军民举行了游行和集会。各单位的群众把对于以华国锋主席为首的党中央的无限信赖和对王张江姚反党集团的无比仇恨，化为认真学习马列著作和毛主席著作，揭发批判"四人帮"罪行，抓革命、促生产、促工作、促战备的巨大动力，各条战线出现了空前未有的大好形势。沈阳市广大群众热烈欢庆华国锋同志任中共中央主席和中央军委主席，热烈欢庆粉碎"四人帮"反党集团篡党夺权阴谋的伟大胜利。几天来全市有三百多万人参加了游行。广大工农兵群众愤怒声讨"四人帮"篡党夺权、颠覆无产阶级专政的罪行，痛斥他们是反革命的两面派，是搞修正主义的头子，是背叛马列主义、毛泽东思想，篡改毛主席指示的叛徒。他们说，以华国锋主席为首的党中央采取果断措施，消除了党内一大祸害，我们热烈欢呼这一伟大胜利。广州市从青翠的越秀山麓到奔腾的珠江两岸，这几天到处充满着团结战斗、欢庆胜利的革命气氛。有四百多万军民冒雨举行游行。广大群众表示，一定要一切行动听从以华国锋主席为首的党中央指挥，彻底清算"四人帮"的滔天罪行。这几天武汉地区有二百五十万军民举行庆祝游行。沸腾的武钢到处是一派节日景象。钢铁工人用抓革命、促生产的实际行动欢庆双喜临门，钢铁产量日日上升。成都、重庆两市连日来各有一百多万人举行庆祝游行。成都市新都机械厂两万多名职工和家属，热情歌颂伟大领袖毛主席的丰功伟绩，畅谈以华国锋主席为首的党中央继承毛主席的遗志，为我们除了"四害"，解了心头之恨，真是天大的好事。西安市这几天参加游行的工农兵群众有一百五十多万人。西安地区纺织、钢铁、电力、建筑等上百个厂矿企业的工人，下班后就从四面八方走上街头，工人们高呼："最紧密地团结在以华国锋主席为首的党中央周围！""打倒王洪文、张春桥、江青、姚文元反党集团！"等口号。

报道又抓住典型，描绘了全军欢庆的情景——

中国人民解放军各总部、各军种兵种领导机关和所属部队，以及北京、沈阳、广州、南京、济南、武汉、福州、新疆、兰州、成都、昆明等部队的指战员，和驻地群众一起游行，热烈庆祝华国锋同志任中共中央主席和中央军委主席，热烈庆祝粉碎"四人帮"反党集团篡党夺权阴谋的伟大胜利。在祖国的千里海疆、万里边防线上，在空军机场、海军码头以及各部队营区，欢庆胜利的锣鼓声、口号声，每天从清晨响到夜晚。在南海前哨的榆林港，海军战士和渔民一起庆祝胜利。他们说，华国锋同志任中共中央主席、中央军委主席，我们坚决拥护；粉碎"四人帮"篡党夺权的阴谋，我们万分开心；把毛主席开创的无产阶级革命事业进行到底，我们充满了信心。空军某部"航空兵英雄中队"的飞行员们，最近两天在营区附近冒雨游行。他们表示要最紧密地团结在以华国锋主席为首的党中央周围，维护党的团结和统一，认真执行三大纪律八项注意，一切行动听从党中央指挥，坚决完成党和人民交给的一切战斗任务。南京部队某部"临汾旅"的指战员说，"四人帮"是党内资产阶级的典型代表，是不肯改悔的正在走的走资派。他们极端仇恨人民军队，对他们的罪行，我们一定要彻底清算。驻守在雪山草地巴西地区的成都部队某部骑兵三连的干部、战士，在当年党中央举行巴西会议的旧址，缅怀伟大领袖毛主席同张国焘作斗争的革命实践。指战员们指出，"四人帮"同张国焘等机会主义、修正主义头子一样，都是搞篡党夺权的大野心家、阴谋家，但是，他们决然逃脱不了可耻的下场。我们要努力学习，努力作战，彻底揭露和批判"四人帮"的反党罪行，为捍卫毛主席的革命路线，保卫以华国锋主席为首的党中央，巩固和发展无产阶级专政而英勇战斗。

对全国各省会城市和重要工业基地举行盛大集会与游行的情况，也作了扼要的报道：

在石家庄、太原、哈尔滨、长春、兰州、银川、济南、南京、杭州、南昌、福州、合肥、郑州、长沙、贵阳等城市，人们都举行了盛大集会和游行。南京市的工农兵群众愤怒声讨"四人帮"篡党夺权的罪行时说，"四人帮"反党集团把自己凌驾于毛主席、党中央之上，为所欲为，称王称霸，搞修正主义、搞分裂、搞阴谋诡计。以华国锋同志为首的党中央，继承毛主席的遗志，为全党全军全国各族人民除了"四害"，拔掉了祸根，我们打心眼里高兴，打心眼里拥护。在郑州，一些参加过"二七"大罢工的老工人冒雨参加了庆祝游行。他们说，我们要发扬"二七"革命精神，以"三要三不要"基本原则为锐利武器，彻底揭露"四人帮"反党集团的滔天罪行。在煤都抚顺，矿工们在欢庆胜利的同时以更大的干劲投入了夺煤大战，天天超额完成国家计划，西露天矿已经在十月二十一日提前十天完成了十月份原煤生产计划。

喜讯传到大庆油田，辽阔的矿区一片欢腾。连日来，在炼塔下，在钻机旁，在星罗棋布的井场上和一座座工农村里，欢庆胜利的人群络绎不绝，全油田有四十五万人举行了庆祝游行。职工们兴奋地说，两件大喜事大长了无产阶级的志气，大灭了资产阶级的反动气焰。我们一定要立场坚定、旗帜鲜明地站在揭发批判"四人帮"反党集团斗争的前列。山西省昔阳县大寨大队贫下中农和社员听到两大喜讯后，乐得心里开了花。他们说，这两大胜利，对我们今后坚持党的基本路线，对于反修防修，巩固我国的无产阶级专政，防止资本主义复辟，建设社会主义，都有伟大的现实意义和深远的历史意义。我们一定要更高地举起大寨红旗，把社会主义革命进行到底。

　　对各少数民族人民举行庆祝集会和游行的情况,报道也作了生动的叙述——

　　辽阔的边疆连着祖国的首都,各族人民和以华国锋主席为首的党中央心连心。全国各少数民族人民穿着节日盛装,跳起欢乐的民族舞蹈,举行庆祝集会和游行。高原古城拉萨连续几天红旗招展,鼓乐喧天。华国锋主席视察过的拉萨市地毯厂的工人说,我们百万翻身农奴和西藏第一代工人阶级,决心最紧密地团结在以华国锋主席为首的党中央周围,把同"四人帮"的斗争进行到底。雪后放晴的乌鲁木齐市,各族人民冒着寒风,踏着冰雪,高举红旗,川流不息地上街游行。他们说:特大喜讯传边疆,各族人民心花放,团结一致心向以华国锋主席为首的党中央,永远前进在社会主义大道上。在内蒙古自治区,全国牧业学大寨先进单位镶黄旗的牧民,二十二日晚在草原新城镇新宝力格举行了火炬游行。千万把火炬映红了草原的夜空,反映了蒙古族人民群众誓同"四人帮"反党集团斗争到底的决心。在广西壮族自治区的三江侗族自治县,群众举着火把,翻山越岭,冒雨到县城的中心会场和各公社的分会场,参加庆祝集会和游行。他们身着节日盛装,弹起琵琶和三弦,跳起欢乐的民族舞蹈,庆祝胜利。在宁夏回族自治区的六盘山区,一些回族老人来到当年毛主席率领工农红军走过的长征路上,回顾我党在毛主席领导下进行举世闻名的长征,把红旗插到六盘山的情景,满怀豪情地说,毛主席亲手缔造和培育的我们的党,是任何人也搞不垮的。"四人帮"妄想篡党夺权,只能落得一个可耻的下场。

　　昆明市的各少数民族人民,载歌载舞地参加了游行。他们说,华国锋同志任中共中央主席、中央军委主席,实现了我们边疆各族人民的共同心愿,打烂"四人帮",各族人民大欢畅。二十二日,古城西宁从清晨开始,各族群众和干部就抬着毛主席像,浩浩荡荡地汇集到市区举行庆祝游行。千万面红旗辉映着胜利的笑脸,千万颗红心发出了同一个战斗的声音:"打倒王洪文、张春桥、江青、姚文元反党集团!""继承毛主席的遗志,把无产阶级革命事业进行到底!"居住在福建、广东等地的台湾省籍高山族同胞,和当地群众一起参加了庆祝游行。

对革命圣地广大群众欢欣鼓舞的盛况，报道有重点地作了描述——

喜讯传到韶山、井冈山、遵义、延安，广大群众欢欣鼓舞。在韶山，这几天有四万多人冒雨举行庆祝集会和游行。广大群众说，华国锋同志任中共中央主席和中央军委主席是毛主席生前的安排，我们坚决拥护。我们坚信，在以华国锋主席为首的党中央领导下，我国的社会主义革命和建设必将沿着毛主席的革命路线不断取得新的胜利。他们表示，一定坚持"要搞马克思主义，不要搞修正主义；要团结，不要分裂；要光明正大，不要搞阴谋诡计"的基本原则，发扬韶山人民敢于斗争的革命精神，把"四人帮"反党集团揭深批透。在历史名城遵义，三十万人冒雨举行庆祝游行。各族群众和老红军战士纷纷来到遵义会议会址，回忆党内两条路线斗争史，更加激情满怀。他们无限喜悦地说：四十一年前，在毛主席领导下，遵义会议结束了王明机会主义路线的统治，挽救了党，挽救了红军，挽救了革命。今天，以华国锋同志为首的党中央继承毛主席的遗志，采取英明、果断的措施，粉碎了"四人帮"篡党夺权阴谋，在社会主义革命深入发展的关键时刻，挽救了党，挽救了革命，这是毛主席革命路线的伟大胜利。这充分证明，以华国锋主席为首的党中央是坚强的无产阶级司令部。在华国锋主席为首的党中央领导下，我国人民在社会主义革命和社会主义建设的征途上一定会取得更大的胜利。

全国县城、乡镇也都举行盛况空前的集会、游行，共同庆祝胜利，欢呼第二次解放。这是新华社报道难以顾及的。这里举陕西省略阳县为例，以补新华社报道之不足。

略阳县位于陕西省西南部、秦岭南麓、汉中盆地西缘，地处陕、甘、川三省交界地带，总人口不到 20 万，在中国是一个数不着的偏僻贫穷的小县。可是，这里庆祝粉碎"四人帮"的活动同大城市一样热烈。请看该县党史研究部门在《略阳"文革"始末（1966.5—1976.10）》中的记载——

10 月 21 日　省委电话会议传来粉碎"四人帮"消息。当晚县委即召开紧急电话会议，传达到区、社。各区、社用广播向群众传达。

10 月 22 日上午　县委在电影院召开县级机关单位党员大会，530 多人参加，传达中共中央［1976］15、16 号文件和华国锋在打招呼会议上的讲话。

下午　在体育场召开群众大会，传达粉碎"四人帮"文件精神，城区各单位干部职工和城关镇附近社员近万人冒雨参加。

10 月 23 日　城区群众召开庆祝大会。

10 月 25 日　各区、社、各单位纷纷举行庆祝活动，县城举行盛大游行，庆祝粉碎"四人帮"的胜利。

从北京、上海到偏远乡镇，都是这样迅速地传达、热烈地庆祝，真是普天同庆，举国欢腾！

国际友人对中国人民的两大喜事纷纷表示祝贺。《人民日报》发表了新华社的综合报道：《国际无产阶级欢呼中国伟大的历史性胜利》。报道说："五大洲许多马列主义政党和组织的领导人，群众团体负责人，给华国锋主席和中国有关机构发来了大量贺电和贺信；许多报刊、广播电台发表了热情洋溢的文章；有的群众团体举行庆祝集会和报告会；一些马列主义政党领导同志畅谈了发自内心的深刻感受和诚挚愿望；有的还赋诗绘画。"从 1927 年 4 月就来到中国，与中国人民共同奋斗了几十年的新西兰友人路易·艾黎，在一首诗中怒斥"四人帮"是一伙"要把革命成果独吞"的"狠毒的奸佞"，并热情地歌颂中国人民的新胜利。诗中写道：

消息传四方，

北京喜洋洋，

支持新领袖，

全国城市都一样。

人民涌上街头，

后浪推前浪，

老战士、职工、学生，

部队战斗员，

欢笑的儿童，

还有慈祥的老大娘。

锣鼓喧天，

旌旗飘扬，

千百万人迈步前进，

意志坚强。

通过反面教员上了新课一堂。

　　而今前途光明，
　　正似东海晨曦，
　　光芒万丈！①

（六）首都百万军民隆重举行庆祝大会

　　1976 年 10 月 24 日，庆祝活动的高潮达到顶点。北京 100 万军民在天安门广场举行隆重、盛大的庆祝大会，热烈庆祝粉碎王洪文、张春桥、江青、姚文元反党集团篡党夺权的伟大胜利，热烈庆祝华国锋任中共中央主席、中共中央军委主席。

　　这天下午 3 时，中共中央政治局候补委员、中共北京市委书记、北京市革委会副主任倪志福宣布大会开始。广场上锣鼓齐鸣，军乐队高奏《中华人民共和国国歌》和《东方红》乐曲。中共中央政治局委员、中共北京市委第一书记、北京市革委会主任吴德在大会上作重要讲话。

　　吴德首先表示，坚决拥护中共中央 1976 年 10 月 7 日关于华国锋任中共中央主席和中共中央军委主席的决议；赞颂毛泽东亲自选定华国锋为接班人何等英明，赞颂以华国锋为首的中共中央，在中国革命的关键时刻，采取果断措施，揭露了王洪文、张春桥、江青、姚文元反党集团，挽救了革命，挽救了党，巩固了我国的无产阶级专政。

　　吴德简要评述了毛泽东逝世以后一个半月的历程，他说：

　　　　一个半月前，我们失去了伟大的领袖和导师毛泽东主席。全党全军全国各族人民都沉浸在极其悲痛之中，都担心着党和国家的命运和前途，担心着我党中央能不能继承毛主席的遗志，坚持毛主席为我党制定的基本路线和政策，把无产阶级革命事业进行到底。国际无产阶级和各国革命人民也关心着这个问题。这种担心和关心，不是没有理由的。当时，在我国的上空，确实是出现过一股乌云。王洪文、张春桥、江青、姚文元反党集团，乘毛主席病重和逝世之机，迫不及待地妄图篡夺党和国家的最高领导权。我们面临着党变修、国家变色的现实危险。我们党处在一个严重困难的时刻。经过两个阶级、两条道路、两条路线的生死搏斗，我们党胜利了，无产阶级胜利

---

　　① 《国际无产阶级欢呼中国伟大的历史性胜利》，《人民日报》1976 年 12 月 29 日。

了,人民胜利了!

吴德在讲话中揭露王张江姚反党集团不听毛泽东的话,结成"四人帮",大搞阴谋诡计,进行反党分裂的宗派活动的罪行,指出他们"是一伙资产阶级的阴谋家、野心家"。吴德的讲话强调,粉碎"四人帮"的胜利,"具有伟大的现实意义和深远的历史意义",号召"一定要团结在以华国锋主席为首的党中央周围","进一步发展大好形势。团结起来,争取更大的胜利"。

接着,"毛泽东号"机车组司机长陈福汉、平谷县许家务大队党支部副书记贾怀珍、中国人民解放军战斗英雄徐恒禄、清华附中红卫兵张红,分别代表首都工人、贫下中农、人民解放军指战员和红卫兵先后在大会上讲话,表示衷心地、热烈地、坚决地拥护华国锋担任中共中央主席、中共中央军委主席,衷心地、热烈地、坚决地拥护中共中央粉碎王张江姚反党集团。

讲话以后,全场高呼口号。下午 4 时 20 分,在雄壮的《国际歌》声中,大会胜利结束。华国锋与党和国家其他领导人走到天安门城楼东西两端,向广场上的群众招手致意。广场上的百万群众挥动彩旗,热烈欢呼,呈现出一派团结、战斗、胜利的欢乐气氛。

在 10 月 24 日首都百万军民隆重举行庆祝大会前后,全国各省、自治区、直辖市也都举行了盛大、热烈的庆祝大会。按时间先后为:10 月 21 日,山西、内蒙古、山东、江苏 4 个省、自治区;22 日,天津、辽宁、湖北、甘肃、宁夏、新疆、青海 7 个省、自治区、直辖市;23 日,安徽、浙江、福建、江西、广东、吉林、黑龙江、湖南、陕西、四川、云南、贵州、西藏 13 个省、自治区和台湾省在北京的爱国同胞;24 日,上海市和广西壮族自治区;25 日,河南、河北两省和香港、澳门两地各界爱国同胞。在各省、自治区、直辖市的庆祝大会上,当地党政军负责人主持大会,发表讲话;工人、农民、解放军和学生代表发言;大会都通过了给华国锋、中共中央的致敬电;会后举行了声势浩大的庆祝游行。

六、四届全国人大常委会第三次会议
对两大喜庆的总结

全国热烈庆祝华国锋任中共中央主席、中共中央军委主席,热烈庆祝粉碎"四人帮"篡党夺权阴谋的伟大胜利,这一前所未有的、普天同庆的活动,前后持续了一个多月。10 月 26 日,中共中央发出通知,决定改组上海市委和市革命委员会。通知说：为了加强对上海市的领导，中央决定苏振华同志兼任上海市委第一书记、市革命委员会主任，倪志福同志兼任上海市委第二书记、市革命委员会第一副主任，彭冲同志兼任上海市委第三书记、市革命委员会第二副主任，撤销张春桥、姚文元、王洪文在上海的党内外一切职务。10月27日，苏振华、倪志福、彭冲主持召开上海全市各部委办、区县局干部大会，传达、贯彻中央的决定。由此，开始了揭批、清查"四人帮"及其余党的运动。

在政局稳定、人心凝聚以后，华国锋、叶剑英等中共中央领导集体成员，因势利导，及时转入正常工作。1976年11月30日至12月2日，在北京人民大会堂举行的中华人民共和国第四届全国人民代表大会常务委员会第三次会议，可以看作是从庆祝胜利、稳定局势转入揭批查运动的标志。

11月30日下午的全体大会由宋庆龄副委员长主持。宋庆龄代表全国人大常委会全体委员热烈欢迎华国锋、叶剑英和中央其他各位领导同志出席当天的会议，表示坚决拥护以华国锋为首的中共中央。华国锋代表中共中央提议邓颖超担任全国第四届全国人大常委会副委员长，并作了说明。大会听取了吴德副委员长热烈庆祝华国锋任中共中央主席、中央军委主席，热烈庆祝粉碎"四人帮"篡党夺权阴谋的伟大胜利的讲话。12月1日、2日两天进行了讨论，在分组讨论会上发言的全国人大常委会委员有60多人。实际上是对两大喜庆作了总结，对今后工作作出部署。

（一）吴德在会上的讲话

吴德说，一个多月来，全国军民热烈欢呼华国锋任中共中央主席、中共中央军委主席，热烈庆祝以华国锋为主席的中共中央，继承毛泽东遗志，粉碎王洪文、张春桥、江青、姚文元反党集团篡党夺权阴谋的伟大胜利。粉碎"四人帮"，全国亿万军民人心大快，意气风发，斗志昂扬，充满着胜利的信心，形势一片大好。在党的领导下，一个揭发批判"四人帮"反革命罪行的群众运动，正在轰轰烈烈地开展起来。全党、全军、全国各族人民更加团结，我国的无产阶级专政更加巩固。广大群众的社会主义积极性和创造性大大发扬，学习马列著作和毛泽东著作，抓革命、促生产、促工作、促战备的新高潮正在兴起，全国各条战线不断传来振奋人心的胜利捷报。

吴德沿用毛泽东关于无产阶级专政下继续革命的理论，揭露"四人帮"的罪恶和实质，分析党同"四人帮"反党集团斗争的性质。吴德指出，"四人帮"

是混入党内的资产阶级阴谋家、野心家。他们披着马克思主义的外衣,搞修正主义,搞分裂,搞阴谋诡计,千方百计地反党乱军,篡夺党和国家的最高领导权;他们背叛马克思主义、列宁主义、毛泽东思想,背叛中共九大、十大路线,推行一条反革命的修正主义路线,妄图在国内篡改中共的无产阶级性质,颠覆无产阶级专政,在国际抛弃无产阶级国际主义,投降帝国主义。吴德说,我们党同"四人帮"反党集团的斗争,是无产阶级同资产阶级、社会主义同资本主义、马列主义同修正主义之间的你死我活的斗争。实质上是中国共产党及其领导下的革命人民群众和国民党反动派长期斗争的继续,是无产阶级和资产阶级阶级斗争的继续。

吴德的讲话还着重宣传了华国锋。当时,已经先后公布了1976年4月毛泽东写给华国锋的"你办事,我放心"的指示,以及1976年4月毛泽东交代叶剑英"要造这个舆论,要宣传华国锋同志,要使全国人民逐步认识华国锋同志"的指示。吴德讲话中对华国锋的宣传是按照这个指导思想来做的。虽然并没有什么言过其实之处,但从总的倾向来看,一种新的个人崇拜确实由此萌生。

吴德指出:

在这场两个阶级、两条道路、两条路线的生死搏斗中,华国锋主席为首的党中央领导我们党粉碎了"四人帮"篡党夺权的阴谋,挽救了革命,挽救了党,受到全党全军和全国各族人民的无限信赖和衷心爱戴。华国锋同志是毛主席培养和选定的接班人。毛主席给华国锋同志亲笔写了"你办事,我放心",表达了对华国锋同志的无限信任。华国锋同志忠于马克思主义、列宁主义、毛泽东思想,坚决执行毛主席的无产阶级革命路线和方针政策,有领导县、地区、省的全面工作的经验,又有在中央工作的经验。他对党忠诚,大公无私,光明磊落,谦虚谨慎,作风民主,平易近人,善于团结同志一道工作。全党全军全国人民为我们又有了自己的英明领袖华国锋主席,而欢欣鼓舞。

吴德的讲话提出:"现在的任务,就是要放手发动群众,集中力量,从政治上、思想上、组织上彻底揭发、批判'四人帮'的滔天罪行,消除他们的毒害和影响,在斗争中提高阶级觉悟和路线斗争觉悟,提高识别真假马克思主义的能力,坚持无产阶级专政,把毛主席开创的无产阶级革命事业进行到底。"

吴德指出,王张江姚反党集团大搞反党阴谋活动,其要害问题,是完全背叛毛泽东教导的"要搞马列主义，不要搞修正主义；要团结，不要分裂；要光明正大，不要搞阴谋诡计"三项基本原则，篡夺党和国家的最高领导权。"四人帮"为了实现他们的狂妄野心，从中共十大以后，步步加紧了他们的阴谋活动。吴德还指出，揭发、批判"四人帮"，同时一定要注意政策，要正确区分和处理两类不同性质的矛盾。同时，吴德也提出了搞好社会主义建设的任务。他说："要加倍努力，把'四人帮'干扰破坏所造成的损失夺回来。要遵照毛主席的一贯教导，首先把我们自己的事情办好，争取对人类作出较大的贡献。"

在这篇讲话中，吴德提出了一个原则："凡是毛主席指示的，毛主席肯定的，我们要努力去做，努力做好。现在把'四人帮'的破坏和干扰除掉了，我们应该做得更好，也一定能够做得更好。"这番话的本意并没有什么不好，但后来发展成为反对思想解放、实事求是的"两个凡是"，追根究底，其肇始者在此。

吴德代表中共中央所作的讲话，总结了粉碎"四人帮"的胜利，进一步确立和巩固了以华国锋为首的中共中央领导集体的领导地位，及时地将全党、全军和全国各族人民从庆祝第二次解放的胜利欢呼中转入深入揭批"四人帮"运动，以巩固和发展已经取得的胜利。这在一个历史阶段结束、一个新的历史阶段开始的时候，是十分必要的。但在这个讲话中，也埋下了新的个人崇拜和"两个凡是"错误的根子，在日后进一步发展并阻碍了历史车轮的前进。这当然不只是吴德个人的责任，是以华国锋为首的中共中央领导集体未能摆脱历史局限造成的后果。

（二）全国人大常委和全国政协常委在会上的发言

12月1日、2日两天，全国人大常委会举行分组会议。60多位委员在分组会上发了言。委员们在发言中说，华国锋是我们党的英明领袖，是毛泽东亲自培养和选定的接班人。华国锋领导全党全军、全国人民继续革命，使无产阶级革命事业有了可靠的掌舵人，使我们对共产主义事业充满信心。新华社在综合报道中，摘要报道了梁必业、林丽韫、胡愈之、李顺达、马学礼、王克强、金秀清、宝日勒代、沙马力汗、刘大年、张文裕11位委员的发言。他们从各自所在的不同地区、不同部门，揭发、批判"四人帮"的罪行。有的委员说，"四人帮"还捏造种种莫须有的罪名，妄图把跟随毛泽东南征北战、久经考验的老一辈无产阶级革命家一个个打下去。他们挑动群众斗群众，冲击军事机关，抢夺武器装备,挑起武斗。他们是篡军乱军的罪魁祸首。有的委员说,"四人帮"阴谋要尽,坏事做绝,是全国不得安宁的总祸根。有的委员指出,"四人帮"把自古至今的阶级斗争史篡改为儒法斗争史的罪恶目的,是篡改党在社会主义历史阶段的基本路线和基本政策,借批儒为名,妄图打倒一大批中央和地方的党政军负责同志。有的委员指出,"四人帮"披着马克思主义的外衣,搞修正主义,搞分裂,搞阴谋诡计。他们一贯用的是形而上学的、片面的、逻辑上讲不通而富有破坏性的手法。例如,"四人帮"常说"宁要社会主义的低速度,也不要资本主义的高速度","宁要没有文化的劳动者,不要有文化的剥削者","宁愿两年不搞生产,也不能一时不搞阶级斗争"等等。这种反动谬论,破坏性极大,害党、害国、害人民,必须彻底批判,清除其流毒。委员们表示,要最紧密地团结在以华国锋为首的中共中央周围,积极参加揭批"四人帮"的运动,夺取社会主义革命和社会主义建设的更大胜利。

政协全国委员会常务委员列席了四届全国人大常委会第三次会议,并在12月1日下午和2日上午举行了分组会议。20多位委员在会上发言。他们一致表示衷心拥护华国锋任中共中央主席、中共中央军委主席,热烈欢呼以华国锋为首的中共中央一举粉碎王张江姚反党集团篡党夺权阴谋的伟大胜利,愤怒揭发声讨"四人帮"的滔天罪行。新华社在综合报道中,摘要报道了徐伯昕、王雪莹、王芸生、苏子蘅、赵朴初、钟惠澜、孙晓村、孙起孟、赵宗燠、闻家驷10位委员的发言。王芸生说,1976年是我国历史上的重要年代。华国锋为首的中共中央作出了英明果断的决定,一举粉碎了"四人帮",一下子把令人担心的局面变成了天大的喜事。赵朴初指出,毛泽东说"得道多助,失道寡助"。"四人帮"人心丧尽,极端孤立。孙起孟揭露"四人帮"阴谋篡党夺权、破坏革命、破坏生产的罪行,并说,更为严重的是,他们败坏无产阶级的道德风尚,破坏党和国家的民主集中制、破坏党的革命传统和作风,他们的罪行罄竹难书。我们一定要从政治上、思想上、理论上把这帮反革命批深批透。

(三)邓颖超当选全国人大常委会副委员长并在会上讲话

12月2日下午的全体会议仍由宋庆龄副委员长主持。在11月30日下午这次会议开始的时候,华国锋就代表中共中央提议邓颖超担任第四届全国人大常委会副委员长,并作了说明。华国锋说:在我们粉碎"四人帮"篡夺党和国家领导权的阴谋取得伟大胜利的今天,我们高兴地参加这次会议。我也高兴地代表中共中央把毛主席生前同意的、关于邓颖超同志担任本届全国人大常委会副委员长的提议，向全国人大常委会提出，请各位委员在这次会议上审议。12月2日下午的全体会议，在热烈的掌声中，一致通过邓颖超为全国人大常委会副委员长的决议。决议全文如下：

根据毛主席1975年10月22日批示同意的中共中央10月21日的提议，第四届全国人民代表大会常务委员会第三次会议决定：通过邓颖超为第四届全国人民代表大会常务委员会副委员长，并提请下一次全国人民代表大会会议追认。

这项决议通过以后，邓颖超在会上讲话。她说：

在我们失去伟大领袖和导师毛泽东主席的无与伦比的悲痛和忧虑期间，在短短时间里，我们就迎来了两件大快人心的大喜事，是全国各族人民的大喜事，也是全世界革命人民的大喜事。这就是我们又有了英明的领袖华国锋主席，华主席为首的党中央一举粉碎了"四人帮"反党集团，这是具有深远的历史性的伟大胜利。这充分证明毛主席亲自选定接班人的英明决策，也充分证明华主席具有无产阶级伟大胆略和远见，大勇大智，及时果断，妥善处事，表现了领导的才能和革命的风格。为此我要向华国锋主席致以衷心的崇高的敬意，表示坚定不移的拥护和支持。以华国锋主席为首的党中央把"四害"除掉了以后，更加团结，威信更高，一定能继承毛主席的遗志，把毛主席开创的无产阶级革命事业推向前进，取得更大的胜利。

接着，邓颖超又诚恳地表示态度：

党中央分配我的工作和任务，既是毛主席生前批准同意的，又由华主席在这次会议上亲自作了说明，现在又得到同志们的一致议定，我觉得非常光荣，非常激动，同时也感到盛名之下，其实难副。但作为一个共产党员来说，应该服从组织的决定，听从领袖和党中央的指挥。今后，我一定在以华国锋主席为首的党中央领导下，同各位副委员长、各位委员一起共同努力，继续坚持毛主席的教导，谦虚谨慎，戒骄戒躁，加强组织性、纪律性，以阶级斗争为纲，加强理论学习，加强团结互助，做好工作，更好地为人民服务。要继续革命，坚持"三要三不要"，坚持三个正确对待，生命不息，战斗不止。

邓颖超的讲话道出了老一辈无产阶级革命家的心声。全场报以长时间的热烈的鼓掌。

（四）宋庆龄在会议结束时的讲话

各项议程①完成以后，宋庆龄副委员长在会议结束时讲话。她说：

这次会议开得很好。特别是我们的英明领袖华国锋主席亲自出席了我们的会议，作了重要的讲话，叶副主席和中央各位领导同志也出席了会议，使我们全体委员受到极大的鼓舞和教育。

我们一定要最紧密地团结在以英明领袖华主席为首的党中央周围，努力学习马列著作和毛主席著作，深入揭发批判"四人帮"的反革命滔天罪行，巩固和发展工人阶级领导的工农联盟为基础的各族人民的大团结，坚持党的基本路线，抓革命，促生产，促工作，促战备，进一步发展大好形势。按照毛主席的革命路线和政策，把社会主义革命继续推向前进，把我国建设成为社会主义强国，争取对人类作出较大的贡献，为最终实现共产主义而奋斗。

四届全国人大常委会第三次会议是粉碎"四人帮"胜利以后召开的一次重要会议。虽然它难免历史的局限，留有不少旧的痕迹，也有若干新的失误，但总的说来，它对粉碎"四人帮"的伟大胜利及其后稳定局势、欢庆胜利的活动及时地进行了总结，并适时地对揭批"四人帮"运动进行了发动，作出了部署，对中国社会主义事业的前进发挥了积极作用。

12 月 6 日，诗人李瑛续写并完成了他在 1 月 15 日没有写完的诗篇《一月的哀思》，放声歌唱粉碎"四人帮"的胜利，纵情讴歌敬爱的周总理，用诗的语言对两种中国命运决战的 1976 年作了一个总结。诗人写道：

呵，现在正是早春，

大地已萌出无限生机，

在这历史严峻的关头，

在这暗夜将尽的晨曦，

听，哀乐方停，战歌扬起，

---

① 在 1976 年 12 月 2 日下午的会议上，进行了本次会议的另两项议程。一是人事任免。李先念副总理就华国锋总理提议的任免事项作了说明。会议一致通过决定，任命黄华为外交部部长，免去乔冠华的外交部部长职务。会议还通过了其他任免事项。二是乌兰夫副委员长介绍了全国人民代表大会代表团访问伊朗、伊拉克的情况，受到委员们的赞扬。

伟大的党最了解我们的心意，
为我们拉响战斗的汽笛。
呵，我们将创出怎样动人的伟业，
扫阴云，驱冷雨，
看呵，神州故国，
八亿大军向敌人
发起了猛烈的反击——
这是何等凌厉的攻势！
这是何等光辉的战役！
好呵，"四人帮"被粉碎了，
这些阴谋家，野心家——
蚍蜉撼树，苍蝇碰壁；
那腐朽堕落的修正主义，
那野心勃勃的资产阶级……
呵！俱往矣！
那些历史上的小丑，
只不过像——
风扫落叶，浪卷残泥；
而敬爱的周总理呵，
你——
一颗丹心，晶莹无比！
一副肝胆，光耀天地！
我敬爱的周总理，
我从铁锤和镰刀的闪光中，
看见了你；
我从边防战士坚定的目光中，
看见了你；
我从奔腾不息的涛声中，
看见了你；
我从每扇窗口的晨曦中，
看见了你。

我责备我这支笨拙的笔，
在你面前是如此的软弱无力；
但，我仍愿掘出
我一年前所写的小诗，
重新献给你。
看，我们伟大的祖国，
我们战斗的阶级，
我们八万万团结的人民呵，
正奋勇向前，所向无敌！
敬爱的党
正率领我们走在最前面，
呵，前面——
火红的朝阳，正腾腾升起……

结 束 语

1976 年 10 月粉碎"四人帮"的胜利,宣告了在 20 世纪 70 年代两种中国之命运的决战中,民主战胜了专制,团结战胜了分裂,光明战胜了黑暗,正义战胜了邪恶。两种中国命运的决战,以党和人民的胜利、"四人帮"的灭亡而告终。10 月的胜利,在危难中挽救了党,挽救了人民共和国,挽救了中国的社会主义事业。这一胜利,结束了"文化大革命"10 年动乱,翻开了当代中国历史的新篇章。从此,中华人民共和国进入了伟大历史转折的新时期。历史而具体地分析这一伟大历史事件的过程,全面深刻地认识 10 月胜利的动因,客观公正地评价这场生死决战的性质和意义,从中获得启示、殷鉴和教益,是十分必要的。在系统、全面地叙述了 1976 年两种中国命运决战的历史之后,笔者愿意同读者一起来探讨这些问题,对这一段历史的学习与研究作一个初步的总结。

一、两种中国之命运决战的历程

回顾 1976 年两种中国之命运决战的历程,可以清晰地看到,经过了三个发展阶段和两大战役。

第一个阶段是伟大的四五运动。这个运动以南京事件(包括引发南京事件的《文汇报》事件)为起点,以天安门事件为中心。首都人民和全国人民通过缅怀周恩来、拥护邓小平、反对"四人帮",表达了要求建设现代化社会主义强国和实现社会主义民主的强烈愿望。四五运动是 1976 年两种中国之命运决战的第一个大战役,它为粉碎"四人帮"奠定了群众基础和思想基础。中共中央领导集体从中看到了人心的向背,看到了用毛泽东思想武装起来的、为实现四个现代化目标奋斗的人民群众的伟大力量,深切体认到粉碎"四人帮"是民心、军心、党心之所向,从而对代表党和人民的意志,扫除这一帮害人虫,充满着必胜的信心。

天安门事件被镇压以后,"批邓、反击右倾翻案风"运动更加严厉地展开,追查所谓"反动诗词"和"反革命谣言",再次导致冤狱遍于国中。代表社会主义和人民民主的光明力量遭遇暂时的挫折。但是,地火在地下运行。"四人帮"的倒行逆施,更加激起从普通群众、一般干部直至中共中央领导同志与之进行殊死斗争的意志和决心。唐山大地震的巨大灾害,周恩来、朱德、毛泽东的接连逝世,更使得全中国笼罩在沉重、严峻的悲剧氛围之中。中国人民为国家的前途与命运忧虑,他们无法再这样生活下去了。于无声处听惊雷! 一场大决战正在酝酿,中国的大变故就要发生了! 可以说,这是两种中国之命运决战历程的第二阶段。

毛泽东逝世后,"四人帮"迫不及待地加紧夺取党和国家最高领导权的阴谋活动,把两种中国之命运的决战推到了第三阶段,即最后决斗的阶段。华国锋、叶剑英和汪东兴、李先念等中共中央领导人,以他们对党和人民的忠诚,以他们的大智大勇,当机立断,成功地策划和领导了1976年两种中国之命运决战的第二个大战役,一举粉碎了"四人帮"。不费一枪一弹,不流一滴血,成就了这一惊天动地的伟业,创造了超人一等的功勋。

对于1976年起伏跌宕的历史,当年群众中流传一段顺口溜作这样的概括:"悲痛的一月,壮丽的四月,恐怖的五月,灾难的七月,忧虑的九月,狂喜的十月,观望的腊月。"

二、四五运动和 10 月胜利的历史评价

1976年10月24日下午,吴德在首都百万军民庆祝大会上的讲话,赞颂了粉碎"四人帮"的伟大胜利。10月25日,《人民日报》、《红旗》杂志、《解放军报》发表题为《伟大的历史性胜利》的社论,对10月粉碎"四人帮"的胜利作出评价:"以华国锋同志为首的党中央,在中国革命的关键时刻,代表全党全军全国人民的根本利益和共同愿望,以无产阶级的雄伟气魄,对'四人帮'反党集团采取断然措施,粉碎了他们篡党夺权的阴谋,挽救了革命,挽救了党,取

得了无产阶级反击资产阶级进攻的具有决定意义的胜利。"

1977 年 7 月 21 日通过的《中国共产党第十届中央委员会第三次全体会议公报》对粉碎"四人帮"作出评价："一举粉碎了'四人帮'，消除了党内一大祸害，使我国避免了一次大分裂、大倒退，挽救了革命，挽救了党。"①

1981 年 6 月 27 日中共十一届六中全会通过的《中国共产党中央委员会关于建国以来党的若干历史问题的决议》（以下简称《历史决议》），对以天安门事件为代表的四五运动和 10 月粉碎"四人帮"的伟大胜利的性质与历史意义作出了评价。

《历史决议》第 21 节评述"文化大革命"的过程，在第三段中作了如下评述——

> 1976 年 1 月周恩来同志逝世……他的逝世引起了全党和全国各族人民的无限悲痛。同年 4 月间，在全国范围内掀起了以天安门事件为代表的悼念周总理、反对"四人帮"的强大抗议运动。这个运动实质上是拥护以邓小平同志为代表的党的正确领导，它为后来粉碎江青反革命集团奠定了伟大的群众基础。当时，中央政治局和毛泽东同志对天安门事件的性质作出了错误的判断，并且错误地撤销了邓小平同志党内外一切职务。1976 年 9 月毛泽东同志逝世，江青反革命集团加紧夺取党和国家最高领导权的阴谋活动。同年 10 月上旬，中央政治局执行党和人民的意志，毅然粉碎了江青反革命集团，结束了"文化大革命"这场灾难。这是全党、全军和全国各族人民长期斗争取得的伟大胜利。

《历史决议》在《历史的伟大转折》部分，这样评价 10 月粉碎"四人帮"的胜利——

> 1976 年 10 月粉碎江青反革命集团的胜利，从危难中挽救了党，挽救了革命，使我们的国家进入了新的历史发展时期。

《历史决议》论定：粉碎"四人帮"的胜利"结束了'文化大革命'这场灾难"，"从危难中挽救了党，挽救了革命，使我们的国家进入了新的历史发展时期"。这就肯定了这一胜利所具有的划时代的意义。《历史决议》的论断，如实地说明，粉碎"四人帮"，宣告了一个历史时期即"文化大革命"时期的结束；

---

① 《人民日报》1977 年 7 月 23 日。

同时,宣告了一个历史时期即"新的历史发展时期"的开始。根据《历史决议》切合实际的结论,应该如实地肯定粉碎"四人帮"的界碑作用。也就是说,粉碎"四人帮"这一事件,是"文化大革命"和"历史新时期"的分界线。粉碎"四人帮"取得胜利,中华人民共和国的历史和中国共产党的历史翻开了新的一页,"进入了新的历史发展时期"。

对于领导粉碎"四人帮"斗争的华国锋、叶剑英和李先念等人的历史功勋,《历史决议》也作了肯定,指出:"在粉碎江青反革命集团的斗争中,华国锋、叶剑英、李先念等同志起了重要作用。"(第 21 节)"他(指华国锋)在粉碎江青反革命集团的斗争中有功"。(第 25 节)

历史评价总是在当时所处的历史环境中作出的。人们无法超越历史。在作出《历史决议》的时候,汪东兴正因坚持"两个凡是"的错误而受到批评,在列举粉碎"四人帮"斗争中起重要作用的领导同志时没有提汪东兴的名字,是可以理解的。这也符合"任何历史都是当代史"这一"定律",但从粉碎"四人帮"的全过程来看,平心而论,汪东兴在这一斗争中是举足轻重的人物,发挥了共同策划和组织实施的关键作用。事实上,是不能不肯定他的作用和贡献的。

随着时间的推移、形势的发展、研究的深入,对历史事件和历史人物的评价,自然会有发展变化。

1986 年 10 月 22 日,叶剑英逝世。《人民日报》于 10 月 29 日发表新华社的电讯稿《叶剑英伟大光辉的一生》,对叶剑英在粉碎"四人帮"斗争中作用的评价就从《历史决议》所作的"起了重要作用"提高为"起了决定性的作用"。这一段文字是这样的——

> 1976 年,周恩来、朱德、毛泽东相继逝世,江青反革命集团加紧进行篡夺党和国家最高领导权的阴谋活动。10 月,在党和国家面临危险的紧急时刻,叶剑英和党中央政治局其他同志一道,根据政治局多数同志的意见,代表党和人民的意志,毅然粉碎了江青反革命集团,从危难中挽救了党。在这场关系着党和国家命运的斗争中,叶剑英起了决定性的作用。

华国锋于 2008 年 8 月 20 日逝世。《人民日报》于 9 月 1 日发表新华社 8 月 30 日电:《华国锋同志生平》,对华国锋在粉碎"四人帮"斗争中的作用作出了新的评价——

同年（1976）10月，他和叶剑英等中央领导同志代表中央政治局，执行党和人民的意志，采取断然措施，一举粉碎"四人帮"，挽救了党，挽救了社会主义事业，党和国家事业的发展翻开了新的一页。华国锋同志在粉碎"四人帮"这场关系党和国家命运的斗争中起了决定性作用。党和人民不会忘记他作出的重要贡献。

在对领导粉碎"四人帮"斗争的中共中央政治局成员的功绩进行历史评价时，有一种看法，认为他们做了一个共产党员应该做的事情。这样的评价从本质上说是彻底的，但放在历史发展进程中、作为对人物的历史评价来看，又不能不说是不够充分的。

诚然，粉碎"四人帮"并不仅仅是华国锋、叶剑英和汪东兴、李先念等个人的功绩。风云际会，他们作为中共中央政治局的领导成员，代表了党和人民的意志，说到底，确实是做了一个共产党员应该做的事情。可是，这是怎样的一桩千秋伟业啊！且不说一般共产党员没有这样的机遇，即使有这样的机遇，也不是谁都能够成就这样的大业。应该说，领导这场决战的华国锋、叶剑英和汪东兴、李先念等人是在革命与建设的长期实践中久经考验的无产阶级革命家、政治家，是特殊材料锻造而成的，是中华民族优秀儿女的杰出代表。正如邓颖超所说，在这场斗争中，他们表现了"大勇大智"。没有一举粉碎"四人帮"的胜利，中国人民不知要在黑暗中徘徊多久；中国特色社会主义事业的开创、改革开放和社会主义现代化的发展，一时都无从谈起。他们的功勋彪炳日月。中国人民应该也必然会永远铭记他们创造的丰功伟绩。

三、取得粉碎"四人帮"伟大胜利的原因

历史的最终结果，总是从各种相关力量的相互冲突、交互作用中产生出来。粉碎"四人帮"的伟大胜利也是当时中国各种政治力量，首先是中国共产党高层两种对立的政治力量之间，即团结在华国锋、叶剑英周围的中共中央政治局多数成员与"四人帮"之间，相互冲突和激烈斗争的结果。斗争的结局是中央政治局多数的胜利和"四人帮"的灭亡。这样的结局是历史的必然。具体说来，中共中央政治局多数之必然胜利和"四人帮"之必然灭亡，有以下主要原因：

（一）周恩来代表中共中央提出了实现四个现代化的宏伟蓝图，邓小平成

功地领导了 1975 年的整顿,使动乱的中国逐步恢复正常秩序,广大干部群众从中看到了希望,衷心拥护和爱戴。而"四人帮"却肆意反对周恩来,竭力打倒邓小平。他们同人民群众完全对立,必然遭到人民群众的痛恨和唾弃。

(二)1975 年整顿的成功,为粉碎"四人帮"奠定了坚实的思想基础和物质基础。特别是通过军队整顿,调整了部队的领导班子,使军队牢牢掌握在忠于党和人民的马克思主义者手中,服从中共中央的统一指挥,在粉碎"四人帮"的斗争中起了关键作用。而"四人帮"手中没有一兵一卒,他们培植的"第二武装"远在上海,在国家强大的政治、军事力量面前只有"顷刻瓦解"。

(三)以天安门事件为代表的四五运动,显示了人民群众爱戴周恩来、拥护邓小平、反对"四人帮"的意志和力量,也进一步动员了全国人民进行反对"四人帮"的斗争。"四人帮"陷入"老鼠过街,人人喊打"的境地。四五运动为粉碎"四人帮"奠定了深厚的群众基础,同时也坚定了中共中央政治局多数成员粉碎"四人帮"的信心和决心。

(四)毛泽东生前关于解决"四人帮"的一系列指示,成为粉碎"四人帮"的可靠依据。毛泽东生前选定华国锋为接班人,使得粉碎"四人帮"具有可靠的、合法的领导核心。华国锋在 1978 年 2 月 26 日五届全国人大一次会议上的《政府工作报告》中,分析和肯定了毛泽东生前的决策、措施对顺利解决"四人帮"问题所起的重要作用。他说:"毛主席英明果断,采取了非常措施,于1976 年 1 月底亲自提议并经中央政治局讨论通过,确定了国务院代总理和主持中央日常工作的人事安排;4 月初又亲自提议并经中央政治局讨论通过,确定了党中央第一副主席和国务院总理的人事安排。毛主席的重大战略决策,沉重地打击了'四人帮'篡党夺权的阴谋,并且为后来解决'四人帮'的问题奠定了基础。"《历史决议》在指明"对于'文化大革命'这一全局性的、长时间的'左'倾严重错误,毛泽东同志负有主要责任"的同时,对于毛泽东对粉碎"四人帮"所起的重要作用也作了切合实际的评价:"他在全局上一直坚持'文化大革命'的错误,但也制止和纠正过一些具体错误,保护过一些党的领导干部和党外著名人士,使一些负责干部重新回到重要的领导岗位。他领导了粉碎林彪反革命集团的斗争,对江青、张春桥等人也进行过重要的批评和揭露,不让他们夺取最高领导权的野心得逞。这些都对后来我们党顺利地粉碎'四人帮'起了重要作用。"

(五)团结在华国锋、叶剑英周围的中共中央政治局多数,居于正统地位。

他们坚持民主集中、反对专制独裁；坚持安定、团结，反对动乱、分裂；坚持光明正大，反对搞阴谋诡计。他们领导中国人民为实现四个现代化而奋斗，代表人民的意志和愿望。而"四人帮"却反其道而行之，他们罪恶滔天，人心丧尽。他们篡党夺权的野心，路人皆知，遭到广大干部群众的坚决反对。在毛泽东病重和逝世以后，"四人帮"迫不及待地篡夺党和国家最高权力，既造舆论又有行动，把斗争矛头直接指向华国锋，气势咄咄逼人，必欲置之死地而后快。这促使华国锋与叶剑英等人在这场关系中国前途命运又牵涉个人生死存亡的斗争中，不得不先发制人，采取特殊手段，以快打慢，及时粉碎他们篡党夺权的阴谋。在这中间，解决方案的得当周密、组织的严密、部队的忠诚、高度的保密、实施的果断等等，都是取得胜利的保证。而两种政治力量在民心向背、实际权力以及斗争经验的对比上，都有天壤之别。江青一伙不堪一击，也无反攻可能。正如香港《明报》分析的那样："极左派毫无枪杆子基础、毫无群众基础，在党和政府机关中势力单薄之极。"这样的"两军对垒"，"四人帮"一败涂地、束手待擒的结局是注定的。

（六）自"文化大革命"以来，"四人帮"坏事做绝，劣迹昭彰，罪恶累累。"四人帮"恶贯满盈，不能不说也是他们必然灭亡的一个因素。香港《明报》的评论十分尖刻地指出："任何国家的政治斗争，双方总是各有拥护者，但要做到江青那样'国人皆曰杀'的地步，那倒也是十分不易的事。"这篇评论还说："这次斗争，谁先动手，问题并不重要，重要的是，'上海帮非打倒不可'，这是全国党政军干部以及广大群众的普遍愿望。要打倒江青，不需要什么理由，她这一伙过去已做了无数损害国家人民利益的大坏事。十年来的罪行罄竹难书。他们这一帮所犯的罪行，只需有其中的千分之一，就该杀头有余。干掉江青和上海帮，正是大大的'应天顺人'之事。"

四、关于对两个重大事件认识和评价的若干问题

对于四五运动和粉碎"四人帮"这两件中国命运决战中的大事，当时和事后，在认识和评论上都存在一些不同的看法。这是正常的。这些问题应该在"双百"方针指导下，通过自由讨论，通过不同观点的争鸣来解决，力求逐步取得一致。负责任的历史研究工作者有义务通过深入的研究，对这些问题作出客观、公正的分析和说明。

（一）丙辰清明节前后发生在中国的，以北京天安门广场为中心，以悼念周恩来、拥护邓小平、反对"四人帮"为内涵的群众运动，怎样指称为好？ 称四五运动，还是天安门事件？

实际是，当时和后来，四五运动和天安门事件并用。

邓小平在讲到这一段历史时说："1973 年周恩来总理病重，把我从江西'牛棚'接回来，开始时我代替周总理管一部分国务院的工作，1975 年我主持中央常务工作。那时的改革，用的名称是整顿，强调把经济搞上去，首先是恢复生产秩序。凡是这样做的地方都见效。不久，我又被'四人帮'打倒了。我是'三落三起'。1976 年四五运动，人民怀念周总理，支持我的也不少。这证明，1974 年到 1975 年的改革是很得人心的，反映了人民的愿望。"①

《邓小平文选》编者对四五运动加了一条注释。注文是这样的——

> 四五运动，又称天安门事件，是 1976 年 4 月发生的反对"四人帮"的全国性群众抗议运动。1975 年，邓小平在毛泽东支持下主持中央日常工作，着手全面整顿，使国内形势明显好转。但是毛泽东不能容忍邓小平系统地纠正"文化大革命"的错误，发动了"批邓、反击右倾翻案风"运动。1976 年 1 月周恩来逝世。他的逝世引起了全党和全国各族人民的无限悲痛。同年 4 月间清明节前后，在北京、南京和全国许多城市爆发悼念周恩来、反对"四人帮"的强大群众运动，受到"四人帮"极力压制。这个运动实质上是拥护以邓小平为代表的党的正确领导。4 月 5 日，北京天安门广场上广大群众采取了抗议行动。中共中央政治局和毛泽东把这次抗议行动错误地判定为"反革命事件"，并且撤销了邓小平党内外一切职务。1978 年 12 月中共十一届三中全会决定撤销中共中央发出的关于"反击右倾翻案风"运动和天安门事件的错误文件，宣布为邓小平平反，为天安门事件平反。②

按照这条注释，"四五运动，又称天安门事件"，两个名称是可以互通的。这条注释对四五运动和天安门事件下的定义是："1976 年 4 月发生的反对'四人帮'的全国性群众抗议运动。"这个定义简明扼要，是确切的。但注文中的

---

① 邓小平会见匈牙利社会主义工人党总书记卡达尔时的谈话（1987 年 10 月 13 日），《邓小平文选》第 3 卷，人民出版社 1993 年版，第 255 页。

② 《邓小平文选》第 3 卷，人民出版社 1993 年版，第 408 页。

叙述，说明在实际上，四五运动和天安门事件又不能完全等同。注文中说道：

第一，"4月间清明节前后，在北京、南京和全国许多城市爆发悼念周恩来、反对'四人帮'的强大群众运动，受到'四人帮'极力压制。"说明清明节前后爆发了一个全国性的强大群众运动，也就是说，在时间上（清明节前后）、地域上（包括北京在内的全国许多城市），远远超出清明节在北京天安门广场爆发的群众运动。

第二，"4月5日，北京天安门广场上广大群众采取了抗议行动。"对这次抗议行动，"中共中央政治局和毛泽东把这次抗议行动错误地判定为'反革命事件'，并且撤销了邓小平党内外一切职务"。

可见，名称的问题，实际上反映了对四五运动与天安门事件的认识：两者之间究竟有什么联系和区别？两者的关系究竟怎样？两者到底是不是一回事？

笔者以为，《历史决议》的评述实际上说清楚了上述问题。《历史决议》写道——

> 同年四月间，在全国范围内掀起了以天安门事件为代表的悼念周总理、反对"四人帮"的强大抗议运动。

《历史决议》的这个论断说明："4月5日，北京天安门广场上广大群众采取了抗议行动"，是"1976年4月发生的反对'四人帮'的全国性群众抗议运动"的代表。把两者的关系讲清楚了。

因为天安门事件是全国抗议运动的代表，而事件的高潮发生在4月5日（丙辰年的清明节是阳历1976年4月4日，一般年份的清明节是在阳历的4月5日）；因为这个运动继承并发扬了五四运动科学和民主的精神，"四五"和"五四"在数字上又有偶合，人们用这场全国性群众抗议运动的代表天安门事件的标志性时间"四五"来指称这场运动，非常自然，也十分贴切。所以，笔者以为，可以像邓小平那样，用四五运动来指称1976年"4月间，在全国范围内掀起了以天安门事件为代表的悼念周总理、反对'四人帮'的强大抗议运动"，可以用天安门事件来指称在清明节前后发生在北京天安门广场的群众抗议运动。当然，用天安门事件来指称这场全国性群众抗议运动也是可以的，只要在一定的语言环境里不致引起歧义就行。还应看到，在有的情况下，用天安门事件来指称这场全国性群众抗议运动还是必要的。比如，群众要求为天安门事件平反，后来经中共中央批准，中共北京市委宣布为天安门事件平反，既是特指首都天安门广场上发生的抗议事件，又包含全国的抗议运动在内，就必须用天安门事件这个专名来指称。

（二）怎样评价四五运动中党和人民群众的关系？四五运动是不是在党领导下发生的？

《历史决议》指出："这个运动实质上是拥护以邓小平同志为代表的党的领导"。四五运动反映了党和人民群众的亲密关系，人民群众信赖中国共产党的领导，期待党能够战胜江青集团，领导全国人民实现四个现代化。

当时的中共中央政治局没有，也不可能领导广大群众悼念周恩来、反对"四人帮"的强大抗议运动。正如《历史决议》所指出的："当时，中央政治局和毛泽东同志对天安门事件的性质作出了错误的判断，并且错误地撤销了邓小平同志党内外的一切职务。"

同时应该看到，这场规模空前的、全国范围的、广大群众参与的抗议活动，是党长期教育包括"文化大革命"正反两方面教育和在大风大浪中锻炼的结果；是党的理想信念、党提出的奋斗目标，深得人心的结果；是党的领袖人物周恩来、邓小平得到干部群众拥护和爱戴的表现。而一些党的基层组织、许多党员，在这场运动中发挥了骨干作用。可以说，四五运动是在中国共产党的长期教育和影响下发生的伟大革命运动。在组织上，由于"四人帮"的极坏作用，当时的中共中央不仅没有领导这场抗议运动，反而错误地压制、镇压了这场抗议运动。但在政治上、思想上，这场抗议运动没有脱离党的领导，广大干部群众始终以毛泽东思想为指导，以四个现代化和社会主义民主为目标，遵循党的路线、方针，来开展运动。从这个意义上说，党在思想上、政治上领导了这场抗议运动。

从这场运动可以看到，理论一旦掌握了群众，就会产生无穷的力量。人民群众的伟大，在于当党和国家的领导权有被阴谋家、野心家篡夺危险的时候，他们能够敏锐地觉察，自觉地行动，不怕流血牺牲，凝聚成一股无坚不摧的力量，及时地予以制止，把党和国家从危难中解救出来。四五运动在一定意义上满足了毛泽东在发动"文化大革命"时的一种期待："如果中央出了修正主义，应该造反。"①《历史决议》肯定了这场群众抗议运动的意义："它为后来粉碎江青反革命集团奠定了伟大的群众基础。"

（三）粉碎"四人帮"是否合法？是不是一场政变？是不是军事阴谋？

---

① 转引自中共中央文献研究室编，逄先知、金冲及主编：《毛泽东传（1949—1976）》（下），中央文献出版社 2003 年版，第 1396 页。

用非法的或非正常的手段打倒执政者，推翻现有政权，这是政变。而粉碎"四人帮"是执政的华国锋为首的中共中央政治局采取的断然措施。

首先报道这条要闻的外国记者看得很清楚。路透社记者罗杰斯的报道头一句就是："一些人士今天说，江青和中国其他三个领导人已经被捕，他们被控策划一次政变。"《每日电讯报》记者韦德的报道也指出："这一'粉碎极左分子'的重大行动，是在'华'领导之下进行。'华'，亦即华国锋。华国锋当时的职务是中国共产党中央委员会第一副主席、国务院总理。"

毛泽东逝世后，华国锋是党和国家的最高领导人。他和叶剑英、李先念团结中共中央政治局多数同志采取断然措施粉碎"四人帮"，行动以后又立即召开中共中央政治局会议通报此事，作出决定，是完全合法的。并不是发动了一场政变，而是制止了"四人帮"图谋发动的政变，粉碎了他们篡夺党和国家最高权力的阴谋。

叶剑英深谋远虑，在作出粉碎"四人帮"的决策时，他等待华国锋下决心，等当时党和国家最高领导人华国锋首先发话。华国锋委托李先念找他谋划以后，他才积极参与。因为他是中共中央军委副主席，由他首先提出、主持解决"四人帮"的话，会造成"军事政变"这样一种影响。粉碎"四人帮"后，党内外一些领导人要求叶剑英主持中共中央工作，他总是婉言谢绝，说：我是军事干部，搞军事的，如果那样做，不就让人说是"宫廷政变"吗？

还应该指出，历史评价的用语问题，牵涉到无法回避的立场和感情问题。语言没有阶级性，但语词本身有褒贬和色彩。对同一件事，立场不同，倾向不同，作出的价值判断必然不同，用词的褒贬就不一样。对同一件事，态度不同，感情不同，褒贬对立，爱憎相反，所用词语的感情色彩也必然不同。用实践检验，粉碎"四人帮"这样一场斗争进行得非常及时；全过程只用了半个多钟点，不费一枪一弹，没有流一滴血，就解决了问题，为党、为国、为人民除了大害。干得干净利落，确实是一场伟大的胜利。在当时采取通知开会、隔离审查的特殊方式是得当的、有效的。对这一断然措施肯定、赞扬，就绝不会用"阴谋"这样的贬斥、憎恨的词语来评论它，否定它。

五、历史的启示与教益

从四五运动到粉碎"四人帮"，这一段两种中国命运决战的历史，给予中国共产党和中国人民的启示与教益是十分丰富的。举其要者——

第一，历史的潮流不可抗拒。在20世纪70年代的中国，社会主义现代化和社会主义民主是两股不可缺一的、无法抗拒的历史潮流。它们是中国各族人民的强烈愿望，也是中国共产党的奋斗目标。顺之者昌，逆之者亡。四五运动反映出来的人心向背证明了这一点，10月"四人帮"的覆灭、党和人民的胜利，也证明了这一点。

第二，人民是创造历史的主人。用马克思列宁主义、毛泽东思想武装的人民，具有无穷无尽的力量。党处于危难时，挽救党的力量在人民之中；党陷入困境时，战胜困难的力量在人民之中。没有8341部队来自人民又接受党的教育的忠诚勇敢的干部战士，粉碎不了"四人帮"；没有天安门广场广大群众对周恩来、邓小平的拥护、爱戴，对"四人帮"的鄙视、愤慨，也不会有中共中央一举粉碎"四人帮"的决心、信心。执政党一定要紧密地联系群众，一刻也不脱离群众，倾听群众的呼声，体察群众的愿望，全心全意为人民服务，想方设法为群众谋福利。

第三，要牢牢掌握斗争主动权，紧紧掌握手中的枪杆子和笔杆子。在粉碎"四人帮"的斗争中，华国锋、叶剑英等人，耳聪目明，动察情势，周密安排，主动进击，果断行动，牢牢掌握了斗争的主动权，这是克敌制胜的关键。而一支听从指挥的、忠诚于党和人民的、训练有素的军队，则是取得胜利的根本保证。从粉碎"四人帮"的过程可见，笔杆子的配合也不可缺少，而粉碎"四人帮"以后舆论宣传对稳定局势、巩固胜利的作用，更是显而易见的。

在尽情享受10月胜利的欢乐时，人们还来不及痛定思痛，总结"文化大革命"的经验教训。历史骤然揭开了新的篇章，但历史的车轮依然由着惯性在原来的轨道上滑行。华国锋就任中共中央主席后，发动了深入揭批"四人帮"、清查其帮派体系的运动，这是合乎党心民意的。但是，华国锋没有否定"文化大革命"，纠正"文化大革命"的错误。解放思想，拨乱反正，开辟建设中国特色社会主义新道路的历史使命，将由中共十一届三中全会和站在人民共和国历史发展前沿的、以邓小平为代表的中共第二代中央领导集体来完成。新时期的历史新篇章，将由他们领导全党、全军、全国各族人民来继续谱写。

参 考 书 目

《邓小平文选》第 3 卷,人民出版社 1993 年版

《邓小平年谱(1975—1997)》(上),中央文献出版社 2004 年版

《毛泽东传(1949—1976)》(下),中央文献出版社 2003 年版

《李先念文选》,人民出版社 1989 年版

《陈云文选》第 3 卷,人民出版社 1995 年版

《耿飚回忆录(1949—1992)》,江苏人民出版社 1998 年版

《叶剑英年谱(1897—1986)》(下),中央文献出版社 2007 年版

《谷牧回忆录》,中央文献出版社 2009 年版

吴德:《十年风雨纪事》,当代中国出版社 2004 年版

邓力群自述:《十二个春秋(1975—1987)》,香港大风出版社 2006 年版

《我的父亲邓小平——“文革”岁月》,中央文献出版社 2000 年版

《关于建国以来党的若干历史问题决议·注释本》,人民出版社 1983 年版

范硕:《叶剑英在 1976》(修订本),中共中央党校出版社 1995 年版

纪希晨:《史无前例的年代》,人民日报出版社 2006 年版

《王洪文、张春桥、江青、姚文元反党集团罪证》(材料之一),1976 年 12 月

《王洪文、张春桥、江青、姚文元反党集团罪证》(材料之三),1977 年 9 月

《人民日报》

《新华日报》

《新华月报》

《震撼世界的 20 天——外国记者笔下的周恩来逝世》,中央文献出版社 1999 年版

《丙辰清明纪事》,人民日报出版社 1980 年版

童怀周编:《丙辰清明见闻录》,工人出版社 1979 年版

《天安门诗抄》,人民文学出版社 1978 年版

《革命诗抄》,中国青年出版社 1979 年版

汪文风:《从"童怀周"到审江青》,当代中国出版社 2004 年版

《共和国大审判——审判林彪、江青反革命集团亲历记》,当代中国出版社 2006 年版

《历史的审判》,群众出版社 2000 年版

《当代中国的湖南》上,中国社会科学出版社 1990 年版

《当代中国的湖北》上,当代中国出版社 1991 年版

《当代中国的山西》上,中国社会科学出版社 1991 年版

《当代中国的四川》上,中国社会科学出版社 1990 年版

《当代中国的河南》上,中国社会科学出版社 1990 年版

《当代中国的陕西》下,当代中国出版社 1991 年版

《当代中国的宁夏》,中国社会科学出版社 1990 年版

夏潮、杨凤城主编:《龙年之变——中国 1976 年纪实》,河北人民出版社 1996 年版

柳随年、吴群敢主编:《"文化大革命"时期的国民经济》,黑龙江人民出版社 1986 年版

有林主编:《中华人民共和国国史通鉴》第 3 卷,红旗出版社 1993 年版

阎长贵、王广宇:《问史求信集》,红旗出版社 2009 年版

章含之:《我与乔冠华》,中国青年出版社 1994 年版

章含之:《跨过厚厚的大红门》,文汇出版社 2004 年版

马齐彬等:《中国共产党执政四十年(1949—1989)》,中共党史出版社 1989 年版

《中华人民共和国实录》第 3 卷下, 吉林人民出版社 1994 年版

路甬祥主编:《邓小平与中国科学院》,江西人民出版社 1999 年版

赵朴初:《片石集》,人民文学出版社 1978 年版

后　记

　　《1976：从四五运动到粉碎"四人帮"》是"历史转折三部曲"的第二部。它的基础是发表在《当代中国史研究》上的一篇史事述评文章《1976：两种中国之命运的决战》。"历史转折三部曲"第一部《1975：邓小平主持整顿》、第三部《1977—1982：实现转折，打开新路》，是由《1976：从四五运动到粉碎"四人帮"》向前后延伸的产品。

　　1976 年这段惊心动魄、波澜壮阔的历史，经过 30 多年的沉淀，许多史实比较清楚了，对人物和事件的评价比较一致了。2006 年，"1975—1982：历史转折研究"课题被批准列为国家社会科学基金重点项目。我们在既有研究的基础上，利用各种材料，吸收许多公开发表的成果，经过 4 年努力，终于完成了本书的写作任务。

　　本书是课题组成员的集体创作。本书第一、二、三章由课题组成员、当代中国研究所研究员夏杏珍撰写，第四、五章由课题组成员、当代中国研究所副研究员刘仓博士撰写，引言、结束语和第六、七、八、九章由本人撰写。插图的选配和制作，由当代中国研究所资料室主任李建斌承担。全书由本人统稿。

　　书稿完成，我们感到如释重负，同时又有点忐忑不安。限于水平和能力，书中难免存在错误、缺点，恳切地期待读者和专家指正。

程中原

2017 年 5 月 30 日

策划编辑:侯　春
责任编辑:侯　春

图书在版编目(CIP)数据

1976:从四五运动到粉碎"四人帮"/程中原　夏杏珍　刘　仓　著.—北京:
人民出版社,2017.8(2024.9 重印)
ISBN 978 - 7 - 01 - 016897 - 5

Ⅰ.①1…　Ⅱ.①程…②夏…③刘…　Ⅲ.①中国历史-现代史-1976
　Ⅳ.①K27

中国版本图书馆 CIP 数据核字(2016)第 257640 号

1976：从四五运动到粉碎"四人帮"

1976:CONG SIWUYUNDONG DAO FENSUI SIRENBANG

程中原　夏杏珍　刘　仓　著

人 民 出 版 社 出版发行
(100706　北京市东城区隆福寺街99号)

北京新华印刷有限公司印刷　新华书店经销

2017 年 8 月第 1 版　2024 年 9 月北京第 4 次印刷
开本:710 毫米×1000 毫米 1/16　印张:18.25　插页:4
字数:290 千字

ISBN 978 - 7 - 01 - 016897 - 5　定价:50.00 元

邮购地址 100706　北京市东城区隆福寺街 99 号
人民东方图书销售中心　电话 (010)65250042　65289539